경청기도

경청기도

지은이_젠 존슨 | 옮긴이_윤종석 | 만든이_김혜정 | 마케팅_윤여근, 정은희 | 디자인_gnalendesign
초판1쇄 펴낸날_2008년 10월 13일 | 초판9쇄 펴낸날_2019년 12월 17일

등록번호_제2017-000056호.(2001.06.21.) | 펴낸곳_도서출판 CUP
(04549) 서울특별시 중구 을지로 148, 803호(을지로3가, 중앙데코플라자)
T.(02)745-7231 F.(02)6455-3114 www.cupbooks.com | cupmanse@gmail.com

This edition issued by contractual arrangement with NavPress,
a division of The Navigators, USA.
Originally published by Navpress in English
as WHEN THE SOUL LISTENS, Copyright ⓒ 1999 by Jan Johnson
All rights reserved.

Korean translation copyright ⓒ 2002 by CUP, Seoul, Korea.

본 저작물의 한국어판 저작권은 알맹2를 통하여 NavPress와 독점 계약한 도서출판 CUP에 있습니다.
신저작권법에 의하여 한국 내에서 보호 받는 저작물이므로 무단 전재와 무단 복제를 금합니다.

값 12,000원
ISBN 978-89-88042-42-7 03230 Printed in Korea.

· 잘못된 책은 언제든지 교환해 드립니다.
· 독자의 의견을 기다립니다. cupmanse@gmail.com

경청기도

잰 존슨 지음 • 윤종석 옮김

CUP

When the Soul Listens

FINDING REST AND DIRECTION IN CONTEMPLATIVE PRAYER

Jan Johnson

추천의 글 | 이동원 지구촌교회 담임목사

하나님 마음을 만나는 기도의 깊은 바다로 안내하는 책

지금 우리는 영성의 시대를 살아가고 있습니다. 더 정확하게 말하면 영성의 방황의 시대를 살고 있습니다. 그래서 우리는 더욱 영혼의 고갈을 경험하고 있습니다. 영혼의 새로움을 더욱 갈망하며 살아갑니다. 이 책은 이런 갈망에 응답하는 마치 한 모금의 생수라고 할만 합니다.

기도 없이 우리의 영혼은 쉴 수 없습니다. 그러나 한국인의 기도의 영역은 무척이나 단조롭습니다. 이제 우리의 신앙의 선배들이 탐험한 기도의 깊은 바다를 여행할 시간입니다. 「경청기도」는 이런 우리를 기도의 깊은 바다로 안내할 것입니다. 이 책의 안내를 따르다 보면 어느 새 우리의 영혼은 충만함을 경험하게 될 것입니다.

'경청기도'는 흔히 '관상기도'로 알려져 있는 기도입니다. 진정한 그리스도인은 하나님을 묵상하고 그분을 경청하는 사람입니다. 그리고 그 하나님의 임재를 즐거워하며 그 안에서 진정한 쉼과 평화를 발견하기를 갈망합니다.

잰 존슨은 기도의 이론과 실천을 익히고 있는 영성 운동의 좋은 멘토입니다. 그녀의 글은 천박하지도 난해하지도 않습니다. 그녀의 책은 쉽지만 깊은 영성의 호흡으로 우리에게 다가옵니다. 따라서 이 책을 읽고 바로 적용이 가능한 책이기도 합니다. 저는 하나님을 경청하는 관상기도를 배우고자 하는 분들에게 이 책을 제일 먼저 추천하고 싶습니다.

그리고 이 책으로 한국 교회의 기도 운동이 더 깊은 곳으로 나아갔으면 합니다. 그때 비로소 우리의 기도는 '주시옵소서'의 한계를 벗어나게 될 것입니다. '부르짖음' 못지 않게 중요한 것이 '들음'입니다. 우리는 부르짖기만 하고 듣고자 하는 기다림의 여백을 등한히 해 왔습니다. 그래서 저는 이 책으로 하나님의 마음으로 들어가는 거룩한 부흥을 기대합니다.

이 한 권의 소중한 책을 영성의 문을 노크하는 영혼의 친구들에게 기쁨으로 추천합니다.

추천의 글 | 이성희 연동교회 담임목사

지금 우리에게 말씀하시는 하나님께 귀 기울이라

우리는 말하기에 너무 익숙해 있습니다. 듣기보다 말하기를 좋아하는 인간의 습성은 어릴 때부터 배웁니다. 그래서 조잘거림은 가장 빨리 숙지하는 인간의 학습입니다. 그러나 실제로 학습해야 할 것은 말하기가 아니라 듣기입니다. 듣기가 안 되면 진정한 기도도 진정한 설교도 진정한 그리스도인의 삶도 없습니다.

참된 기도는 듣는 것이며, 침묵이며, 경청입니다. 소음과 조잘거림 속에서는 하나님을 만날 수 없습니다. 말하기와 듣기로 진행되는 기도 가운데 진정으로 중요한 것은 듣기입니다. 키엘케골은 "어떤 사람이 기도를 하였는데 처음에는 기도는 말하는 것이라고 생각하였다. 그러나 그는 점점 더 조용하게 되어서 결국 기도는 듣는 것이라는 사실을 깨닫게 되었다"고 말합니다.

오래 전 테레사 수녀가 미국을 방문하여 CBS의 유명 앵커 댄 래더와 인터뷰를 하였습니다. "기도할 때 하나님께 뭐라고 말씀합니까?" 테레사 수녀는 다소곳이 고개를 숙인 채 조용히 답했습니다. "듣지요." 의외의 대답에 당혹스런 표정을 짓던 래더가 다시 물었습니다. "당신이 듣고 있을 때 하나님은 뭐라고 말씀하십니까?" 테레사 수녀는 미소를 지으며 "그분도 들으신답니다"라고 대답하였습니다.

기도는 말하는 것이 아니라 듣는 것이며 구하는 것이 아니라 얻는 것입니다. 기도는 마음이 빠진 말의 나열이 아니라 말이 없는 마음의 드림입니다. 진정한 기도는 침묵과 경청 가운데 그분을 만나는 것입니다. 좋은 기도는 기도가 말을 하도록 하는 것입니다. 이 때 기도는 경청이 되고, 경청의 기도가 시작되는 것입니다.

방법은 비슷하지만 동양의 명상과 기독교의 경청이 다른 점은 동양의 명상은 마음을 비우기 위한 노력인 반면에 기독교의 경청은 마음을 채우기 위한 시도입니다. 경청기도는 우리의 영혼을 채워주는 기도입니다. 마치 깊은 우물물에서 맑은 물을 길러 올리듯 경청기도는 맑은 영으로 우리를 채우는 기도입니다. 경청이 항상 우리를 깨어있게 하듯이 경청기도는 우리의 영혼을 잠들지 않게 합니다.

우리 교회는 당회시간에 촛불을 켜는 것으로 시작합니다. 촛불을 켜는 것은 성령의 임재를 상징합니다. 당회장이 촛불을 밝히면서 "촛불은 성령의 임재를 상징합니다. 당회는 우리의 지식이나 경험을 가지고 주장하는 토론장이 아니라 성령께서 이 시간에 우리 교회에게 주시는 말씀을 귀담아 듣는 것입니다. 당회는 말을 하는 시간이 아니라 말을 듣는 시간입니다"라고 합니다. 그리스도인의 삶은 기도이며 기도는 곧 경청이어야 합니다.

제자들은 예수님께서 설교하시는 것을 들었습니다. 예수님의 주옥같은 비유의 가르침을 들었습니다. 그러나 그들은 예수님께 어떻게 설교하는지, 어떻게 비유를 가르치는지 가르쳐 달라고 하지 않았습니다. 제자들은 예수님께서 기적을 베푸시는 것을 보았습니다. 그러나 그들은 예수님께 어떻게 기적을 베푸는지 가르쳐 달라고 하지 않았습니다.

그들은 주님께서 기도하는 모습을 자주 보았습니다. 그리고 주님께 "우리에게 기도를 가르쳐 주소서"라고 하였습니다. 기도는 우리가 배워야 할 가장 소중한 삶입니다.

「경청기도」를 통하여 가장 아름다운 기도를 배울 수 있기를 바랍니다.

추천의 글 | 노상헌 합동신학대학원대학 실천신학 교수, 박사
남서울은혜교회 목사, 뉴-라이프 카운슬링 센터 원장

하나님과의 황홀한 동행을 경험하게 한 경청기도

경청기도를 시작한지 벌써 14년이 되었다. 목회 10년만에 지친 몸을 이끌고 안식년차 시작한 임상심리학 박사 과정에서 뜻밖에 소개받은 관상기도였다. 10년 간의 열정적인 '자의적이고 행위중심의 사역'에 지쳐 있던 나를 보고 몇몇 교수들이 초청한 기도모임이었다. 전통보수주의 신앙 가운데 성장한 나에게는 이질감과 경계심을 일으키는 기도 방법이었지만 이미 지친 내 몸과 영혼에게는 가릴 처지가 못된 것 같다.

그렇게 시작한 경청기도는 시간이 지나며 서서히 내 몸과 영혼을 소생시켰고 이전에 경험하지 못했던 하나님과의 황홀한 동행을 허락해 주었다. 찬송가 한 소절처럼 "내 영혼의 소원을 만족하게 하소서"라는 간구의 구체적인 응답을 경험케 해주었고, 내적 성전과 그 안에 계신 성령님과의 지속적인 교제를 가능케 해주었다. 지속적인 경청기도를 통해 머리로 '해야 한다'는 강박적 기도가 아니라 몸이 갈망하는 참된 안식 기도라는 것도 알게 되었다. 그래서 이제는 하루 한 차례 하는 기도가 아니라 몸에 주의를 주며 수차례 하는 기도가 되었고 '쉬지 말고 기도' 하는 삶이 되었다. 그렇게 한지 벌써 14년이 되었다.

경청기도는 내 삶과 사역에 큰 변화를 가져온 기도 방법이다. 그럼에도 불구하고 사역에 적극적으로 소개하지 못한 것은 관련된 자료 대부분이 비개신교나 비보수주의 계통에서 나왔기 때문이었다. 그러나 분명한 것은 경청기도는 오랜 기독교 전통에 그 뿌리를 두고 있다. 이런 안타까움에 부담을 갖고 집필을 고려하던 중 본서 「경청기도」*When the Soul Listens*를 접하게 됨은 큰 안심과 기쁨이었다.

　이 책은 경청기도에 관심 있는 그리스도인이면 누구에게나 안심하고 추천할 수 있는 책이다. 먼저 출판사가 복음주의 대표격인 NavPress란 점이다. 이 책은 NavPress가 소명과 확신을 갖고 기획하고 있는 〈영성계발시리즈〉 중 한 권인데, 많은 그리스도인들에게 신뢰받는 달라스 윌라드가 책임편집을 했다. 저자 잰 존슨은 영성 기도 부분에 박사학위를 받은 권위자로 복음주의 문화에서 인기 있는 영성 지도자며 수련회 강사로서, 이미 영적 훈련을 주제로 17권의 책을 저술한 검증된 사람이다.

　저자는 독자들의 '마음속에 하나님을 향한 애절한 갈망을 심는' 데 도움이 되기를 기도하며 이 책을 집필했다. 두텁지 않은 책임에도 불구하고 다뤄야 할 경청기도의 성경적 토대와 영적 효과, 그 원리와 방법, 요구되는 분별력 등을 군더더기 없이 간결하고 명료하게 보여준 점이 탁월하다.

　경청기도에 관심 있는 그리스도인이라면 누구에게나 꼭 추천하고 싶은 책이다. 독자는 하나님의 임재 가운데 하나님과 일치되는 특별한 하나님의 침투를 경험하며, 그분이 목적이 되는 귀한 경험을 하게 될 것이다.

CONTENTS

추천사 | 이동원, 이성희, 노상헌 _5
책임편집 달라스 윌라드 서문 _15
편집자 데이빗 해저드 서문 _20

1부 경청기도의 뿌리는 성경이다 _23
01 기도가 통하지 않을 때 _25
02 하나님과 긴밀히 통하는 영혼으로 변하다 _49
03 하나님은 말씀하시고 우리는 듣고 _65
04 경청기도의 뿌리는 성경이다 _85

2부 하나님을 경청하는 기도의 비결 _103
05 경청기도는 하나님을 알고 그분과 사귀는 것이다 _105
06 하나님께 몰입하여 듣는 마음 _123
07 하나님께 깨어 있는 영혼 만들기 _139
08 질문으로 하나님을 삶에 모셔들이라 _153
09 경청기도 중 일어나는 일들 _171

3부 경청기도에는 지혜가 필요하다 _189

　10 하나님 음성을 명확하게 듣는 비결 _191
　11 경청가는 친구 없는 적적한 신비가가 아니다 _205
　12 하나님 임재 안에 사는 삶의 비결 _221

4부 경청기도 중 들려오는 하나님 음성의 내용 _235

　13 하나님은 기본 진리를 계시하신다 _237
　14 하나님은 어려운 진리를 계시하신다 _251
　15 하나님은 하나님 자신을 계시하신다 _265

　맺는말 _277

|영성계발시리즈|를 기획하면서

책임편집 **달라스 윌라드**

|영성계발시리즈|가 제시하는 예수 그리스도의 제자도는 인간 개인이 삶 속에서 얻는 최고의 기회이자 인류 전체가 난공불락의 문제들을 풀 수 있는 유일한 희망이다.

본 시리즈의 확신처럼 오늘날의 그리스도인들은 예수님의 성육신 시절 그분 곁을 걸었던 제자들과 연합된 존재다. 그때 그분의 제자가 된다는 것은 그분과 함께 있으며 배움을 통해 그분처럼 되어가는 것이었다. 그분의 학생 내지 도제가 되어 하나님 나라의 삶을 사는 것이었다. 그분의 제자들은 그분의 말씀을 듣고 그분의 행동을 보았다. 그리고 그분의 지도 하에 단순히 그분과 똑같이 말하고 행동하기 시작했다. 그들은 부족했지만 점점 진보를 보였다. 그분이 가르치셨듯이.

"무릇 온전하게 된 자는 그 선생과 같으리라"눅 6:40.

오늘날도 똑같다. 다만 지금 세상에 두루 행하시는 분은 부활하신 주님이다. 그분은 우리를 불러 자신을 신뢰하라 하신다. 예수님을 의지하는 자들은 그분이 인생살이를 아심과 "마음이 온유하고 겸손하신 **예수님의 멍에를 메고 배우는**"마 11:29 우리에게 예수님의 생명을 부어주심을 믿는다. 예수님의 멍에를 멘다는 것은 예수님의 일에 동참하여 내 일과 그분의 일이 일치되게 하는 것이다. 예수님을 믿는다는 것은, 우리 삶이 예수님께 완전히 잠기는 것이야말로 우리에게 있을 수 있는 최선의 일임을 아는 것이다.

이렇게 완전히 잠긴 삶으로 '예수님께 배우는' 것이 곧 "먼저 그의 나라와 그의 의를 구하는"마 6:33 방식이다. 그 결과 우리는 점점 말에나 일에나 범사를 마치 그리스도가 하시는 것처럼 할 수 있게 된다골 3:17. 그리스도의 제자로서 우리가 배우는 것은 특별한 종교적 활동을 수행하는 법이 아니라 삶의 매순간을 하나님 나라의 실체로 살아가는 법이다. 나는 내 실생활을 예수께서 나라면 살아가실 그 방식대로 사는 법을 배우고 있다.

내가 배관공이나 점원이나 은행 지점장이나 주부나 선출된 관리나 노인이나 이주 노동자라 해도 나는 특별히 종교적 역할을 생업으로 하는 어떤 사람 못지않게 '풀타임' 기독교 사역자다. 예수님은 내 곁에 서서 내 모든 일 속에서 나를 가르쳐 하나님 세상을 살게 하신다. 그분은 모든 상황에서 하나님 말씀 안에 거하는 법과 그리하여 그분의 참 제자가 되는 법을 내게 보이신다. 그래서 나는 어딜 가나 하나님 세상의 실체를 찾을 수 있고 따라서 죄와 악의 속박에서 벗어날 수 있다요 8:31~32. 우리는 인간적으로 불가능한 상황에서도 선하고 옳은 길을 갈 수 있게 된다. 우리 삶과 말은 하나님의 실체에 대한 끊임없는 간증이 된다.

어려운 배관 일을 앞둔 배관공은 다른 사람에게 그리스도를 전하는 사람이나 회중을 위해 교안을 작성하는 사람만큼이나 자기 일에 하나님 나라를 통합할 줄 알아야 한다. 이 점이 분명하지 않은 한 우리는 삶과 하나님을 연결지으신 예수님의 속뜻을 놓칠 수밖에 없고 자동으로 우리 삶의 대부분은 신앙과 제자도의 영역 밖으로 밀려나고 만다. 예수님은 지상 생활의 대부분을 블루칼라 일꾼으로 사셨다. 오늘날 같으면 '독립 하청업자'라 할 수 있다. 나중에 하나님 나라의 삶에 대해 가르치실 모든 내용을 그분은 그 직업 속에서 실천하셨다.

내가 주로 거하는 예수님 '말씀'은 신약성경 복음서에 기록된 말씀이다. 그분의 임재 안에서 나는 그분의 선한 교훈과 그것을 행하는 방식을 배운다. 삶이란 위로부터 오는 것이 아니라 구체적으로 내 상황 속에서 받는 것이다. 은혜의 반대는 수고이며, 그 은혜는 노력으로 얻어지는 것이 아님을 배워야 한다.

예컨대 나는 남들을 바보, 멍청이, 천치라 부르는 등^{마 5:22} 타인을 비하하는 언어를 삼가고 대신 점차 사람들을 하나님의 방식에서 자연스레 흘러나오는 존중과 애정으로 대하게 된다. 그것은 다시 나의 대인관계 방식 전체를 긍휼 쪽으로 변화시키며, 인간관계의 통상적 냉담함과 잔혹함은 학대와 살인의 자연스런 기초가 되는 단지 생각조차도 할 수 없게 된다.

물론 '예수 그리스도께 배우는' 삶은 그분의 사람들 속에서 이루어져야 한다. 그들은 그분의 명령대로 제자를 삼아 삼위일체의 이름의 실체로 감싸고 '내가 너희에게 분부한 모든 것을' 가르쳐 지키게 할 자들이다마 28:20. 단 우리가 삼는 제자들은 그분의 제자이지 절대 우리의 제자가 아니다. 우리는 그들과 함께 나란히 그분의 제자다. 진도가 좀더 앞섰을지 몰라도 우리는 사도 바울처럼 말할 수밖에 없다. "내가 그리스도를 본받는 자 된 것같이 너희는 나를 본받는 자 되라"고전 11:1.

그분의 사람들 속에 그리스도를 살아계신 스승으로 다시 세우는 것, 이것이야말로 오늘날 기독교 사역과 본 〈영성계발시리즈〉 집필진의 주요 임무다. 역사가 발달을 거듭하면서 예수 그리스도는 도외시되어 왔다. 단지 죄를 위한 희생물이나 사회적 선지자와 순교자 역할로 전락했다. 그러나 스승이 없는 곳에는 학생이나 제자도 있을 수 없다.

그분의 학생이 될 수 없다면 우리는 언제 어디서나 그분 말씀의 부요와 능력 속에 존재하는 삶을 배울 길이 없다. 삶의 실제적 세목에 관한 한 마치 버려진 존재인 냥 그저 허우적거릴 수 있을 뿐이다. 바로 이것이 오늘날 수많은 선량한 그리스도인들이 처한 자리다. 하지만 이는 "내게로 오라… 그리하면 너희 마음이 쉼을 얻으리니"마 11:28~29라고 말씀하신 분의 의도가 아니다.

본 시리즈는 이렇듯 기독교 영성 계발의 새로운 비전을 제시하고 인간 실존의 모든 구체적 차원 속에서 예수 그리스도의 제자도가 갖는 의미를 조명하고자 마련되었다. 그리스도의 성품이 일상생활 전역에서 우리 영과 몸과 정신의 자연스런 표출이 되도록 전인적 제자를 기르는 것이 〈영성계발시리즈〉의 사명이다.

| 영성계발시리즈 | 를 기획하면서

편집자 **데이빗 해저드**

진정 사랑하는 사람은 사랑의 단순한 기술을 누구 못지않게 잘 안다. 사랑에 빠지거나 누구를 사모해본 적이 있다면 이게 무슨 말인지 알 것이다. 진정 사랑하는 사람은 사랑의 대상에 잔뜩 골몰하여 눈썹의 움직임, 특이한 몸짓, 기분의 미세한 변화 등 소소한 것 하나까지 모두 빨아들인다. 사랑에 빠진 사람은 내면에 '저항'의 벽을 허문 채 오감이 민감하게 깨어있는 존재 양태에 들어선다. 우주가 열린다. 색들은 더 밝아지고 음악은 더 아름다워진다. 갑자기 그는 자기 존재가 넓어지고 내면의 호불호의 경계선이 해체되는 것을 느낀다. 여태 안중에도 없던 것들을 상대가 그런 것을 좋아한다는 이유로 이제 좋아하고 사랑하는 자신을 발견하며 놀라게 된다.

한때 자아의 소원에 집중되어 있던 목표들이 이제 산산이 부서지고 대신 상대의 유익에 중심을 둔 더 큰 목표들로 대치된다. 중심이 바뀌며 약간 평정을 잃은 듯이 들뜨게 되지만, 그 어느 때보다 기초가 견고해진다.

이렇듯 진정 사랑하는 자는 상대에 대한 경청에 몰입하여 말 그대로 새 사람이 되어간다. 상대의 특성과 성품이 그를 바꿔놓는다.

'경청기도'를 이해하려면 우리도 바로 그런 관계에 있어야 한다. 그렇지 않으면 기도조차도 어떤 기교나 새 기술을 사용하려는 시도로 착각하기 쉽다. 마치 기도가 도구인 것처럼, 하나님을 움직여 우리가 알아듣기 쉽게 더 또박또박 '큰소리로' 말씀하시게 하거나 우리를 더 좋아하시게 만들거나 우리가 구하는 것들을 주시게 하려는 노력의 일환으로 만들기 십상이다. 혹 우리는 경청기도를 메마른 훈련으로 볼 수도 있다. 그리하여 하나님과의 사랑으로 이어줄 경청기도를 불행히도 '더 나은 그리스도인'이 되게 해주는 훈련 정도로 치부하기도 한다.

경청기도와 그것이 낳는 하나님의 음성을 듣는 생활방식은 자기밖에 모르는 조그만 '옛 사람'의 울타리를 버리고 진정 새로워질 각오가 된 사람들을 위한 것이다. 하나님의 사랑으로 살아있는 사람보다 더 새로운 것은 세상에 없다.

잰 존슨은 믿음의 사람들이 예로부터 해오던 경청기도와 경청하는 삶을 오랫동안 탐색해 왔으므로, 성경적 기초를 잘 알며, 경청기도의 기반이 되는 히브리-기독교 전통도 잘 아는 저자이다.

이 책에 펼쳐진 길이 당신을 그리스도의 제자의 삶으로, '하나님 안에 감추어진' 사랑의 삶으로 더 깊이 데려가기를 기도한다.

When the Soul Listens
제1부

경청기도의 뿌리는 성경이다

01 기도가 통하지 않을 때

기도가 더 이상 통하지 않거나 하나님의 실체를 알고 싶거든
지금부터 경청기도를 탐색해 보라.

막 위원회 회의를 마치고 나온 나는 회의를 망쳐놓은 한 남자 때문에 속상한 마음으로 차 안에 앉아있었다. 저녁 어스름이 나를 가려주었다. 그를 위원회에서 제명(X)하고 싶을 만큼 내 분통이 터졌으니 그의 이름을 'X'라 하자. 그는 자기 방식을 고집하며 우리 모두에게 강요했고 그 바람에 위원회는 우리 대 엑스로 양극화되었다. 그가 새로 제안을 내놓을 때마다 우리는 일어나 맹비난을 퍼부었다. 제자리걸음이었다. 회의가 끝난 것이 차라리 다행이었다.

이제 나는 차 안에서 아들의 회의가 끝나기를 기다리고 있었다. X를 위해 기도하면서. 그것도 기도라면 말이다. 나는 하나님께 열변을 토했다.

"이 사람의 부정적 태도가 위원회를 망쳐놓고 있어요. 이 사람을 변화시켜 주세요!"

내 마음에 그런 말들이 난무하는 중에 변화가 일어났다. 말 이면의 내 진짜 태도가 들렸다. 이 남자가 나를 화나게 합니다. 그러니 하나님, 그가 내 방식대로 하도록 하나님이 그를 움직이셔야 합니다. 비단 처음은 아니었지만 내 기도가 얼마나 나 중심적일 수 있는지 깨달았다. 나는 X 때문에 생긴 내 기분을 근거로 그를 판단하고 있었다. 내가 속상하고 화났다는 이유로 최선의 행동 노선을 내가 결정해 버렸다. 내 계획을 수행하는 방법을 내가 하나님께 알려드리고 있었다. 숨이 막혔다. 도대체 내가 누구기에 이 사람을 판단하고 하나님께 이래라저래라 한단 말인가?

나는 속상한 마음을 한숨으로 내뿜고는 지긋이 눈을 감았다. 내 생각을 가라앉히고 고요해질 필요가 있었다. 무릎에 손을 얹고, 구부렸던 어깨의 힘을 뺐다. 긴장이 약간 사라졌다. 나는 다른 종류의 기도를 드려야 함을 알았다. 내 멋대로 하려는 기도가 아니라 사심 없는 기도를.

몇 차례 심호흡을 한 후 손바닥이 위로 가게 앞으로 손을 폈다.

"하나님, 그는 하나님의 것입니다. 그를 하나님께 맡깁니다."

숨소리가 잦아들면서 고요함이 내 영혼을 감쌌다. 나는 잘 알던 말씀을 되뇌었다.

"너희는 가만히 있어 내가 하나님 됨을 알지어다" 시 46:10.

나는 깊은숨을 들이쉬며 기도했다.

"예수님은 흥하고."

다시 숨을 내쉬며 기도했다.

"저는 쇠하게 하소서."

바짝 약이 올랐던 마음이 가셨다. 저녁 공기가 상큼하게 느껴졌다. 한결 침착해진 나는 하나님의 동행하심과 X에 대한 하나님 뜻을 생각해볼 기회를 가질 수 있음에 감사했다. 하나님께 X에 대한 긍정적 계획이 있을 수도 있다는 생각은 나로서는 꽤 도약이었다.

수년째 나는 이런 경청기도를 연습해 왔다. 하나님 앞에 앉아 단순히 그분의 임재를 누리는 기도다. 일상생활의 압박감이 한창 고조되면 하나님의 임재를 잊고 자기중심적 구습으로 되돌아가기가 너무나 쉽다. 그러나 2천년 동안 그리스도인들이 사용해온 이 오래된 전통으로 돌아갈 수 있다면 그 보람은 엄청나다. 나는 내 영혼에 질서가 회복되고 평안이 살아나는 것을 느꼈다. 여태 나를 삼켰던 불안정한 복수의 감정 대신 거룩한 고요함을 느꼈다.

오래된 습성

그리스도인으로 살아오면서 오랜 세월 내 기도는 내가 원하는 것들 투성이였다. 내가 배운 복음주의 기독교에는 이런 고요한 기도를 가르쳐준 부분이 전무했다. 초대 그리스도인들, 교회 교부들, 위대하든 무명의 그리스도인이든 고금의 성도들이 경청기도를 실천해 왔음에도 말이다.

가장 단순한 형태의 **경청기도**란 내 생각과 감정을 가라앉히고 하나님 자신께 집중하는 기도다. 그런 상태에서 우리는 하나님의 임재를 더 잘 느낄 수 있고, 나를 교정하시고 인도하시고 지도하시는 하나님 음성을 더 잘 들을 수 있다. 이 때 하나님의 '업무 목록'을 들고 오는 것이 아니라 아무런 속셈도 없이 온다. 근본 개념은 내 생각을 가라앉히고 단순히 하나님의 동행하심을 누리는 것이다. 그러면 하나님이 입을 여실 경우 그 음성이 들린다. 그래서 경청기도를 때로 '침묵 기도'라고도 한다.

경청기도를 배우면서 나는 내가 기도를 좋아한다는 것을 알았다! 좌절과 산만함과 혼란에 빠졌더라도 나는 하나님과 다시 소통할 수 있다. 사람이나 상황에 대한 제한된 시각에 갇히지 않고 더 높은 시각에 마음이 열리며, 그래서 기분대로 반사 작용하지 않고 인내의 지혜로 반응할 수 있다.

결국 나는 왜 내적 변화가 일어나는지 깨달았다. 경청기도를 시작할 때만 해도 나는 내 욕심, 요구, 필요에 집중해 있다. 말도 "내 원대로" 일색이다. 그러나 나를 사랑하시는 하나님께 시선을 고정시키면 뭔가 새로운 일이 벌어진다. 나는 사람과 상황과 나 자신과 감정을 내려놓고 자유로이 영원한 것들에 관심을 고정한다. 어느새 이런 고백이 나온다.

"하나님, 저는 하나님을 아는 것으로 족합니다."

놀라운 변화였다. 평소 나를 피해 다니던 '지각에 뛰어난 평강'이 느껴졌다.

하나님과 미스터 X

위원회 회의가 있던 그 저녁, 침착함과 질서가 되돌아오자 나는 고요히 하나님께 질문을 올렸다.

"제가 X에 대해 무엇을 알아야 할까요?"

이렇게 하나님께 물으면 아이디어가 떠오를 때도 있다. 새로운 것이 전혀 떠오르지 않을 때도 있지만 그래도 하나님과 다시 통하게 됐다는 기분으로 나는 족하고도 남는다.

잠시동안 나는 가장 즐겨 쓰는 호흡 기도를 올렸다.

"그 사람의 마음을 보여 주소서." "그자에게 마음이 있기나 하다면"이라고 덧붙이고 싶어 혼났다.

몇 분간 나는 긴장을 풀고 침묵했다. 그 기도가 내 안에 잔잔히 퍼졌다.

바로 그때 아들 제프가 차에 뛰어오르더니 약국에 들러야 한다고 말했다. 함께 가면서 나는 X의 이름을 꺼냈다. 제프는 X가 월남전에서 싸운 이야기를 직접 들려준 적이 있다며 이렇게 보충 설명을 했다.

"자기 삶에 대한 통제권을 모두 잃고 무력감에 빠졌었답니다. 복종하기 싫은 명령에 복종해야 할 때도 있었고요."

제프가 약국에 간 동안 나는 다시 하나님과 단둘이 남았다. X가 큰 회사의 컴퓨터 부서장으로 일하다 해고당한 일이 떠올랐다. 그의 아들도 생각났다. 훌륭한 아이였지만 고분고분하지는 않았다.

나는 눈을 감고 하나님께 다시 여쭈었다.

"제가 무엇을 알아야 할까요?"

정적 속에서 나는 여태 생각지 못했던 것을 보았다. 이 남자는 자신의 과거, 직업, 아들 등 아주 많은 것들의 통제권을 잃었었다. 그래서 지금 그는 위원회를 비롯해 매사를 그토록 보란 듯이 집요하게 쥐락펴락 하려 드는 걸까?

제프가 차로 돌아왔다. 집에 왔을 즈음에는 내 마음에 위원회의 딜레마에 대한 타협안이 떠올라 있었다. '프로젝트의 작은 부분을 그의 통제에 맡기고 나머지는 위원회가 관할하자.' 위원장에게 전화하니 내 아이디어를 좋아했다. 결국 모두가 만족하는 쪽으로 일이 잘 풀렸다. 얼마 후 깨달은 것이 또 있다. 나는 평안을 누린 것만이 아니라 그 결과로 **화평케 하는 자가** 되었다. 평소 내 작업 방식은 평화롭게 해결 짓는 쪽이 아니라 싸움을 불사하고라도 내 뜻을 관철시키는 쪽이었으므로 나는 자못 신기했다. 침착하게 갈등을 푸는 사람들을 보며 나는 늘 놀랐었다. 나도 화평케 하는 자가 되려 했으나 실패했었다. 그런 내가 이번에는 정말 평화를 일구어냈다!

그러나 내게 더 중요한 것은 내 마음 상태의 진보였다. 불평만 늘어놓던 내가 하나님이 원하시는 대로 할 마음이 생긴 것이다. 전에는 그 사람을 보면 딴 길로 돌아간 적이 많았지만 이제 그럴 마음이 없었다. 그의 마음을 보았기에 그가 긍휼히 느껴졌다. 이는 그리스도를 닮은 모습으로 성장하고 싶던 내게 또 하나의 진일보였다.

영혼에 회복이 필요할 때

나는 하나님의 이런 도전과 교정과 능력을 수없이 경험했다. 그것은 다분히 경청기도의 열매이다. 여기에 중대한 전환이 수반된다. 즉 번번이 하나님께 내 세계를 바꿔주시고 고쳐달라고 구하던 것을 그만두고 그분 임재 안에 쉬면서 나를 속에서부터 다시 빚으시게 해드려야 한다.

내 경우 변화는 느렸다. 나는 많은 기도 방식을 배웠으나 그 중 대부분은 내 뜻을 진척시키는 것이었다. 오랜 세월 그리스도인으로 살면서 나는 순전히 하나님 자신을 위해 하나님을 구해본 적이 없었다. 하나님께 징징거리는 내 구습을 버리기란 쉽지 않았다. 그러나 동행하시는 하나님의 평안을 맛보면서 어느새 나는 최대한 자주 경청기도를 하게 되었다. 그날 밤 차 안에서 그런 것처럼 작은 자투리 시간에까지 말이다. 지금은 경청기도가 없었다면 내 삶이 어찌되었을지 아찔하다.

오랜 세월 그리스도인들은 왜 경청기도를 그토록 삶의 소중한 부분으로 여겨왔을까?

예수님의 가장 큰 약속 중 하나는 "내가 너희와 항상 함께 있으리라"마 28:20는 것이건만 우리는 그것을 누리지 못하고 있을 수 있다. 대신 우리는 늘 "하나님, 우리와 함께해 주소서" 기도한다. 이는 빈 시간을 오락으로 채우는 습관과 삶의 오만 가지 요구 때문에 우리가 산만해져 있기 때문이다. 우리 생각은 늘 꽉 찬 채 이 일 저 일 바삐 오간다. 일주일에 한번 교회에 가는 것으로 이 분주함을 꿰찌르기에는 어림도 없다. 경청기도는 이 분산의 와중에서 우리를 하나님과 다시 이어준다. 내 앞에 산적한 일들과 남편의 계획, 아이들의 필요, 대외적인 관계, 추구하고 싶은 꿈 등 삶은 여러 방향으로 나를 잡아끈다. "사슴이 시냇물을 찾듯이 내가 하나님께 갈급하다"고 말하면서도 그 순간 눈앞에 닥친 일들을 해야 한다. 그러나 잠시 멈추고 경청기도를 하며 하나님과 함께 있을 때 나는 우주를 붙들고 계신 하나님이 나 또한 붙드실 수 있음을 느낀다. 고요한 중에 나는 지난날 하나님이 나를 어떻게 도우셨는지 회상한다. 주변에 아우성치는 요구 없이 내가 하나님께서 이처럼 사랑하시는 자임을 기억한다.

경청기도를 점점 더 경험할수록 나는 하나님께 대한 억누를 수 없는 갈급함과 좀더 시간에 구애 없이 하나님 마음을 느끼고 싶은 갈증을 느꼈다. 그래서 몇 동네 떨어진 수련원에서 주최하는 월례 일일 수련회에 꾸준히 참석하기로 작정했다. 세 번째 수련회 도중 일찍 모임을 빠져나왔다. 밖으로 나와 가파른 둔덕을 내려가니 단지를 관통하여 흐르는 개울이 나왔다. 돌들을 징검다리 삼아, 흐르는 물 속으로 들어가 커다란 바위에 앉았다. 아무 말도 안했고 생각도 없었다. 햇살 아래 앉아 하나님께 얼굴을 향하여 들고 우렁찬 물소리를 듣는 것으로 족했다. 나는 아무것도 할 필요가 없었다. 그냥 가만히 있어 내 영혼에 생수를 주실 수 있는 유일한 분의 주목을 누리기만 하면 됐다. 세상에 그렇게 좋은 곳이 없어 보였다.

수련회와 수련회 사이의 나날은 분주했다. 직장의 프로젝트를 끝내야 했고 집안일을 해내고 십대인 자녀들을 여기저기 데려다주어야 했다. 나는 수련회의 그날이 그리웠다. 개울 한복판 바위 위에서 맛보던 존재의 합일이 그리웠다.

다음 수련회 날 아침에 옷을 입으면서 나는 등산에 무난한 신발을 신고 가시덤불에 찢겨도 좋은 복장을 했다. 수련회 강사가 아무리 재미있어도 나는 밖으로 빠져나가 하나님의 임재에 '흠뻑' 젖을 참이었다. 90분간의 운전은 내 영적 과제에 대한 신체적 표현이었다. 정신적 부속물들을 뒤로하고 가정과 직장을 벗어나 홀가분한 마음으로 험로를 걸어가 파른 오솔길을 내려가 개울까지 마음이 차분해지는 자리로 갔다.

우렁찬 물소리 속 바위의 침묵과 안정.

영혼의 필요를 만나는 길

내가 고독과 침묵의 시간을 얘기할 때면 의심쩍은 눈으로 바라보는 사람들이 더러 있다. 저건 '도피주의'가 아닌가? '신비 체험'이 아닌가?

경청기도는 세상으로부터의 도피도 아니고 영적으로 높은 차원에 이르려는 것도 아니다. 오히려 그것은 단순히 하나님과 함께 있음으로 갈급한 영혼의 필요를 만나는 길이다.

경청기도의 역동성을 잘 보여주는 일화가 있다. 한 늙은 농부가 날마다 마을 교회당에 들어가 무릎 꿇고 기도했다. 무슨 문제로 그러느냐고 누가 묻자 그는 말했다.

"나는 그냥 하나님을 바라봅니다. 그리고 하나님은 나를 바라보십니다."[1]

농부는 도피하거나 황홀경을 구한 것이 아니라 단순히 하나님의 임재를 누린 것이다. 경청기도를 실행하면 하나님과 연대감이 생긴다. 거기서 하나님은 우리 삶의 산만함을 치유하실 수 있다. 그리고 혹 당신도 겪고 있을지 모를 다음과 같은 건강치 못한 영적 상태들도 치유하실 수 있다.

영적 메마름

내 친구 던은 대학 시절 나가던 선교단체 모임의 '좋았던 시절'을 회상한다. 성경공부 시간에 그와 그 그룹의 멤버들은 하나님의 진리에 전율했고, 주말이면 서로 이사를 돕기도 했다. 돈이 필요한 사람이 있으면 추렴하는 일도 다반사였다. 지금 던은 어느 교회를 나가도 그 시절만큼 감동이 없다.

던은 말한다.

"이제 어디서부터 시작해야 할지 막막하다. 내 믿음이 없어진 건 아니지만 어디서고 하나님을 본 지 오래됐다. 하나님께 순종하고 싶다는 말도 할 수 없다. 그랬으면 좋으련만…"

그의 말 속에서 나는 시들어 메마른 영혼의 물음을 듣는다.

"어찌하여 나를 잊으셨나이까?" 시 42:9

하나님 앞에 앉아 침묵하면 영혼이 소생한다. 그렇다고 짜릿한 감정을 바라는 것은 아니고 성경 진리에 계시된 하나님을 떠올리는 것이다. 하나님은 절대 우리를 떠나시지 않는다. 하나님은 우리 마음 문을 두드리신다. 하나님의 무한한 사랑과 지도는 언제나 우리 곁에 있다. 우리 상황은 변해도 하나님은 변하시지 않는다.

영혼이 메마를 때 경청기도는 우리를 그분과 이어준다. 그분은 "영원하여 그 사랑은 끝없고, 그분은 무한하여 그 사랑은 다함이 없고, 그분은 거룩하여 그 사랑은 모든 흠 없는 순결의 정수이며, 그분은 광대하여 그 사랑은 측량할 수 없이 깊고 넓은 망망대해니 우리는 그 앞에 무릎 꿇고 즐거이 침묵에 잠긴다."[2] 그분의 사랑은 우리 목마른 영혼을 축인다.

죄책감과 수치심

하나님과의 미결 과제는 우리 내면을 어지럽히며 우리를 그냥 두지 않는다. 습관적 죄는 사라질 줄 모른다. 열등감은 끝이 없다. 순결하지 못한 삶은 우리를 괴롭힌다. 이런 것들로 두려워 우리는 기도로 하나님을 대면하지 못한다. 하나님의 못마땅한 얼굴 표정을 뉘라서 보고 싶으랴. 불편한 질문들이 우리를 하나님에게서 멀리 몰아낸다. 똑같은 죄로 자꾸만 하나님께 용서를 구하다니 나는 염치도 없나? 하나님도 내가 지겨울까? 난 희망이 있을까? 이 모든 설교에 마음이 동해 마침내 자녀들을 윽박지르거나 도로에서 다른 운전자들에게 소리 지르는 버릇을 버릴 날이 언제쯤일까?

경청기도 중에 나는 자신을, 목자가 찾으러 오신 잃어버린 양으로 본다눅 15:1~7 참조. 목자가 나를 어깨에 얹고 집으로 데려가시는 동안 나는 이런 의문이 든다. 나를 찾기는 하셨지만 정말 반가우실까? 나는 여전히 목자가 사랑하는 양인가? 나는 여전히 하나님이 쓰실 수 있는 그릇일까? 목자의 어깨에 앉아 나는 안심한다. 그분은 이 실수투성이 양을 위해 잔치를 베푸실 참이다눅 15:6 참조.

방향과 목표 부재

내가 겉돌거나 주변 상황이 이해가 안 될 때 나는 아버지의 인도하시는 음성을 들어야 한다.

우리 세기의 가장 영향력 있는 복음 전도자 중 하나인 A. W. 토저는 이렇게 말했다. "평생을 사는 동안 우리들 대부분은 조금 기도하고, 조금 계획하고, 좋은 자리를 차지하려 다투며, 뭔가를 바라되 아무엇도 확신하지 못하고, 길을 놓칠까봐 늘 남몰래 두려워한다."[3]

삶이 불확실할 때면 나는 하나님을 의지하고 싶다. 내 삶이 중요하며 하나님이 나를 연약한 그대로 쓰실 거라고 믿고 싶다. 다른 사람들의 실력과 기회와 성공과 믿음을 볼수록 나는 더 불확실해진다. 어느새 나는 나 자신과 상황을 다른 사람과 비교하게 되며 결국 내 입에서는 이런 말이 나온다.

"나는 못해. 나는 이것도 없고 저것도 없어."

잠시라도 조용히 하나님과 함께 있으면, 하나님이 나를 이처럼 사랑하사 내 '장래에 소망'이 있다는 성경 진리에 젖어들 수 있다요 3:16, 렘 29:11 참조. 하나님의 진리의 말씀을 흡수할 때 내 회의와 두려움은 꺾인다. 신뢰감이 살아난다. 정적 속에서 나는 하나님 안에 쉴 수 있다. 나는 뭐가 어떻게 돌아가는지 몰라도 그분은 아신다. 지금까지 말한 여러 내면의 물살에 갇혀있을 때 하나님과의 절친한 관계는 요원하다. 우리는 단절을 느낀다. 하지만 내 영혼이 귀 기울일 때 다시 하나님이 보인다. 우리를 열심히 기르시고 일으켜 다시금 걷게 하시는 그분이 보인다.

초점 전환

이런 단절 문제의 뿌리는 내 영적 생활의 축을 하나님과 그분이 원하시는 곳에 두지 않고 나와 내가 원하는 곳에 두는 데 있다. 즉 우리가 이해하는 기도란 다분히 하나님께 뭔가 구하는 것이다. 하나님의 응답이 없는 듯하면 우리는 상처받고 실망하고 결국 하나님께 마음이 강퍅해진다. 하나님이 공평치 못하다는 것이다.

언젠가 수련회에서 한 사람이, 내 강연에 기도 얘기가 그렇게 많을 줄 알았다면 자기는 오지 않았을 거라며 토의 그룹 조원들에게 투덜거렸다. 그녀는 우울증에 걸린 친구와 병세가 심한 어머니를 위해 기도했었는데, 친구는 자살했고 어머니는 낫지 않았다고 한다. 그녀는 조원들에게 물었다.

"기도해서 잘된 일이 있던가요?"

이 사람처럼 솔직히 말로 표현한 적이 없을 뿐 똑같이 느끼는 사람들이 많다. 기도는 해서 뭐하나? 그녀는 자신의 부서진 세상을 고치고 수습하려는 목표가 있었다. 그녀가 보기에 하나님은 그 목표에 무관심해 보였다. 따라서 그녀의 하나님은 일하시지 않았다.

당신이 보는 하나님은 어떤 분인가? 당신이 하나님과 그분의 일하시는 방식을 어떻게 알고 있느냐는 중요한 문제다.

전에 나는 하나님을 마법의 요정 같은 존재로 보았다. 너저분한 삶을 청소하고 식품 저장실을 늘 채워두는 것이 그분 책임이었다. 그런가하면 나는 하나님을 내 병과 고통을 없애주는 거대한 아스피린으로 본 적도 있었다. 요컨대 나는 하나님을 하인이나 자동판매기로 전락시켰다. 구멍에 믿음의 동전기도을 넣고는 밑으로 상품행복, 성취, 성공이 나오기를 바랐던 것이다.

그러면서도 나는 내 기도가 오로지 내 생각과 욕망에 근거한 것임을 전혀 몰랐다. 나는 스스로 우주의 중심에 올라서 이렇게 말했다.

"제가 보기에 이게 맞고 좋습니다. 그러니 틀림없이 이게 최선의 길입니다."

"하나님, 지금 제가 원합니다. 하나님의 능력을 발휘하여 일이 되게 해주세요."

나는 20페이지가 넘는 내 기도제목 목록이 자랑스러웠다. 그러나 그것은 실은 하나님의 영적 '업무 목록'에 지나지 않았다. 물론 나는 하나님께 찬양과 감사도 드렸다. 하지만 그러고 나면 하나님께 주문하기 시작했다.

"그 사람을 바꿔 주십시오! 지금이 그 일을 행하실 최적의 때입니다!"

내 삶의 통제권은 누구에게?

이 모든 이면에서 우리 마음은 하나님과 자리다툼을 벌인다. 좋은 영적 가르침들을 유리하게 이용하면서 말이다. 전에 나는 "기도는 하나님의 풍요한 창고를 여는 열쇠다" 같은 말들을 좋아했었다. 나는 그 풍요에 굶주렸고 기도로 그것을 얻을 수 있다고 생각했다.

나는 핵심을 놓쳤다. 풍요는 하나님 자신이지 내가 하나님께 바라는 사탕이 아니다. 세기말 작가 에블린 언더힐Evelyn Underhill은 문제를 정확히 지적했다.

"우리는 원하다, 갖다, 하다 이 세 동사를 변용하며 인생을 거의 다 보낸다. 탐하고 움켜쥐고 설치느라 우리는 늘 안식을 모른다."[4]

내 재잘거리는 기도는 내가 원하는 것, 내가 가져야 한다고 생각되는 것, 내가 바라는 하나님이 하실 일들로 가득 찼었다.

이렇게 요구하는 기도가 응답되지 않는 것은 당연하다. 그러면 내면의 율법적 목소리가 입을 연다. 네 정성이 부족해서 하나님이 네 기도를 무시하시는 거다. 열심히 절박하게 기도에 힘쓰다보니 우리는 하나님을 향해 내 노력을 더욱 강화하며 그 결과 다음과 같은 행위에 이른다.

공식대로 기도함

우리는 하나님을 설득할 '바른 방법'을 찾으려고 애쓴다. 계속해서 기도의 새 공식들을 찾는다. 기도의 효험을 높여줄 새롭고 더 나은 기법이나 장치나 시스템을 만나면 우리는 흥분한다.

도구에 헌신함

우리는 "기도를 믿는다"고 말한다. 자신의 기도와 그 '능력'을 얼마나 철석같이 믿는지 보여주는 예다. 나는 더 이상 기도를 믿지 않는다. 나는 하나님만 믿는다. 기도란 내가 하나님과 통하는 생생하고 다양한 장, 즉 내 영혼의 상태다.

하나님께 헌신하는 것과 영적 도구에 헌신하는 것의 차이가 대수롭지 않게 보일지 모른다. 하지만 예수님은 이 중요한 문제로 바리새인과 불화하셨다. 바리새파는 씻는 의식과 고지식한 안식일 준수 등 신앙 행위에 초점을 두었다. 그들은 자기들처럼 하지 않는 예수님을 경멸했다. 예수님은 하나님 자신께 초점을 두셨다. '영적 도구'를 써서 하나님의 호의를 사려 한 바리새인들은 거기에 좌절과 분노를 느꼈다. 예수님은 그들의 공식과 습성을 무시하신 채 하나님의 사랑에 중점을 두시고 확신에 차서 하나님에 관해 말씀하셨다.

신앙의 '도구'에 주력하는 것은 자기도취의 신호다. 나는 오늘 기도했나? 하나님이 '알아주실' 만큼 오랫동안 정성들여 기도했나? 의도는 마냥 선하지만 자칫 우리는 배꼽만 쳐다보며 제 노력에 집중할 수 있다. 고전 「주님은 나의 최고봉」의 저자 오스왈드 챔버스는 "하나님께 중심을 드리기보다 꾸준함에 집착하지 않도록 주의하라"[5]고 말한다. 자신의 행위를 너무 바짝 들여다보면 내 영성의 중심은 하나님이 아니라 내가 된다.

「하나님을 듣기」*Hearing God*의 저자 피터 로드 목사는 다음 질문으로 우리 자신을 시험해 보라고 도전한다.

하나님이 우리에게 그분 자신 외에 아무것도 주시지 않는다 해도 우리는 만족할 것인가? 그 답을 보면 우리가 하나님을 그분 자신 때문에 사랑하는지 아니면 그분께 바라는 결과 때문에 사랑하는지 알 수 있다. 우리가 하나님의 임재를 더 이상 즐기지 않으며 우리의 기도가 자신을 위한 요구로만 국한된다면 우리는 자기 필요에 대한 응답을 얻기에만 급급한 것이다. 사역이 내 삶에 중요한 모든 것이 될 때 자칫 내 목적을 위해 하나님을 이용할 미묘한 위험이 도사리고 있다.[6]

결국 문제는 다음으로 귀결된다. 즉 우리는 스스로 삶을 통제하려고 낑낑대고 있을 수도 있고, 아니면 하나님 안에서 쉬며 그분의 인도에 따르는 법을 배우고 있을 수도 있다.

하나님의 마음속으로

지금까지 소개한 기도는 하나님께 집중하고 아무것도 구하지 않으며 말없이 기다리는 기도다. 물론 구하는 것도 그리스도인 삶의 한 부분이다. 예수님은 아버지께 많은 것을 구하셨다^{예컨대 요 17장 참조}.

그러나 무엇보다 먼저 기도란 우리 자신을 능하시고 사랑 많으신 하나님 뜻에 맞추는 것이다. '바른 문구'를 사용하여 하나님을 설득하거나 구워삶거나 조종하는 것이 아니다. 기도는 노사 관계가 아니다. 노동자는 자기가 언제 해고될지 모르며 따라서 아직 기회가 있는 동안 사용자에게 최대한 많은 것을 얻어내려 한다. 기독교 기도의 핵심은 하나님의 선하신 뜻을 이루는 그릇으로 자신을 바치는 태도다.

계속 기도를 줄줄이 구하는 데만 이용하면 우리 내면에서는 이런 일이 벌어진다. 우리 믿음은 저자 플래너리 오코너^{Flannery O'Connor}가 말한 것처럼 한낱 '전기담요'[7] 수준으로 전락한다. 우리는 하나님이 내 삶의 춥고 헐벗은 곳들을 덮어주시기를 바라며 담요를 편다. 그게 전부다. 하나님은 듣고 웃으실 뿐 우리의 요정 신神은 되시지 않는다. 그러면 우리는 하나님께 환멸을 느낀다. 그분이 나를 저버렸다고 생각하며 그분을 멀리한다. 행위마다 보상이 따른다고 가르치는 문화에서 기도는 또 하나의 패배의 장이 되고 하나님은 또 하나의 실망의 원인이 된다. 우리는 교회에 나가고 남들을 돕는 등 영적 몸놀림을 계속할지 모르나 마음속에는 의문이 싹튼다. 하나님이 선한 분이라면 내가 원하는 좋은 것을 주실 것 아닌가? 그런데도 주시지 않는다는 건 하나님이 선하지 않거나 내가 가망이 없거나 둘 중 하나다.

기도를 모든 것을 살피시는 긍휼의 하나님을 만나는 장이 아니라 내 욕심을 채우는 수단으로 보기 때문에 우리는 암담한 처지에 빠진다. 기도를 바로 이해하면 도구에 대한 헌신에서 주인께 대한 헌신으로 옮겨간다. 토니 캠폴로Tony Campolo의 다음 비유에 그 차이가 잘 나타나 있다.

> 당신이 있는 현재 위치에서 이스튼 대학까지 오는 길을 나는 두 가지로 일러줄 수 있다. 우선 지도에 당신이 따라올 노선을 표시해 줄 수 있다. 그 지도를 들고 당신은 이곳을 찾아올 수도 있고 그렇지 못할 수도 있다. 당신의 지도 보는 실력과 도로의 폐쇄 여부에 달려있다. 다른 방법은 내가 당신 차에 타서 곁에 앉아 줄곧 길을 안내하는 것이다.[8]

당신은 지도를 보고 있는가 아니면 하나님의 길동무인가? 기도 공식에 헌신하는 쪽보다는 하나님과의 대화를 배우는 편_{나의 참 상처를 아뢰고 하나님의 심장박동을 느끼는 편}이 훨씬 낫다. 하나님은 우리를, 지도를 보며 기계적으로 답습하는 자가 아니라 그분과 사랑의 관계를 맺을 자로 지으셨다. 우리를 가장 극진히 사랑하시는 분의 음성보다 더 중요한 음성이나 의견은 없다. 예수님은 우리에게 "진리의 영이… 너희와 함께 거하심이요 또 너희 속에 계시겠음이라"_{요 14:17} 하셨고, 또 "내가 아버지 안에, 너희가 내 안에, 내가 너희 안에"_{요 14:20} 있다고 하셨다. 유다 나라처럼 길 잃고 헤맬 때도 우리는 하나님의 변함없는 사랑의 인도를 의지할 수 있다.

"너희가 오른쪽으로 치우치든지 왼쪽으로 치우치든지 네 뒤에서 말소리가 네 귀에 들려 이르기를 이것이 바른 길이니 너희는 이리로 가라 할 것이며"_{사 30:21}.

나를 사랑하시는 분과 마음 통하기

당신 귀에 '뒤에서 말소리가' 들릴 만한 정황 중 하나는 경청기도다. 경청기도란 당신 영혼을 사랑하시는 하나님과 함께 있는 것이기 때문이다. 오스왈드 챔버스는 단언한다.

"기도의 요지는 하나님께 응답을 얻어내는 것이 아니라 그분과 연합하는 것이다. 오직 응답을 바래서 기도한다면 우리는 하나님께 짜

중나고 화날 것이다."⁹

부모에게 항상 뭘 달라고 조르는 아이를 생각해 보라. 이렇게 조르면 부모도 성가실 뿐 아니라 딱한 아이도 비참해진다. 우리는 하나님을 사랑하되 내게 주시는 것 때문이 아니라 그분 자신 때문에 사랑하는 자녀가 될 수 있다. 그리하여 우리의 메마름과 환멸에서 벗어날 수 있다.

하나님과 함께함을 소중하게 생각하게 되면 우리는 더 이상 약삭빠른 방안을 짜내서 자기가 이미 정해놓은 행동 노선을 성취할 힘과 노하우를 달라고 하나님께 구하지 않는다. 기도는 마음과 마음의 만남이 되며 나는 하나님의 임재 안에서 쉰다. 내 최고 목표는 근사한 방안을 찾는 것이 아니라 하나님과 함께 사는 것이다.

이 책의 목표는 하나님을 만나는 법을 배우도록 당신을 돕는 데 있다. 그분을 대면하면 삶이 바뀌고 당신 마음은 그분 임재 안에서 쉼을 얻는다. 함께 경청기도를 탐색하는 동안 하나님이 당신의 모든 삶에 침투하실 것을 기대하라. 그분의 임재에 더 초점을 맞출수록 당신은 하루 종일 하나님과 대화하고 있는 자신을 보게 될 것이다. 경청기도에 수반되는 침묵과 고독이 내면에 고요와 안정을 낳아 일상 생활 속에 배어들기 때문이다.

이렇게 하나님의 심장으로 살 때 당신은 사람들을 예수님이 보신 것처럼 보게 된다. 예컨대 내 차 뒷좌석에 타고 가던 내 친구 리즈는 옆 차에 수갑을 차고 있는 소년들을 보았다. 나도 그들을 보았다. 내

첫 생각은 이거였다. '저런, 어쩌다 저리 됐을꼬?' 그러나 리즈는 말했다. "저 아이들을 위해 기도해야겠어. 무슨 사정이 있겠지?" 이렇게 기도는 우리 삶의 본업이 된다.[10] 이제 우리는 몇 시간씩 하나님을, 그리고 이 땅에서 행하시는 그분의 일을 잊은 채 지낼 수 없다. 하나님께 중요하게 말씀드릴 내용이 전혀 없을 때라도 들며 나며 일하며 쉬며 그분과 함께 있는 만족을 누린다.

하나님 중심의 기도에 보상이 있다

기도가 하나님을 기뻐하는 장이 될 때 우리는 하나님께 갈급해진다. 우리는 예수님을 본받아 고독을 찾아 나선다.

"날이 밝으매 예수께서 나오사 한적한 곳에 가시니"눅 4:42.

자신의 사명과 군중의 요구를 잠시 제쳐두고 아직 어슴푸레하고 축축한 들판으로 나서시는 예수님을 상상해 보라. 그것도 귀신을 쫓아내고 사람들을 고치며 고단한 하루를 보내신 후에 말이다. 그분은 왜 안에서 더 주무시지 않았나? 예수님은 하나님이 그리우셨으리라. 어린아이를 둔 부모는 어른끼리의 대화의 그리움을 안다. 밤에 아이들을 자리에 누이면 약간 안도감이 든다. 이제 방해 없이 배우자와 대화할 수 있기 때문이다.

경청기도를 통해 우리는 나를 사랑하시는 분과의 대화에 눈뜬다. 그래서 기도는 내가 *좋아하는* 일이 된다. 당신은 잠시 하나님을 생각하려' 애쓰며 굳이 기도를 준비할 필요가 없다. 제트스키를 타거나 탐정 소설을 읽거나 옛 친구를 방문할 때와 같다. 우리는 하나님 앞에서 철저히 진실한 나 자신이 된다. 좋은 인상을 풍길 필요가 없다.

그리고 하나님은 우리 안에서 실체가 된다.

당신은 하나님과의 관계가 깊이 있고 진실하기를 갈망한 적이 있는가? 당신 안에 하나님의 새롭게 하시는 능력이 필요한가? 지금부터 이 책에서 우리는 경청기도의 방법과 유익을 살펴볼 것이다. 경청기도는 우리를 하나님 임재의 경이에 눈뜨게 한다. 기도가 더 이상 '통하지' 않거나 하나님의 실체를 알고 싶거든 지금부터 경청기도를 탐색할 것을 권하고 싶다. 경청기도는 하나님의 임재를 체험하게 해주는 생활방식이다. 하나님의 임재 의식은 또한 당신을 변화시키고^{다음 장에서 살펴볼 것이다} 당신 영혼에 생명과 능력을 줄 것이다.

당신이 늘 원하던 바가 아닌가?

02 하나님과 긴밀히 통하는 영혼으로 변하다

내 영혼을 하나님께 열고 상대에게 온전히 내어 주며 살면 변화가 일어난다.
하나님 사랑이 내 안에 거하며 내 행동 양식을 바꾼다.

오랜 세월 나는 제법 괜찮은 그리스도인이 되려고 열심히 노력했다. 다 소용없었다. 이기심과 불평과 게으름이 끈질기게 나를 따라다녔다. 기도와 하나님을 섬기는 일은 의무였다. 어쩌다 제대로 하면 나는 자만에 빠졌고, 당신을 비롯해 모든 인간들이 꼭 알아야 할 것을 내가 터득한 줄로 확신했다. 그래서 그것을 말하고 다녀야 했다.

'제법 괜찮은 그리스도인'이 되려는 고된 시도를 내려놓으면서 나는 그보다 미세한 변화의 길을 발견했다. 조용히 하나님께^{자신이 아니라} 집중하자 변화가 나타나기 시작했다. 지금 나는 기도가 좋고 늘 기도하고 싶다. 하나님도 기도를 사용하여 내 영혼과 성품과 갈망을 변화시켜 오셨다.

하나님의 임재의식

나는 인근 노숙자 지원 센터에서 꽤 오랫 동안 자원봉사를 해왔다. 샤워를 신청한 노숙자 명단을 적어 순번을 알려주는 것도 내 일이다. 어느 날 내가 창구에 서있는데 밥이 내가 작성해둔 샤워 명단을 들여다보며 물었다.

"내 차례 아닌가요?"

나는 그의 얼굴을 쳐다보았다. 한쪽 눈이 없었고 그쪽 얼굴에 심한 흉터가 있었다. 나는 웃으며 아직도 명단 저 아래에 있는 그의 이름을 보여 주었다. 그러자 그는 생전 처음 보는 험악한 표정으로 창구에 기대며 으르렁거렸다.

"조용히 살고 싶거든 내 이름을 위로 올려요!"

나는 놀라며 물었다.

"협박하는 건가요, 밥?"

밥은 비틀비틀 몇 발작 물러나더니 당당한 내게 어떻게 맞서야 할지 모르겠다는 듯 성난 눈으로 나를 노려보았다. 나도 무슨 일이 터질지 몰랐다. 그러다 그는 돌아서 가버렸다. 얼마 후 소장이 그 소식을 듣고 내게 와, 일을 그만둘 거냐고 걱정되는 표정으로 물었다.

"아니요."

나는 말했다.

"여기서 제 목표는 인기를 얻는 게 아닙니다. 저는 기도하러 여기

옵니다. 최근에도 밥을 위해 많이 기도해 왔습니다."

몇 주 전 밥이 우리 교회에 왔을 때 내 친구가 그를 알아보았다. 어릴 적에 밥은 그녀가 일하는 초등학교에 다녔었다. 그때의 밥을 그녀는 이렇게 회상했다.

"밥은 발달 장애인 반에서 점점 더 말썽을 일으키다 결국 학교를 그만뒀어. 그러다 나중에 하수구에 기어들어 가서 자기 머리에 총을 쏘았지."

친구의 말을 들으며 나는 깜짝 놀랐다. 밥이 자살하려다 눈을 잃었다고? 나는 그가 술에 취해 엉뚱한 시간에 엉뚱한 곳에 있다가 그렇게 된 줄로 생각했었다. 그날 아침 센터에서 그를 위해 기도할 때도 나는 그 생각을 했었다.

그 다음번 봉사 때 밥이 와서 내 어깨에 팔을 두르고는 나를 노려보며 말했다.

"오늘 잰 아줌마가 어떠신가?"

나는 그가 그런 식으로 나를 떠보며 실은 이렇게 묻는 게 아닌가 하는 생각이 들었다. "이봐요, 작은 신앙인. 이래도 당신은 내 친구가 돼 줄 거요?" 나는 밥과 대화할 때 언제나처럼 속으로 그를 위해 기도하며 웃는 얼굴로 얘기했다. 내 환영의 반응이 그를 향한 하나님의 무조건적 사랑에 대한 작지만 중요한 증거임을 나는 느꼈다.

성격 검사를 할 때마다 나는 '신경이 예민하고 걱정이 많은' 사람으로 나온다. 그러나 노숙자 센터에서 자원 봉사하는 나는 조용하고 주의깊다. 일하면서 기도하기 때문이다. 말은 많이 하지 않는다. 말을 해도 대개 '평안' '위로' '용기' 등 한마디뿐이다. 그럴 때 하나님의 임재 의식이 내게 영향을 미쳐, 평소와 달리 사랑의 행동이 나온다. 내 삶의 모든 순간을 이렇게 살 수만 있다면 얼마나 좋을까!

생각의 전환

'괜찮은 그리스도인'이 되려고 애쓰던 옛날 같았으면 나는 노숙자 자원봉사를 오래 견디지 못했을 것이다. 하나님께 밥을 고쳐달라고 기도했을 것이고, 그 요구가 '통하지' 않으면 밥은 취직도 못했고 거처도 찾지 못했다 밥 때문에 탈진했을 것이다. 상냥하게 꾹 참으며 나는 밥의 친절한 반응을 이끌어내려 했을 것이다. 그의 위협적 행동을 내 실패로 받아들였을 것이고 그리하여 진즉 봉사를 그만뒀을 것이다.

하나님께 집중하는 법을 배우자 밥 같은 사람들을 일 중심적으로 대하던 내 태도가 변했다. 하나님을 경청하는 생활방식을 취하면서 나는 내면에 새로운 안식을 느꼈고, 거기서 내가 여기 온 것은 세상을 변화시키기 위해서가 아니라 오직 기도하며 하나님 일에 동참하기 위해서라는 인식이 싹텄다. 결과는 천지차이였다. 나는 당장 '열매'가 없어도 밥 같은 이들에게 헌신 의식을 느끼게 되었다.

그렇다고 내가 마침내 기도 응답의 '비결'을 찾았다는 말은 아니다. 천만의 말이다. 사실 그것은 이제 문제가 못된다. 이제 나의 관심

사는 하나님 자신을 아는 것, 모든 면에서 하나님을 인식하고 따르는 훈련이다. 내 영적 삶의 관건은, 하나님과 하나님의 행하시는 일이 점점 커지는 반면 나와 내 노력은 점점 작아지는 것이다.

하나님과 긴밀히 통하는 내면 생활

하나님이 우리에게 원하시는 삶은 단순하다. 하나님을 사랑하고 하나님께 주목하는 것이다. 그럴 때 우리는 그분의 생각과 마음을 느낀다. 하나님의 계획에 있어 내 역할을 느끼며 하나님의 심정으로 살기 시작한다. 하나님은 우리를 통해 다른 사람들에게 복을 전하신다. 느리지만 확실한 방식으로 우리는 '마음의 변화'를 경험한다. 침례교 신학대학원 영성 교수 글렌 힌슨Glenn Hinson의 말처럼 "문제의 핵심은 마음의 변화다."[2]

하나님께 열린 자세와 그로 인한 마음의 변화는 여태 요원해 보였던 거룩함, 긍휼, 용기를 가져다준다. 다시 말해 우리는 내 안에 형성되는 예수 그리스도의 정신을 보게 된다. 예로부터 이 과정은 그리스도인들에게 '영성 계발'로 알려졌다. 우리 안에 그리스도의 성품이 빚어지는 과정이다.

영성 계발이란 일정한 습성들을 통해 하나님과 긴밀히 통하는 내면생활을 가꾸는 것이다. 내면생활은 외적 행동의 변화를 낳는다. 이 과정을 통해 우리는 예수 그리스도의 제자가 되어 그분의 내적 마음

가짐과 외적 행동을 함께 본받는다. 이렇게 우리는 바울의 말대로 그리스도로 '옷 입어' 갈 3:27 참조 예수님의 지극한 겸손과 자비와 용기를 내보인다. 기독교 교육이 이 일을 잘못하는 한 가지 방법은 마음 상태에 주목하지 않은 채 외적 행동만 문제 삼는 것이다. 안에서 밖으로 변화를 이루려 하기보다 우리는 외관에 치중한다. 예를 들어 아이가 선물이나 호의에 "고맙습니다"라고 말하지 않으면 우리는 아이의 내면 상태야 알 바 없이 무조건 나무란다. 우리에게는 아이의 감사하는 외양이 더 중요하다. 그래야 아이의 예절 부족 때문에 내가 창피 당하지 않기 때문에 "고맙습니다"라고 말하는 행위가 아이 속에 감사의 마음을 가꿔주는 것보다 중요해진다.

그러나 하나님은 내적 존재의 중요성과 내면에 이루시려는 변화를 강조하신다. 예수님은 "하나님의 나라는 너희 안에 있느니라"눅 17:21고 말씀하셨다. 사도 바울은 하나님의 말씀이 "너희 믿는 자 가운데서 역사"살전 2:13한다고 했다. 그는 또 "너희 안에서 행하시는 이는 하나님이시니 자기의 기쁘신 뜻을 위하여 너희에게 소원을 두고 행하게"빌 2:13 하신다고 강조한다. 외적 행동도 중요하지만 나무의 종류와 건강을 '열매로' 알 수 있다. 마 7:20 하나님은 먼저 중심을 보신다 대상 28:9, 시 119:10, 렘 29:13 참조.

'영적 성장'을 위한 우리 노력은 외적 행동을 바꾸려는 시도일 때가 더 많다. 우리의 영적 선배들은 우리의 성장이 우리 안에 새 영을 빚으시는 하나님의 일에 협력함으로 오는 것임을 알았다. 영성 계발은 영혼에 세심한 관심을 기울이며, 이때 활용되는 영적 훈련들을 사용하여 우리 영혼에 행하시는 하나님의 일하심에 눈뜨게 된다.

"내게 지혜를 은밀히 가르치시리이다"시 51:6. 바울은 하나님께 "그의 성령으로 말미암아 너희 속사람을 능력으로 강건하게 하시오며"엡 3:16라고 기도했다.

경청기도는 하나님이 우리 속에 일하시도록 하는 것

경청기도는 하나님께서 우리 속사람 안에 일하셔서 우리의 궁극적 동인인 마음의 태도를 변화시키실 시간과 재량을 드리는 훈련 중 하나다. 변화된 마음마 7:17은 "마음의 쌓은 선에서 선을" 낼 수밖에 없다. 거꾸로 속이 선하지 못한 사람은 선한 것을 낼 수 없다눅 6:43,45 참조. 그렇다면 문제는 하나님께 우리 속을 선하게 하실 기회를 드리는 것, 사랑 충만한 마음을 품는 것이다. 그러면 외적 행동은 변하게 되어있다.

속사람을 무시한 채 외적 행동에 치중하면 엄청난 결과를 낳는다. 영혼에 관심을 기울이지 않으면 경건한 열망과 종교 기관에 뿌리를 두고도 하나님께 심령이 마비된 사람을 낳는다. 예수님 당시의 바리새인들은 독실한 자 중에 독실한 자, 종교적 보수주의자, 성경을 지키는 자들이었다. 그러나 예수님은 그들의 자기의의 껍질을 깨뜨리고자 그들을 질책하셨다. 바리새인들은 우리 많은 이들이 정말 명예로 여길 만한 일들을 했다. 그들은 모세 같다고 존경과 추앙을 받았다마 23:2 참조. 공공 행사에서 높임 받았고마 23:6 참조 거리에서 훌륭한 신앙인으로 인정받았다마 23:7 참조. 그들은 전도했고마 23:15 참조 바른 신앙을 조목조목 세세히 알았고마 23:16 참조 이스라엘 역사에 해박했고마 23:30 참조 십일조를 냈고마 23:23 참조 문화의 옳고 그름을 분별했다마 23:16~18 참조.

이렇게 많은 일을 제대로 한 사람들이 어찌 그리 잘못될 수 있을까? 바리새인의 심령은 종교적 문화에서 우러르는 일들을 행함으로 얻어진다. 하나님께 드려 다시 빚어진 심령이 아니다. 당대의 거창한 이들 종교 행위자들에 대한 예수님의 평가는 이랬다. 그들은 겉으로는 아름답고 옳게 보이지만마 23:27~28 참조 속으로는 더러운 시체이며 탐욕과 방탕과 위선과 불법이 가득하다마 23:25,27~28 참조. 그들은 의와 인과 신이 없다마 23:23 참조. 하나님을 위해 행하는 우리의 외적인 일들이 하나님의 의와 인이 녹아든 심령에서 나온 것이 아닐진대 그것은 무의미하다. 결국 우리는 그리스도의 마음 없이는 그리스도의 일을 할 수 없다.

예수님의 제자 되는 삶

우리 심령을 그리스도의 형상으로 다시 빚는 것이 중요하다. 사실 예로부터 이 영성 계발 과정은 일부 성숙한 사람들만이 아니라 예수를 따른다고 고백하는 모든 사람들에게 표준 길로 통했다. 그러나 오늘날 교계 일부 진영은 심령을 다시 빚는 과정을 거의 모르고 있다. 최근 들어 우리는 올바른 교리를 수호하거나 하나님을 문제 해결사로 이용하는 데 더 관심을 쏟아왔다. 우리는 제자도의 전체 그림예수 그리스도의 성품으로 자라가는 것을 잃은 것 같다. 대신 성경 지식이나 감동적 설교를 자꾸 듣다보면 어떻게든 변화가 나타나게 마련이라고 믿는 것 같다.[3] 그것도 안 되면 자기 개발 서적을 찾거나 라디오 토크쇼에서 즉답을 구한다. 하나님은 그런 것들을 퍼즐 조각으로 쓰실 수 있다. 그러나 삶을 여기저기 조금씩 손보는 것과 예수님의 제자가 되는 것은 다르다.

영성 계발에 대한 이해가 부족하다보니 신앙생활이 들쭉날쭉 불안정한 그리스도인들이 많다. 그래서 우리는 심금을 울리는 이야기들로 자극을 받거나 또는 서글플 정도로 형편없는 우리의 신앙 실태를 보여주는 통계 수치에 모멸감을 느껴야 한다. 교회는 우리를 숟가락으로 떠먹여야 한다. 그렇지 않으면 우리는 '공급 없는' 교회를 떠나고 만다. 설교가 재미없거나 예배 음악에 감동이 없으면 떠나버리는 것이다.

내 영혼을 돌보고 먹이는 일이 모두 교회 책임이라는 주장은 '소비자 기독교'다. 나와 하나님의 소통이 다른 사람 책임인가? 아니면 살아 숨쉬는 하나님이 내 마음 문에 서서 내가 그분을 안으로 모셔 대화하기를 기다리고 계시는가? 하나님께 양육 받는 것은 내 책임이다. 아무것도 내 영적 삶을 대신 만들어낼 수 없다. 설교도 아니고 예배도 아니고 큐티 잡지도 아니고 유명 작가의 다음 신간도 아니다. 하나님은 그리스도께 제자 양육을 받도록 나를 부르신다. 내가 할 일은 하나님 앞에 앉아 조용히 하나님께 들으며 아뢰는 것이다.

"다음 걸음을 보여 주소서."

하나님을 느끼는 의식과 그분의 인도에 열린 마음을 가꾸면 영성 계발에서 하나님께 협력할 수 있다. 이제 우리는 평소처럼 하나님을 주도하려 하지 않고 예수님이 하셨듯이 그분의 주도에 따를 수 있다. 이것이 겸손이다. 그리스도로 '옷 입는다'는 것이 그런 뜻이다. 우리 삶이 하나님께 중심을 두면 산만함, 영적 메마름, 끈질긴 수치심, 방향 부재 등의 문제는 사라진다.

우리 안에 그리스도의 마음이 형성되면 행동은 자동으로 변한다. '미스터 X'들이 더 이상 성가신 적敵으로 보이지 않고 하나님이 사랑하시며 내게도 사랑하게 하시는 영혼으로 보인다. 내가 미스터 X를 하나님께 넘겨드렸을 때 하나님은 내 영혼에 평안을 주셨고 나는 호전적인 사람어쨌든 당장은에게 그분 사랑의 그릇이 되었다. 나중에 안 일이지만 내가 불평하거나 험담하지 않고 사랑한 것이 내 아들에게 더 나은 본이 되기도 했다. 이는 우리 속사람이 그리스도를 따르도록 훈련될 때 늘 벌어지는 일이다.

영혼의 훈련

그렇다면 영성 계발은 어떻게 이루어질까? 성경에 나와 있고 예수께서 행하신 일정한 용인된 훈련들을 우리도 사용할 때 그리스도를 닮아가는 성장은 이루어진다. 장차 콘서트를 열 피아니스트가 소정의 목표를 위해 여러 기법과 훈련으로 연습하는 것처럼 그리스도인도 '영적 훈련들'을 연습하여 큰 유익을 얻을 수 있다.

오늘날 간과되는 이 훈련을 통해 우리는 하나님과 긴밀히 소통할 수 있고 하나님은 우리 성품과 인격을 그분 닮은 모습으로 변화시키실 수 있다. 이 책에서 우리는 경청기도의 훈련을 듣는 기도, 말없는 묵상, 하나님을 바라는 것, 하나님의 임재 연습 등 여러 형태로 살펴볼 것이다.

경청기도는 우리를 그리스도의 성품으로 자라게 하는 많은 영적 훈련 중 하나일 뿐이다. 대체로 영성 훈련은 하나님 마음에 일치하기 위해 일정한 훈련을 행하게 하거나 삼가게 한다. 역사적으로 이는 각각 행위 훈련과 절제 훈련으로 알려졌다. 행위 훈련에는 공부, 예배, 기도, 축제, 섬김, 교제나 공동체, 고백, 복종이 포함된다. 절제 훈련은 활동이나 물질을 삼가게 함으로 우리 영혼을 훈련한다. 이 훈련에는 고독, 침묵, 금식대상은 예컨대 음식, 텔레비전 시청, 돈 지출 등, 청빈, 순결, 은둔, 희생이 포함된다.[4] 사실 '세미한 음성에 귀 기울이고 그 말씀이 들려올 때 기꺼이 반응하도록'[5] 연습하게 하는 것이라면 무엇이나 영적 훈련이라 할 수 있다. 이런 훈련들은 성령 하나님과 교류하는 길이다. 그리하여 성령은 당신의 심령에서, 즉 의식적 사고와 의도와 생각을 훌쩍 넘어 인격의 심연에서 일하신다.

영성 훈련의 개념에 주춤하는 그리스도인들이 있다. 그들은 영성 훈련을 구원을 '얻기' 위한 선행과 동등시한다. 그러나 이는 하나님의 호의를 얻어내는 것이 아니다. 영성 훈련 그 자체는 공로가 없다. 만일 우리가 하나님이나 다른 사람들의 호의를 얻고자 훈련에 임한다면 훈련은 자기의의 행위요 우리는 결국 탈진하거나 강퍅한 율법주의자가 된다. "율법 조문은 죽이는 것이요 영은 살리는 것"^{고후 3:6}이기 때문이다. 그러나 만일 우리가 하나님과 소통하고자 훈련에 임한다면 훈련은 하나님이 우리 삶을 변화시키시는 통로가 된다. 하나님과의 연합에 사용될 때 영성 훈련은 마음과 혀와 발과 입술과 팔과 무릎을 재교육한다^{벧전 3:10, 고후 10:5, 약 4:8, 엡 6:15, 골 3:8, 히 12:12 참조}. 그것은 영과 몸의 영성 계발을 낳는다. 기도라는 영성 훈련을 예로 생각해 보라. 앞서 보았듯이 우리는 기도를 이기적 목적으로 할 수도 있고 하나님 마음과 통하기 위해 할 수도 있다. 오스왈드 챔버스는 "기도는 일을 변화시킨다"는 유명한 격언을 생각하다가 그것이 불충분하고 오도의 소지가 있는 말임을 깨달았다. 그래서 그는 "기도는 나를 변화시키고 나는 일을 변화시킨다"고 표현을 바꾼 뒤 이런 설명을 덧붙였다. "기도란 외적으로 일을 변화시키는 것이 아니라 사람의 내적 본성에 기적을 일으키는 것이다."[6] 챔버스가 말한 내적 기적은 영성 계발 과정 중에 이루어진다. 우리는 내 뜻을 밀어부치던 사람에서 남의 말을 듣는 사람으로 서서히 바뀐다. 당신은 더 이상 옳을 필요가 없다. 그러나 당신은 옳은 일을 하기 원한다. 당신은 텔레비전 가치관^{"부자가 되고 날씬해지고 번드르르한 차를 손에 넣을 수 있다면 못할 일이 없다"}에서 하나님 나라 가치관^{의와 인과 신}으로 다시 빚어진다.

다른 예로 성경 공부의 영성 훈련을 생각해 보라. 우리는 내 영혼을 그리스도의 형상에 일치시키기 위해 성경을 공부하는가? 아니면 혹 성경을 읽지 못하면 이런 생각이 드는가? '그럼 그렇지. 일이 꼬일 수밖에. 성경 공부를 안 했으니까. 그래서 지금 하나님이 복을 안 주시는 거야.'

하나님 마음을 알고자 성경을 깊이 묵상할 때 훈련은 생명을 입고 영혼을 채워준다. 첫 구절에서 하나님 음성이 들리거든 더 이상 페이지를 채우거나 장(章)을 끝내는데 연연할 필요가 없다. 그 말씀이 너무 깊이 와 닿아 다른 훈련들을 사용해야 할 수도 있다. 그만 읽고 그 구절을 **묵상**하며 맛보고 깨닫는 것이다. 하나님이 계속 더 깨우쳐 주시도록 같은 본문을 며칠씩 이어서 묵상할 수도 있다. 그리고 나면 **일기 쓰기**가 도움이 될 수 있다. 영혼을 종이에 옮기는 것이다. 새로운 통찰을 종이에 담노라면 알맹이가 생기고 변화의 각오에 탄력이 붙는다. 이튿날 당신은 **침묵의 경청기도**로 하나님 앞에 앉아 쉬면서, 통찰이 더 있는지 살필 수 있다. 하나님의 음성이 보다 선명해지거든 **교제나 공동체** 훈련을 통해 그것을 친구와 얘기할 수 있다. 그러면 그 내용이 어둠 속으로 그냥 스러지지 않는다.

끝으로, 하나님께 받은 새로운 빛을 실천하는 장으로서, 우리는 변화된 모습으로 **하나님께 봉사**하면서 하나님 말씀의 진리를 경험할 수 있다. 모든 영성 훈련에는 어떤 식으로든 하나님 음성을 듣는 것이 포함된다.

변화된 성품

변화되면 우리는 선한 사람들이 으레 하듯이 선한 일을 하려고 애쓰는 것이 아니라 그러한 수고를 하나님과 소통하는 단순한 훈련으로 사용할 수 있게 된다. 그 노력의 결과로 믿음과 지식과 절제와 인내와 경건과 형제 우애와 아가페 사랑이 자란다.벧후 1:5 이하 참조. 훌륭한 야구 선수들은 막후에서 훈련한다. 지켜보는 군중이 없을 때에도 날마다 타격을 연습한다.[7] 그 결과 타석에 올라 조명이 집중되면 스윙이 매끄럽고 안정감 있다. 경청기도 같은 훈련을 통해 하나님과 소통되면 하나님이 우리를 '막후에서' 훈련하여 그분을 알고 듣고 따르게 하신다. 이제 역경의 조명이 집중되어도 우리는 과격한 폭발로 '실족할' 소지가 적다. 영혼이 남몰래 막후에서 그리스도의 사랑에 적셔졌기 때문이다.

영성 훈련에 쏟는 노력은 행동 변화를 위한 것이 아니라 우리 속사람의 동기와 필요를 하나님과 소통시키기 위한 것이다. 그 소통의 결과는 심령의 변화다.

운전 중 하나님 임재를 연습하면서일종의 경청기도 내 운전 자세와 행동이 변했다. 운전을 처음 시작하던 때만 해도 나는 딱지를 실제 받은 것보다 훨씬 많이 받아 마땅했다. 첫 딱지를 받던 날 나는 경찰한테 소리 지르며 입에 담지 못할 말을 했다. 10년 전 또 딱지를 받았을 때는 이미 운전 중 하나님의 임재 연습을 시작한 후였다. 나는 내가 추월하는 사람들을 위해 기도하곤 했다. 내 심령은 바뀌어 있었다. 나는 딱지를 떼는 것이 마땅함을 알았고 그래서 입을 다물었다. 그 후로 나는 제한 속도대로 운전하고 보행자를 살피는 데 훨씬 더 부지런해졌다.

몇 달 전 아들을 병원에 데려가려고 급히 고등학교로 가다가 나는 다시 걸렸다. 순찰차의 깜박이는 불빛이 보이는 순간 회개가 터져 나왔다. 수년간 아침마다 나는 우리 아이들을 학교에 데려다주면서 하나님의 임재 연습을 즐겼고, 지나가는 동네 아이들을 위해 기도했다. 그토록 자주 위해서 기도해온 사람들을 내가 어찌 위험에 빠뜨릴 수 있단 말인가? 사랑이 서서히 내 동기를 바꾸고 있다. 나의 서두르는 이유가 몇 미터 앞에 서있는 저 사람보다 절대 더 중요하지 않음을 내게 일깨운다. 이제 나는 단순히 딱지의 불편함을 피하기 위해서가 아니라 그리스도께서 내 주변 사람들을 아끼시며 내게도 똑같이 하라고 명하셨음을 알기에 속도 규정을 지키고 싶다.

이러한 심령의 변화야말로 영성 계발의 핵이다. 우리는 하나님 사랑의 그릇으로 변화된다. 살아계신 하나님과의 친밀한 사귐_{새로운 사귐,} _{새롭게 하는 사귐}에 붙들린다. 그것을 통해 하나님은 우리 성품과 인격을 변화시키신다. 기도는 구하는 부분이 줄고, 점차 토기장이의 손에 진흙으로 놓여 하나님의 만드심과 빚으심을 받아들이는 것처럼 된다. 하나님을 사랑할수록 우리는 그분께 더 순종한다. 그래서 사람들을 사랑하고 정직하게 행동하고 희생적으로 베푼다. 하나님께 순종할수록 우리는 그분을 더 사랑한다. 사랑은 순종을 낳고 순종은 사랑을 낳

아 마침내 둘이 하나가 된다.⁸

변화된 사랑의 심령에서 비롯되는 이 자연스런 순종은 착해지거나 선행을 힘쓰는 것과 확연히 다르다. 예컨대 나는 우리 동네의 '못된 여자' 한테 잘해주려 애쓸 수 있다. 단 조금만 진보가 있어도 나는 칭찬을 바랄 것이고, 혹 그녀가 달라지지 않으면 포기하게 될 것이다. 그러나 만일 내가 대화 도중 그녀를 위해 기도하며 그리스도의 눈으로 그녀를 본다면 나는 무의식중에 그녀에게 더 많은 관심과 배려를 베풀 것이다. 그리고 대화 도중 그녀와 못지 않게 하나님과도 많은 교류가 오갈 것이다. 이렇게 내 영혼을 하나님께 열고 상대에게 온전히 나를 내어주며 살면 변화가 일어난다. 하나님 사랑이 내 안에 거하며 내 행동 방식을 바꾼다. 그래서 귀용 부인Madame Guyon은 '변화를 낳는 유일한 참된 길은 내면의 길'⁹이라고 피력했다.

그 결과 우리는 그리스도의 마음으로 그리스도의 일을 하게 된다. 이것이 서기관과 바리새인보다 더 나은 '의' 다.마 5:20 이 참된 의는 아버지께 무릎 꿇고 회개로 마음을 찢으며 우리 영혼을 하나님께 내보이는 것이다. 그럴 때 그분 음성이 우리 심령에 몽글몽글 솟아날 수 있다. 이렇게 그리스도의 마음이 있어야만 우리는 그리스도의 일을 제대로 할 수 있고 그 결과 어느 날 '제법 괜찮은 그리스도인' 이 될 수 있다.

03 하나님은 말씀하시고 우리는 듣고

우리는 침묵의 광야에 살고 있다.
사방에서 끊임없이 텔레비전, 차량 라디오, 기계의 소음이 들린다.
이런 소음은 성령 하나님의 음성을 삼켜 들리지 않게 한다.

나는 초청장을 손에 들고 하나님 앞에 조용히 앉아있었다. 오랜 노고와 갈망 끝에 일단의 저널리스트 그룹과 함께 일주일을 보낼 수 있는 기회가 내게 주어졌다. 그들은 내가 '스타'가 되기를 갈망하던 분야의 엘리트 집단이다. 그것은 내게 꼭 필요한 인맥 형성과 직업적 출세의 기회였고 일부 '거물급' 인사들과 격의 없이 어울릴 기회였다.

그러나 나는 이미 같은 날 강연 약속이 있었다. 물론 아직 18개월이나 남았으니 나를 잘 알고 있는 그 행사 담당자에게 전화해 취소할 수도 있었다. 그럴 만한 사유도 됐을 것이다. 다만 계속해서 내게 되살아나는 이미지가 있었다. 그 이미지 덕분에 나는 경청기도 중에 눈이 열려 초청장을 내려놓았다.

그로부터 일주일쯤 전에 나는 예수께서 이렇게 말씀하신 본문을 묵상했었다.

"좁은 문으로 들어가기를 힘쓰라. 내가 너희에게 이르노니 들어가기를 구하여도 못하는 자가 많으리라" 눅 13:24.

예수님과 함께 좁은 문으로 들어가는 내 모습을 그려보다가 나는 내 좁은 문 위에 정직이라는 팻말이 붙어있음을 알았다. 평소 나는 정직하지 못한 다른 그리스도인들을 보며 흥분하곤 했는데 이제 하나님은 나부터 정직의 '좁은 문'으로 들어가라 명하시는 것 같았다. 뿐만 아니라 묵상 중 하나님은 내게 정직의 문이 괴롭지 않고 즐겁다는 확신을 주셨다. 어쨌거나 그분과 동행하는 길이 아닌가. 그분은 "사람들이 동서남북으로부터 와서 하나님의 나라 잔치에 참여하리니" 눅 13:29 라고 말씀하셨다. 잔치는 재미있는 것 아닌가? 그러니 정직은 내가 생각한 것처럼 괴로운 것일 수 없었다.

그래서 나는 초청장을 다시 봉투에 넣었다. 계획을 바꿀 생각이 없었다. 서운했지만 동시에 서운하지 않았다. 나는 좁은 문으로 가려는 열망이 충만했다. 나는 하나님의 잔치를 즐기고 싶었다.

몇 달 후 그 일을 돌아보며 깨달은 것이 있다. 기적은 내가 정직하게 행동한 것만이 아니라 마음에 불평 없이 그리했다는 것이다. 행사 당일 나는 본래 약속된 곳에 와있어서 기뻤다. 예전에는 바른 일을 하면서도 못마땅한 태도를 품고 할 때가 많았던 내가 이번만은 충만한 마음으로 바른 일을 하고 있었다. 이 일화를 소개한 것은 경청기도의 뿌리가 성경말씀에 있음을 보이기 위해서다. 내가 경청기도 중에 약속 준수에 관해 하나님 음성을 '들을' 수 있었던 것은 이미 성경말씀을 묵상하며 하나님 음성을 '들었기' 때문이다. 그때 이미 하나님은 내게 정직이 괴로운 것이 아님을 보이셨고 그렇게 살고 싶은 마음을 주셨다.

성경은 하나님 음성을 듣고 잠잠히 기다리며 그분과 대화한 사람들의 예로 가득하다. 믿음의 사람들에게 하나님과의 경청적 교류는 희귀한 일이 아니었다. 성경에 나오는 기도의 예를 생각할 때 우리는 양털이 젖고 바다가 갈라지고 강청하고 매달리고 끈덕지게 조르고 애원하는 식의 거창한 이야기들을 떠올리는 성향이 있다. 우리는 잠잠히 기다리며 마음을 비우고 들은 숱한 사례를 간과하기 일쑤다. 그것을 잊기에 이런 의문이 들 수 있다. 경청기도는 안전한가? 성경적인가? 성경에서 '경청기도'란 말을 본 적이 없는데. 성경은 여기에 대해 뭐라고 말하나?

성경은 우리에게 들으라고 거듭 명한다. 성경의 지혜로운 남녀들의 특징은 하나님 안에 '거한' 것이다. 이는 마음 깊이 하나님의 음성을 들었다는 말이다. 좀더 자세히 살펴보자.

하나님은 말씀하시고 우리는 듣고

예수님은 그분을 따르는 자들이 목자그분의 음성을 들으며 또 그 음성을 쉽게 알아들을 수 있도록 자신들을 훈련한다고 말씀하셨다. 그들은 그분의 음성을 알기에 따를순종할 줄도 안다.

> 양은 그의 음성을 들나니 그가 자기 양의 이름을 각각 불러 인도하여 내느니라. 자기 양을 다 내놓은 후에 앞서 가면 양들이 그의 음성을 아는 고로 따라오되 타인의 음성은 알지 못하는 고로 타인을 따르지 아니하고 도리어 도망하느니라. 내 양은 내 음성을 들으며 나는 그들을 알며 그들은 나를 따르느니라요 10:3~5,27.

그러나 우리들 대부분은 고요히 앉아 하나님을 듣도록 자신을 훈련하기보다 목사나 강사의 말을 듣기를 더 좋아한다. 우리만 그런 것이 아니다. 하나님은 이스라엘 백성에게 말씀하려 하셨지만 그들은 모세한테만 듣겠다고 완강히 버텼다출 20:19 참조. 오스왈드 챔버스는 이렇게 말한다.

> 우리는 하나님보다 그분의 종들의 말을 듣기를 더 좋아하여, 그분께 대한 우리의 사랑이 얼마나 적은지 드러낸다. 우리는 개인 간증은 즐겨 듣지만 하나님 자신이 말씀하시는 것은 원치 않는다. 우리는 하나님이 내게 말씀하시는 것을 왜 그렇게 두려워할까? 하나님이 말씀하시면 두 가지 길밖에 없음을 스스로 잘 알기 때문이리라. 즉 우리는 그분이 명하시는 대로 행하거나 아니면 순종할 수 없다고 말

하거나 둘 중 하나다. 그러나 단순히 하나님의 종이 말하는 경우라면 순종이 의무가 아니라 선택 사항처럼 느껴진다.[1]

성경 전체를 통틀어 하나님은 그분 음성을 듣는 법을 배우는 문제를 최소한 24회 언급하시며[2] 초청과 경고를 함께 보내신다. 들을 귀가 있어 하나님 말을 받아들이는 자들은 그분 나라의 일에 그분의 동역자가 된다(마 11:15, 막 4:9, 눅 14:35 참조). 그러나 듣기를 거부하는 자들은 마음이 '완악하기' 때문에(즉 세상적 관심사로 겹겹이 덮여 영의 민감성이 둔해졌기 때문에) 위험하다(마 13:13~15 참조). 예수님은 하나님을 보고 듣도록 영혼의 눈과 귀를 훈련하는 일이 중요함을 강조하셨다.

성경이 밝히 말하듯 우리는 '보는 눈'과 '듣는 귀'를 개발할 수 있다. 그러나 경청기도는 저절로 되지 않는다. 아침에 깨면 내 머릿속에 잡념(할 말들, 할 일들, 갈 곳들)이 가득하여 시작되는 날이 많다. 전혀 하나님을 듣고 있는 것이 아니다. 그러면 나는 잡념을 멈추고 기도해야 한다. 존 브레일리John Braillie의 기도로 아침을 깨워보자.

오 하나님, 오늘 제게 은혜를 주셔서 제 영혼 안의 성령의 감화를 알아보게 하시고 하나님이 제게 주시는 모든 말씀을 바짝 귀 기울여 듣게 하소서. 세상의 소음들로 어지러워져 하나님 음성을 놓치지 않게 하소서.[3]

'하나님 목장의 양떼'로서 우리는 하나님 음성을 알고 그분의 동작을 인식하는 데 여러 단계를 거치는 듯하다. 이 단계를 알아두면 도움이 될 것이다.

하나님을 알아보지 못하는 단계

어렸을 때 선지자 사무엘은 연거푸 엘리 제사장에게 달려가 "당신이 나를 부르셨기로 내가 여기 있나이다"삼상 3:5라고 했다. 사실은 하나님이 사무엘을 부르셨으나 어린 소년은 스승의 목소리로 착각했다. 하나님을 구하는 삶을 시작할 때는, 우리 영혼에 감화하시는 하나님을 알아보도록 도와줄 사람, 말없이 기다리며 기도하라고 우리를 다시 돌려보낼 사람이 필요하다. 그러다 음성이 들려오면 우리는 하나님께 "말씀하옵소서, 주의 종이 듣겠나이다"삼상 3:10라고 아뢸 수 있다.

하나님의 인도와 감화를 나중에 지나고 나서야 알아보는 단계

야곱은 꿈꾸고 깨어나 생각했다. "여호와께서 과연 여기 계시거늘 내가 알지 못하였도다"창 28:16. 우리는 론 레인저서부극 주인공-역주에 대해 "그 가면 쓴 사람이 누구였더라?" 묻던 옛날의 아리송한 사람들 같다. 우리는 느리지만 결국은 파악한다.

하나님의 임재와 음성을 즉각 알아보는 단계

엘리야는 바람과 지진과 불의 요란한 소리를 들었으나 하나님의

세미한 음성을 알아들을 만큼 하나님의 길에 충분히 숙련되어 있었다
왕상 19:11~13 참조.

하나님과 그분의 동작을 알아보는 법을 배우는 일은 버거운 부담이 아니라 놀라운 발견의 길이다. 오스왈드 챔버스는 이렇게 말한다.

> 하나님 자녀의 태도는 언제나 "말씀하옵소서, 주의 종이 듣겠나이다"여야 한다. 이 **경청**의 헌신을 개발하고 가꾸지 않았다면 나는 하나님 음성을 어떤 때만 들을 수 있다. 다른 때는 그분께 귀머거리가 된다. 내 주의가 다른 것들ㅡ내 생각에 꼭 해야 하는 일들ㅡ에 가있기 때문이다. 이는 하나님 자녀의 삶이 아니다.

챔버스는 이 고백을 다음과 같은 준열한 질문으로 마무리한다. "당신은 오늘 하나님 음성을 들었는가?"[4]

하나님 음성을 듣고 식별하라는 성경의 명을 진지하게 대할 때 우리는 하나의 도전에 부딪친다. 우리는 계속 내 삶의 주관자로 남아 내 본성적 성향들의 음성을 따를 수도 있고, 아니면 내 삶의 입안자, 설계자, 제작자, 감독자 자리를 내려놓고 날마다 자신을 하나님께 바칠 수도 있다.

내 경우 그것은 나 자신에서 벗어나 하나님 앞에서 조용히 생각하며 다음과 같은 질문을 드리는 것이다.

- 아버지, 제 목표는 아버지와 하나되는 것입니까? 아니면 그저 제 필요를 채우려고 아버지께 왔습니까?
- 저는 영혼의 성장을 갈망하고 있습니까? 아니면 남들이 저를 좋게 봐주기를 바라고 있습니까?
- 하나님, 저는 제 계획을 하나님께 고집하고 있습니까? 아니면 하나님의 계획을 제게 보여주시기를 원하고 있습니까?

잠잠히 바라는 기도, 기다리는 기도

성경의 으뜸 가는 기도서인 시편도 하나님을 잠잠히 기다리는 예술을 강조한다. 이는 경청기도의 일부다. 시편 기자는 자기 영혼에게 잠잠할 것을 명한다.

"나의 영혼아, 잠잠히 하나님만 바라라. 무릇 나의 소망이 그로부터 나오는도다" 시 62:5.

"내 영혼아, 네 평안함잠잠함으로 돌아갈지어다. 여호와께서 너를 후대하심이로다" 시 116:7.

잠잠함은 경청기도의 외적 침묵으로 나타난다. 하나님 앞에 연약한 모습으로 조용히 있는 것은 모든 일을 하나님 손에 내려놓고 내가 누구이며 남들이 나를 어떻게 보는지 걱정하지 않는 구체적 표현이다. 전능자의 그늘은 산만하고 메마르고 죄책감에 찌들고 확신 없는 영혼이 잠잠히 쉬기에 아주 좋은 곳이다 시 62:1,5, 91:1, 116:7 참조. 말없이 잠잠할 때 하나님은 당신의 가장 깊은 자아에 말씀하실 수 있다. 그래서 다윗은 "자리에 누워 심중에 말하고 잠잠할지어다"시 4:4라고 가르친다. 시편과 하박국은 성경에서 만난 하나님을 잠잠히 생각할 것을 셀라라는 단어를 써서 권한다. 이 말은 두 책에 74회 나온다. 흔히들 이것을 그저 음악 부호로 일축하지만 셀라가 삽입된 곳에서 노래하는 자나 낭송하는 자가 잠시 멈춰, 듣는 자들에게 생각할 시간을 주도록 되어 있었다는 것이 대다수 주석가들의 일치된 견해다.[5]

하나님을 기다리는 것은 비록 속전속결의 우리 시대에는 인기가 없지만 성경에서는 고귀한 소일거리였다. 우리는 '하나님의 대기실에 있는 것'을 마치 현존하는 모든 병원 대기실보다 더 나쁜 것처럼 말한다. 그러나 성경은 기다림오랜 역사의 기도 방식이 지루할 필요가 없고 오히려 민감한 기대감과 평안으로 가득 찰 수 있다고 말한다.

"나 곧 내 영혼은 여호와를 기다리며 나는 주의 말씀을 바라는도다"시 130:5.

지혜많은 신학자들이 예수님으로 보고 있는 잠언의 의인화된 인물의 말대로 기대감이 생생하다.

"누구든지 내게 들으며 날마다 내 문 곁에서 기다리며 문설주 옆에서 기다리는 자는 복이 있나니"잠 8:34.

광야에 거하던 금욕주의자 세례 요한은, 하나님의 친구가 되어 기다리고 듣는 결과를 이렇게 말했다.

"서서 기다리며 신랑의 음성을 듣는 친구가 크게 기뻐하나니 나는 이러한 기쁨으로 충만하였노라"요 3:29.

전능자와 나누는 대화

잠잠히 바라고 기다리며 듣는 데서 하나님과의 진정한 대화가 나온다. 아브라함과 하나님의 대화들이 전부 잠잠히 기다리며 듣는 평온한 내면에서 나온 것임을 생각해 보라.

- 하나님이 언약을 말씀하시고 아브라함에게 나타나 확신을 주신다창 12:1~7 참조. 아브라함이 친척이자 동업자인 롯에게 당하자 하나님은 아브라함에게 언약의 약속을 상기시키신다창 13:14~17 참조.
- 하나님은 제사장 멜기세덱을 통해 다시 말씀하여 아브라함이 바른 방향으로 가고 있음을 확증하신다창 14:18~20 참조.
- 아브라함이 하나님께 미래의 황량한 그림과 불임으로 인한 언약의 좌절을 아뢰자 하나님은 꿈이라는 시청각 교재로 아브라함에게 언약을 다시 확신시키신다창 15:1~21 참조.
- 하나님이 언약을 반복하신다. 아브라함은 이스마엘 조항으로 흥정하지만 하나님은 사양하시며 계획 원안을 설명하신다창 17:1~22 참조.
- 하나님은 세 손님을 통해 나타나 말씀하신다. 하나님은 언약을 다시 반복하시며 1개년 계획을 말씀하신다창 18:1~19 참조.

- 하나님과 아브라함은 언약을 위협하는 이스마엘에 대해 얘기한
다창 21:8~13 참조.

아브라함의 삶에 언약과 관련된 사건들이 이밖에도 많지만 위 내용은 하나님과 아브라함 사이의 구두 대화적어도 우리에게 알려진를 잘 대변해준다. 아브라함이 후에 하나님과 의논하지 않고 행하다 자신의 사랑하는 이들에게 상처를 입히는 모습아내를 두 번이나 이방 왕에게 바치고, 하갈을 대리모로 삼자는 꾀에 동의하는 등을 보며 우리는 그가 하나님과 더 많이 대화했어야 하지 않나 하는 생각이 든다. 역사가 우리에게 보여주는 하나님은 사람들과 말씀하시는 하나님이다. 그 덕에 사람들은 더 행복해진다. 하나님과 대화한다는 개념을 반박할 사람들도 있다. 굳이 왜 대화가 필요한가? 순종만 하면 되는데! 하나님과 아브라함 사이도 "하나님이 말씀하시고 아브라함이 믿으니 그걸로 됐다"라야 맞지 않을까? 하지만 잠잠히 바라며 기다리고 듣는 일의 요지는 관계 형성이다. 아브라함과 하나님의 관계는 계속되는 '대화'를 통해 깊어졌다. 인간관계도 오랜 세월 대화하며 깊어지는 것과 마찬가지다. 하나님은 아브라함과의 관계를 '우정'이라 부르는 데까지 가셨다대하 20:7, 사 41:8, 약 2:23 참조. 아브라함이 듣기만 한 것이 아니라 하나님 음성대로 행했기 때문이다.

사실 잠잠히 바라고 기다리며 듣는 일은 우리가 어디에나 품고 다닐 수 있는 영혼의 상태다. 사실 신기한 것은 하나님이 평범하고 대체로 바쁜 상황 속에서 사람들에게 말씀하신다는 것이다. 하나님을 대

리한 천사는 평범한 일터고된 노동이 이루어지는 타작 마당 포도주 틀에서 기드온에게 나타났다삿 6:11~12 참조. 부활 후 제자들에게 나타나 말씀하실 때 예수님은 길을 걷고 해변에서 생선을 굽는 등 일상적인 일을 하시면서 그들을 만나셨다. 흔히 우리는 하나님이 하시는 말씀을 다메섹 도상의 바울처럼 휘황찬란한 체험과 동등시하지만행 9장 참조 그보다 빈번한 체험은 평범하고 분주한 삶의 현장에서 말씀하시는 하나님이다. 하루를 살아가면서 특히 평범한 일들의 한복판에서 '듣는 귀'를 갖추는 것이 얼마나 중요한지 강조해주는 대목이다.

하나님의 음성을 알아듣지 못하는 이유

하나님은 우리와의 대화에 이토록 관심이 많은데 우리는 왜 그분 음성을 알아듣지 못할까? 두 가지 가장 흔한 이유가 있다.

하나님이 오늘날은 더 이상 말씀하시지 않는다고 믿는 사람들이 많다
어떤 그리스도인들은 하나님 아버지와의 쌍방적 교류는 더 이상 존재하지 않는다고 주장한다. 그들은 하나님을 듣는 일이나 성령의 인도에 대한 성경의 모든 가르침은 역사 속의 일정한 시기에만 해당된다고 믿는다.

물론 하나님은 성경의 회상을 통해 우리에게 말씀하신다. 하지만 하나님의 음성은 그 방법으로만 국한될까? 그렇다면 하나님이 인격적으로 더는 우리 심령을 깨우치시지 않는다는 뜻이다. 우리의 영적 깨우침은 숙달된 지성적 사고의 기계적 활동에 지나지 않는다. 하나님을 '듣는' 일은 성경 본문들을 단어 하나까지 기억하여 정교하게 적용할 수 있을 만큼 머리가 좋고 똑똑한 그리스도인들에게만 가능할 것이다. 그러나 하나님은 삶의 난제들을 우리가 알아서 풀도록 우리 홀로 두셨을까? 하나님은 더 이상 우리 심령에 말씀하시지 않고 오직 지면의 활자를 통해서만 인도하실까? 당신과 내가 어떻게 원수를 사랑하고 의를 행하고 손님을 환대하고 새 신자를 제자 삼을 수 있는지 하나님은 구체적으로 일러주시지 않는단 말인가? 나는 각 상황에서 하나님께 어떻게 순종해야 하는지 그분의 도움 없이 알아낼 만큼 영리해야만 하나?

하나님이 더 이상 개개인에게 말씀하거나 개별적으로 인도하시지 않는다고 주장하는 사람들은 대개 '하나님과 인격적 관계'를 가질 수 있다고 주장하는 사람들이기도 하다. 하지만 나 혼자만 말한다면 어떻게 하나님과 인격적 관계를 가질 수 있나? 하나님을 따로 뵐 수 없고서야 어찌 '개인적' 관계일 수 있나? 설령 하나님이 나 개인의 말을 들으신다 해도 나 개인에게 응답하시지 않을지도 모르는 일 아닌가? 하나님과의 대화는 인격적 관계의 필수다.

하나님이 성경구절의 기억을 통해서만 말씀하신다고 믿는다면 그것은 성령의 사역을 막는 것이다. A. W. 토저는 '하나님이 어디서도 말이 없다가 책에서만 목소리를 낸다고 생각하는' 것은 잘못이라고 했다. 그는 '침묵의 하나님이 돌연 책에서 말문을 열었다가 책이 완성되자 다시 영원히 침묵으로 돌아간' 것처럼 사는 삶은 단견이라고 역설했다.

> "지금 우리는 하나님이 잠시 발언 무드에 있을 때 말씀하신 내용의 기록으로 성경을 읽는다. 그러나 사실로 말하자면 하나님은 침묵하지 않으며 한번도 침묵하신 적이 없다. 말씀하시는 것은 하나님의 본질이다."[6]

하나님이 우리와 함께 계시되 침묵하신다는 이런 개념은 지난 세월 사람들이 세상의 종말, 화폐의 종말, 셀룰라이트물, 지방, 노폐물로 된 물질 역주의 종말 등을 예언하며 말도 안 되는 주장들을 늘어놓은 데 대한 과잉 반작용일 수 있다. 무서운 주장들이지만 하나님 음성을 똑똑히 듣는 훈련이 얼마나 중요한지 오히려 반증해 준다. 특히 내 자아의 음성과 대비해서 말이다. 여러 함정에 대해서는 10장에서 자세히 살펴볼 것이다.

무모한 예언자들에 대한 대책은 하나님이 말씀하신다는 개념을 거부하는 것이 아니라 그분 음성이 잘 들리도록 훈련하는 것이다. 이는 성경과 경청기도의 미묘한 관계로 이어진다.

경청기도는 성경의 하나님에 대한 정확한 지식을 요한다. 실제적 성경 지식과 우리 삶을 인도하시는 그분의 음성을 듣는 훈련 사이에는 강한 상관관계가 있다. 성경으로 하나님을 아는 머릿속 지식이 경청기도로 가슴의 지식이 되기 때문이다. 머릿속 지식이 잘못돼 있으면 가슴의 지식도 그렇게 된다.

성경이 가르치는 하나님을 잘 모른다

때로 우리가 하나님 음성을 알아듣지 못하는 것은 하나님이 누구인가에 대해 성경을 통한 정확한 머릿속 지식이 없기 때문이다. 따라서 기도하며 하나님을 구할 때, 우리가 믿는 정확치 못한 내용이 우리를 지배한다.

혹 우리는 하나님을 갑자기 지원을 끊고 우리 꿈을 방해하는 폭군으로 볼 수 있다. 지진과 돌풍을 구상하지 않을 때면 비판과 정죄를 즐겨 일삼는 존재로 볼 수도 있다. 그분은 우리 머리에 꿀밤을 줄 때만 깨시는 잠꾸러기일 수도 있다. 이런 하나님 상은 우리를 마냥 좋아하시는 아버지와 거리가 멀다. 그런 하나님은 우리 실수를 지켜워하며 늘 눈썹을 올리고 얼굴을 찌푸리는 분이다. 정말 중요한 사람들한테 가시려고 어서 우리가 정신 차리기를 바라시는 분이다.

물론 대다수 그리스도인들에게 묻는다면 그들은 "하나님은 사랑이시다"라고 답할 것이다. 그러나 좀더 있어 보라. 머잖아 그들에게서 이런 말이 들린다. "하나님도 지금의 나한테 진절머리가 나실 것이다." 이는 새 신자나 미성숙한 그리스도인들만의 문제가 아니다. 몇 주 걸러 나는 가장 성숙한 그리스도인들한테서 이런 말을 듣는다. "이번 주에 하나님이 내게 따귀를 한 방 갈기셨다."

우리는 하나님께 성경에 나타난 여호와가 아닌 변덕스럽고 복수심 많은 그리스 신들과 여신들을 닮은 비열한 성격을 부여해 왔다. 예컨대 하나님이 벼락을 내려 사람들을 손보신다는 농담이 심심찮게 들리지만 이는 성경적이 아니다. 성경에는 벼락 맞은 사람이 하나도 없다. 성경에 벼락이 46회 언급되는데 모두 신속함의 비유나 하나님의 위엄을 묘사하는 데 쓰였다. 애굽에 우박의 재앙이 임하는 동안 딱 한번만 별로 지면에 벼락이 쳤다. 평소 우리는 하나님의 위엄을 공포로 바꾼 게 아닐까? 마음속으로 믿는 진리가 우리의 농담으로 나타나는 것 아닐까? 하나님의 성품에 대한 진리는 성경 전체에 나와 있다. 성경을 잘 알면 하나님과 그분이 우리를 대하시는 방식을 폭넓고 균형 있게 알 수 있다. 예컨대 피터 로드는 이렇게 말한다.

> 하나님은 당신의 행동은 고치시지만 당신의 가치는 절대 정죄하시지 않는다. "나는 쓸모없는 존재다", "내가 뭘 하겠나", "나는 실패자다", "나는 있으나마나한 존재다", "나는 중요하지 않다" 따위는 모두 원수가 보내는 생각이다. 하나님은 당신을 그분의 "소중한 자" 그분은 당신을 택하셨고 당신을 다 아신다, "사랑하는 자녀," 기타 수천의 놀라운 이름으로 부르신다.[7]

당신 영혼의 초라한 상태를 일러주실 때도 하나님은 당신을 부끄럽게 하기 위해서가 아니라 당신의 건강한 성품 형성을 위해 그리하신다. 우리에게는 온전하고 건강한 하나님 상이 필요하다.

하나님을 사랑하고 또 좋아하려면

경청기도를 하고 싶은 마음이 들려면 먼저 하나님을 같이 있고 싶은 분으로 알아야 한다. 하나님이 누구인지 잘 모르면 우리의 본능적 반응은 기도를 피하는 것이다. "경청기도를 하면 내 잘못은 보이지만 하나님이 별 도움은 되지 않는다"는 식이다. 우리는 성경에 나오는 하나님 이미지에 푹 젖을 수 있다.

- **친구.** "아브라함이 하나님을 믿으니… 하나님의 벗이라 칭함을 받았나니"약 2:23.
- **용서의 아버지.** 먼 길을 달려가 탕자를 끌어안으시고, 심통 사나운 맏아들을 "너는 항상 나와 함께 있으니 내 것이 다 네 것"이라며 용서하시는 아버지를 보라눅 15:20,31.
- **자상한 어머니.** 자식을 먹이고 걸음마를 가르치는 자상한 어머니의 모습을 보라호 11:1~4 참조.
- **우리 영혼의 남편.** 호세아 기사에서 호세아는 하나님을 나타내고 그의 아내 고멜은 이스라엘을 나타낸다. 이 말씀에서 나는 하나님과 나를 본다. 하나님이 계속하여 기발한 방식으로 나와 함께하시는 동안 나는 내가 사랑하는 것들자만심, 남들을 조종함, 자기만족을 좇아 산다. 그러나 하나님은 가시 울타리로 나를 두르시고 아름다운 포도원으로 이끄신다호 1~3장 참조.

- **평생의 유일한 길동무.** "여호와 그가 네 앞에 가시며 너와 함께 하사 너를 떠나지 아니하시며 버리지 아니하시리니 너는 두려워하지 말라 놀라지 말라"신 31:8, 요 14:18.
- **우리 구원의 주.** "만물이 그를 위하고 또한 그로 말미암은 이가 많은 아들들을 이끌어 영광에 들어가게 하시는 일에 그들의 구원의 창시자를 고난을 통하여 온전하게 하심이 합당하도다"히 2:10.
- **너무 후한 사장.** 주인은 막판에야 채용된 고용 부적격자들에게 하루 품삯을 채워 주었다마 20:1~16 참조.

성경의 이런 이미지를 흡입하면 우리도 폴 존스Paul Jones의 말대로 다음 사실을 믿을 수 있다.

> 하나님의 사랑은 우리를 절대 눈에는 눈으로 대하시지 않겠다는 약속이다. 하나님의 무조건적 의지는 다른 뺨을 돌려 대시고, 1조 마일이라도 더 가시고, 70광년의 일곱 배라도 용서하시는 것이다. 겉옷을 도둑맞은 우리 몸을 늘 왕실의 옷으로 덮으시는 것이다.[8]

경청기도를 즐기려면 성경의 하나님을 알고 사랑해야 한다. 하나님 음성을 민감히 알아듣고 그분과 꾸준히 대화한 엘리야는 하나님의 사랑의 마음도 직접 알았다. 목숨을 건지려고 두려워 달아난 그는 하나님께 자기 목숨을 취해 달라고 했다. 하나님은 자멸을 구하는 엘리야를 꾸짖으시기는커녕 오히려 숙면을 취하고 천사의 손에서 음식을 받아먹도록 조치해 주신다. 하나님의 애틋한 자비를 잘 알았기에 이 꼬장꼬장한 선지자는 자신이 부득이 거하게 된 광야의 침묵 속에서 하나님 음성 듣기를 사모했다.

당신과 나도 침묵의 광야에 살고 있다. 사람들과 건물들로 가득 차 있어 광야처럼 보이지 않지만 영적 광야이기는 마찬가지다. 또한 사방에서 끊임없이 텔레비전, 차량, 라디오, 기계의 소음이 들린다. 이런 소음은 성령 하나님의 음성을 삼켜 들리지 않게 한다. 우리가 허용한다면 말이다.

고금을 막론하고 그리스도인들은 세상의 광야를 '뒤로하고' 경청 기도로 하나님의 살아계신 임재를 구하는 길들을 찾았다. 그들의 본과 그들의 말은 새로 이 길에 들어선 우리에게 길잡이가 될 수 있다. 지금부터 그들의 지혜를 살펴보고자 한다.

04 경청기도의 뿌리는 성경이다

경청기도의 기초는 텅 빈 머리나 허황한 망상이 아니라 연구와 사색과 기도이다.
하나님 말씀을 깊이 생각하려 노력하지 않는 사람은 기도가 잘 안 돼도 놀라지 말아야 한다.

앞장에서 본 것처럼 경청기도의 뿌리는 성경이다. 그러나 오늘날 일부 기독교 진영에서는 들음의 기도가 널리 시행되지 않고 있다. 가장 두드러진 쪽은 복음주의 진영과 오순절 진영이다.

당신은 이런 의문이 들 수 있다. 경청기도를 실천했던 그리스도인들은 누구인가? 그들은 그리스도 안의 삶과 하나님을 알아감에 대해 무엇을 배웠나? 이것이 일시적 유행뉴에이지의 영향, 마하라시(요기-역주)의 동양 신비주의 영향의 잔재 등이 아님을 어떻게 알 수 있나?

경청기도는 기독교 신앙 역사에서 익히 알려진 일이다. 사실 그것은 2천년 기독교 경험에 뿌리를 두고 있다. 이 경청기도의 방식으로 많은 시간 기도한 고금의 성숙한 신자들은 그것을 글로 남겼다. 히포의 어거스틴 같은 초기 교부들과 이후의 클레르보의 버나드Bernard of Clairvaux로 시작하여 현대로 내려와 익명의 작품「무지의 구름」*The Cloud of Unknowing*에 이르기까지 하나님을 경청하는 것이 그분 백성들 사이에 중심 주제였다. 아빌라의 테레사, 십자가의 요한, 로렌스 형제, 귀용 부인, 장-니콜라스 그루Jean-Nicholas Grou 같은 영성 스승들은 하나님 마음을 구하는 일에 관해 시대를 초월한 통찰을 기록으로 남겼다. 그들의 작품은 영적 고전이 되었다.

클레르보의 버나드12세기의 수도원장이자 60곳 이상의 수도원 창설자는 하나님에 대한 경청을 이렇게 묘사했다.

> "순전한 진리를 보면서 마음눈이 밝아지는엡 1:18 내적 기쁨의 낙원이다. 내면의 위로자의 가장 감미로운 목소리는 귀에 기쁨과 즐거움을 가져다준다."[1]

예로부터 경청기도는 넘치는 기쁨으로 하나님을 응시하는 장이었다. 성인들의 고전 본문이 중요한 이유는 경청기도에 들어서는 우리에게 지혜와 통찰 뿐 아니라 틀과 방벽이 되어주기 때문이다.

첫째, 그들의 작품은 경청기도의 뿌리가 성경 연구와 묵상에 있음을 밝히 보여준다. 하나님 경청에 관한 고전 작품들은 마치 작가들이 하나님의 본문에서 지시를 받기라도 한 듯 성경 참조 구절로 가득 차 있다. 이렇게 성경에 뿌리를 둔 결과 경청기도는 하나님의 입을 빌려 내 말을 하는 길이 될 수 없다.

둘째, 과거의 그리스도인들은 경청기도를 제자도와 영성 계발^{즉 그리스도인이 그리스도의 성품으로 자라가야 할 필요성(2장에 다루었다)}의 전통에 굳건히 뿌리를 둔 것으로 보았다. 클레르보의 버나드는 말했다.

> 경청기도 중에 우리는 비교할 수없이 즐거운 사랑의 첫맛을 본다. 우리의 생각은 한때 그것을 찌르던 뾰족한 가시와 찔레에서 벗어나^{사 10:17} 자비의 기름부음을 받아 청결한 마음과 선한 양심으로 복되게 안식한다^{행 23:1, 딤전 1:5}.²

이렇듯 고요한 경청기도의 순간은 '짜릿한 황홀경의 체험'으로 통하지 않았고, 하나님이 어떤 신자를 다른 신자들보다 더 높은 경지로 '끌어올리는' 순간은 더욱 아니었다. 사실 경청기도는 우리를 아주 신속하게 땅으로 끌어내린다. 하나님께 듣기를 기다릴 때 자신의 참 모습을 보기 때문이다.

경청기도의 뿌리는 성경이다

14세기의 「무지의 구름」 저자는 경청기도의 기초는 텅 빈 머리나 허황한 망상이 아니라 연구와 사색과 기도라고 말했다. 남자인지 여자인지 모르는 익명의 영국인인 그는 "하나님 말씀을 깊이 생각하려 노력하지 않는 사람들은 경청기도가 잘 안 돼도 놀라지 말아야 한다"
고 말했다.³ 20세기 수사 토마스 머턴Thomas Merton도 같은 생각이었다.
경청기도란 "찬송의 삶, 예배의 축제, 묵상적 성경 읽기거룩한 읽기 속에
서 이루어진다."⁴

거룩한 읽기란 무엇인가? 그것은 경청기도가 수반되는 고전적 방
식의 성경 읽기이다. 라틴어로 lectio divina렉시오 디비나⁵라고 하며 6세
기부터 시작되어 신자들 사이에 특히 베네딕트회 수도원들에 널리 사
용되어 왔다.⁶ 경청기도는 렉시오 형식의 네 번째이자 마지막에 해당
된다.

- 성경 본문 읽기lectio
- 그 본문의 묵상meditatio
- 기도oratio
- 경청기도contemplatio, 관상기도

경청기도는 말도 없고 정해진 의중도 없거니와 그 점이 당신 마음
에 걸리거든 고금의 수많은 그리스도인들이 그것을 성경 읽기, 묵상,
기도의 틀 안에서 시행해 왔음에 주목하라. 경청기도는 언제나 성경
을 기초로 시작된다. 이것이 기독교의 경청과 비슷한 여타 명상의 한
가지 중요한 차이다다른 차이들은 잠시 후 살펴볼 것이다.

렉시오 참여자들은 경청기도에 들어서기 전에 먼저 성경을 읽고

기도한다. 이 둘은 경청기도를 하는 신자들에게 익숙한 활동이다. 그들은 묵상도 하는데^{둘째 단계}, 이는 우리 많은 이들에게 덜 익숙한 것일 수 있다.

묵상이란 성경의 말과 사건을 기도하는 마음으로 깊이 생각하는 과정이다. 성경은 도처에 묵상을 명하고 있고 실제로 성경 인물들은 묵상을 실천했다^{창 24:63, 수 1:8, 시 1:2, 19:14, 39:3, 48:9, 77:12, 104:34, 119:15,23,27,78,97, 99,148, 143:5, 145:5 참조}. 묵상은 성경 한 구절이나 본문을 중심으로, 내가 둥지 삼아 쉴 수 있는 단어와 이미지를 찾는 과정이다. 내가 본문 속으로 들어가며 그리하여 본문이 내 마음속에 들어오게 하는 것이다.

영혼의 훈련

그렇다면 묵상은 어떻게 하나? 어떻게 일을 더 잘하거나 방을 다시 꾸밀지 생각할 때마다 당신과 나는 날마다 묵상한다. 사실 걱정할 줄 알면 묵상할 줄도 아는 것이다. 걱정할 때 우리는

"그런 비참한 일이 벌어지면 어쩌지?"

묻는다. 그리고 모든 끔찍한 가능성을 곱씹는다. 묵상할 때 우리는 성경에 초점을 맞추어 이렇게 묻는다.

"예수님이 고쳐주신 사람이 나였다면? 그것은 어떤 경험이었을까?"

이렇게 본문 속으로 들어가면 영혼에 재교육이 이루어진다. 우리

는 인격적 방식으로 하나님을 만나며, 하나님이 내게 직접 말씀하셨다는 심정으로 살아가게 된다. 이렇게 하나님을 만날 때 뒤따르는 놀라운 결과는 우리의 타고난 자기중심적 성향이 방금 만난 하나님을 기쁘시게 하려는 열망에 밀려난다는 것이다.

그래서 묵상은 성경 공부와 다르다. 성경 공부는 본문을 해부하지만 묵상은 본문 속으로 들어간다. 공부할 때는 우리가 본문에 관해 질문하지만 묵상할 때는 본문이 우리에게 질문하게 한다.[7] 예수님의 기적적 치유에 대한 본문을 공부하고 당시 문화와 헬라어 동사 시제를 확실히 이해한 후 우리는 계속해서 이런 질문으로 넘어간다.

"예수님이 이 사람에게 손대신 것처럼 내게도 손대신다면? 귀먹고 어눌한 자에게 하신 것처럼 그 손가락을 내 귀에 넣으시고 손으로 내 턱뼈를 받쳐 혀를 만지신다면?막 7:33 참조 그분이 내 손을 잡으셔서 내 열병이 떠나고 기력이 흘러들어 당장 일어나 그간 못하던 일을 하게 된다면?"마 8:14-15 참조

성경 본문의 공부는 묵상의 준비는 될 수 있으나 결국 우리는 기어를 변환해야 한다. 아이비리그대학의 높은 지위를 버리고 성인 장애인 공동체의 신앙 지도자가 된 헨리 나우웬은 이렇게 말했다.

> 우리는 말씀을 쪼개기보다 자기 내면 깊은 곳에 하나로 통합해야 한다. 나의 동의 여부를 따지기보다 어떤 말씀이 내게 직접 주시는 것이며 나만의 이야기와 직접 통하는지 고민해야 한다. 우리는 기꺼이

말씀이 내 심령 숨은 구석까지 뚫고 들어오도록 해야 한다. 여태 어떤 말도 들어와 본 적이 없는 곳들에까지 말이다. 그럴 때에만 진정 '듣고 깨달을' 수 있다^{마 13:23}.[8]

묵상은 경청기도의 기초

공부와 읽기가 성경 묵상의 준비이듯 묵상은 경청기도의 준비다. 묵상의 초점이 본문의 말과 이미지라면 경청기도의 초점은 하나님 안에 잠잠히 있는 것이다.[9] 묵상으로 하나님에 관한 진리를 음미한다면 경청기도로 그것은 우리 영혼에 달콤하게 흡수된다. 경청기도에서 말은 아버지와의 교제보다 덜 중요하다. 애버리 브룩^{Avery Brooke}의 말대로 "묵상이 탐구라면 경청기도는 경이로움이다."[10]

초기 작가들은 경청기도의 시선을 하나님께 고정하는 본을 보였다. 4세기에 지중해 히포^{현재 알제리의 아나바}의 주교를 지낸 어거스틴은 말했다.

"유한한 공간에 구애받지 않으시고 천지에 충만하신^{렘 23:24} 분은… 부재하신 곳이 없고… 어디에나 온전히 임재하시되 어느 곳도 그분을 담을 수 없다"[11]

그렇다면 우리가 할 일은 크신 하나님께 영혼의 눈을 고정하는 것이다. 예를 들어 이사야 6장 1~9절을 묵상한다고 하자. 당신은 높이 들린 보좌와 노래하는 여섯 날개의 스랍들우리는 두 날개 천사에 익숙하므로 잘 상상이 안 될 수 있다을 머릿속에 그려본다. 문지방의 요동을 느껴보고 집에 충만한 연기의 냄새를 맡아본다. 처음에 이 장면은 내게 화려한 에이미 그랜트(가스펠 싱어-역주) 콘서트를 생각나게 했으나 좀더 연구하면서 나는 여기가 성전이므로 연기가 향과 제사에서 나온 것임을 깨달았다. 이렇게 장면을 응시하면서 당신은 뒷마당에서 풍겨오는 바비큐 냄새에 섞인 향긋한 향냄새를 맡을 수 있다. 이사야가 말하는 모습과 그의 입에 숯을 대는 스랍이 보인다. 마침내 예수께서 말씀하시는 소리가 들린다요 12:41 참조. 그분은 누군가에게 이르신다. "누가 우리를 위하여 갈꼬?" 아마도 천군들이었을 것이다. 그러자 이사야가 대화에 불쑥 끼어들어 자기가 가겠다고 자청한다. 이사야처럼 당신도 겸허하고 정결해져 섬길 준비가 된다. 당신은 광대무변한 우주 안에 자신이 얼마나 미세한 존재인지 깨닫는다. 하나님을 경외하는 마음이 생긴다. 그분은 당신의 예배 대상이며 자신의 계획에 기꺼이 당신을 끼워주시는 분이다.

이제 당신이 하나님의 성품에 압도된 채 현장에 있다고 생각해 보라. 어거스틴은 그것을 '하나님의 아름다움을 지각하는' 능력이라 표현했다.

"흔히 우리는 눈으로 아름다움을 지각한다고 생각하지만 하나님의 아름다움은 그분의 온전하신 선에 있고 그 선은 그분의 전체 속성인 덕 내지 높은 진리로 이루어진다. 이 높은 진리들사랑, 거룩함, 신실함 등을 우리는 영혼의 심연에서만 볼 수 있다."[12]

　본문을 묵상했으면 이제 하나님의 초월성을 말없이 흡입하며 그 장면을 음미할 차례다. 이런 면에서 경청기도는 묵상에 대한 '감탄'의 반응이다. 경청기도는 영혼의 눈을 떠 하나님 마음을 보게 한다. 이런 물음이 절로 우러날 것이다. "하나님, 이것을 통해 제게 하시려는 말씀이 무엇입니까?" 단 답을 구하지 말고 진정 하나님 자신께 계속 집중하는 것이 중요하다. 지금은 그저 질문을 던져두는 것임을 명심하라. 필요하다면 답은 내일이나 아니면 내년에 올 수도 있다. 참된 경청기도는 하나님 안에 잠잠히 있는 법을 배우는 것 말고 다른 목표가 없다.

　우리가 묵상하고 하나님을 경청할수록 하나님은 삶의 평범한 순간들 속으로 파고드신다. 설명할 수 없지만 어거스틴은 우리가 뜻밖의 장소에서도 "속으로 그분의 모습을 놓치지 않고 있다"[13]고 말한다. 위엄 있는 높은 진리의 하나님 모습이 뜻밖의 순간에 나를 다시 찾아와, 나는 친구와 함께 그녀의 아들 축구 시합에 앉아서도 "창세로부터 예비된 나라를 받을 자들이"마 25:34 마냥 청결한 마음으로 그분을 뵐 그 세상이 임하기를"[14] 갈망한다.

　하지만 엄연히 땅에 발 딛고 사는 이 세상에서 이런 일이 가능한가 나아가 지혜로운 일인가? 클레르보의 버나드는 그렇다고 말한다.

　　하나님을 듣는 것은 영생의 상급이 아니라 "이생에서 누리는 군사의 삶이다. 이 삶은 미래의 교회가 아닌 현재의 교회에 약속된 것이다."[15]

이 세상이 얼마나 삭막한 곳인지 생각할 때 나는 하나님을 경청할 수 있어 참 기쁘다. 그분은 가정불화와 계약 분쟁 속에서도 은혜를 거두지 않고 베푸신다. '내면의 눈'이 그분께 훈련되어 있다면 말이다.

경청기도 훈련 초기에 나는 경청기도의 뿌리를 성경 연구와 묵상에 둔 고전 신앙 선배들의 지혜를 깨달았다. 남편이 해고당하고 내가 막 작가로서 처음 수입을 벌어들이던 때였다. 나는 우리의 재정 상태가 걱정되었다. 어느 날 말없이 하나님을 바라며 앉아있는데 내 마음 속에 불쑥 무서운 그림이 떠올랐다. 나는 난파하여 바다에 홀로 남았다. 감각이 어찌나 생생한지 입술에 짠물이 느껴지고 얼굴이 햇볕에 타는 것 같았다. 그러나 두려움에 사로잡힌 그때 시편 18편의 익숙한 구절이 마음에 퍼뜩 떠올랐다. 죽음에 직면한 한 사람의 이야기다. "사망의 줄이 나를 얽고 불의의 창수가 나를 두렵게 하였으며"[시 18:4].

그러나 곧 하나님이 하늘을 가르고 강림하여 그룹을 타고 날으시며, 늘 영화의 대미를 장식하던 존 웨인처럼 극적으로 구해주신다[시 18:9~10]. 그러자 나를 물 속에서 건져내시는 하나님이 상상 속에 보였다. "이럴 때에 여호와의 꾸지람과 콧김으로 말미암아 물 밑이 드러나고 세상의 터가 나타났도다. 그가 높은 곳에서 손을 펴사 나를 붙잡아 주심이여. 많은 물에서 나를 건져 내셨도다"[시 18:15~16].

무서운 내면의 소요는 지나고 나는 그 후로도 불안한 나날이면 그 장면을 수없이 떠올렸다.

상상이 수반된다는 이유로 경청기도를 반대하는 그리스도인들이 있다. 그러나 우리의 상상까지도 하나님께 드려 계발하는 것이 그냥 가둬 두는 것보다 지혜롭다. 영성 계발 과정을 통해 하나님은 우리 존재의 모든 부분을 품으시고 교육하신다. 상상도 다른 어느 부분 못지않게 재교육이 필요하다. 상상을 무시하면 저 혼자 멋대로 즐길 거리를 찾는다. 상상이 성경의 이미지와 진리로 활성화되면 찔러 쪼개는 하나님 말씀이 우리 삶 속에 살아 역사할 수 있다.

세계의 타종교들에서 심심찮게 시행된다는 이유로 묵상과 경청기도를 의심쩍게 보는 사람들도 있다. 하지만 하나님이 주신 이 행위들을 다른 사람들이 사용한다고 해서 예수 그리스도를 따르는 사람들이 사용할 수 없는 것은 아니다. 마하트마 간디는 기도를 많이 했고 예수님 말씀도 자주 인용했다. 오늘날 달라이라마도 마찬가지다. 하지만 이들 타종교 지도자들이 그랬다 해서 우리가 기도와 복음서 읽기를 중단할 수는 없다. 경청기도의 방식은 동양종교의 명상 기법과 일면으로 유사해 보일 수 있다. 우리는 목표가 다르다. 동양 종교의 경우 명상의 목표는 무의 경지에 이르는 것이다. 우리 그리스도인의 목표는 하나님을 만나 자신을 비우고 그분의 이미지와 마음과 생각과 뜻으로 자신을 채우는 것이다.

"동양 종교의 목표는 '바람 없는 곳'을 뜻하는 열반에 이르는 것이다. 영혼에 동요가 없는 곳이다. 그리스도인의 경우 성령의 바람과 불이 꼭 필요하다. 세차게 불어도 상관없다. 동양 명상가는 '견딜 수 없는 생의 수레바퀴'에서 벗어나고자 묵상에서 명상으로, 자기소멸로, 죽음으로 나아간다. 우리 그리스도인은 [자아에의] 죽음으로 나아가 아니 수동적으로 옮겨져 거기서 창조주에게 발견되며 그분의 사랑을 입어 삶다운 삶에 들어선다."[16]

묵상과 경청기도의 도구

묵상과 경청기도의 경험에 들어서려면 하나님이 주신 기본 도구들을 이해하는 것이 좋다. 이는 우리 모두가 사용할 수 있는 간단한 것들이다.

- ● 오감

묵상할 때 우리는 상상 속에서 본문의 구체적 사항들을 보고 냄새 맡고 맛보고 듣고 만진다. A. W. 토저는 이렇게 지적했다.

물리적 세계에 대한 지식을 표현할 때 사용되는 단어들이 하나님을 아는 지식을 표현할 때도 똑같이 사용된다. "너희는 여호와의 선하심을 맛보아 알지어다"시 34:8, "왕의 모든 옷은 몰약과 침향과 육계의 향기가 있으며"시 45:8, "내 양은 내 음성을 들으며"요 10:27, "마음이 청결한 자는 복이 있나니 저희가 하나님을 볼 것임이요"마 5:8. 하나님 말씀에 이런 구절이 무수하지만 이는 그 중 넷에 지나지 않는다. 친숙한 오감을 통해 물리적 세계를 아는 것처럼 그렇게 확실히 하나님을 알 수 있는 기관들이 우리 마음속에 있다.[17]

● **이미지와 그림**

예수님은 이미지로 가르치셨다. 이미지는 인간의 정서 부분에 가 닿아 순종이 더 쉬워질 수 있다. 앞서 말한 것처럼 나는 누가복음15장 1~7절을 묵상하던 중 나의 목자 되신 예수께서 나를잃어버린 냄새나는 양을 어깨에 메고 가시는 이미지를 떠올리며 깊은 깨달음을 얻었다. 성경에 따르면 목자는 나를 찾으신 후 내게 **호통** 치시지 않았다. 나는 내가 소심하게 예수님의 옷자락을 만지고는 나중에 두려워 떨며 예수님께 내막을 고한 여인임을 깨닫는다막 5장 참조. 그러나 나는 부자 청년일 때가 더 많다. 신앙이 대단한 듯한 모습으로 하나님 앞에 고급 차를 댄 내게 예수님의 지적이 떨어진다. 그분은 사랑스런 눈으로 나를 보시며, 내가 애지중지하는 것들과 사람들을 내려놓으라고 도전하신다막 10:31 참조.

당신에게 강하게 다가오는 성경의 이미지들은 무엇인가? 당신은 삶을 풍성하게 해줄 새로운 이미지들에 마음이 열려있는가? 언젠가 나는 우리가 곧잘 하나님의 이미지를 제한한다는 한 수련회 인도자의 말에 도전을 받았다. 개울가에 앉아 생각하니 그의 말이 옳았다. 나는 하나님을 주로 보호자로 보았다. 나는 그분의 날개 아래 숨었다시 17:8 참조. 내 가족들을 뒤에 달고 그분의 망대로 달아났다시 61:3 참조. 그래서 나는 하나님께 물었다. "그밖에 또 무엇이 있나요?"

기도하면서 내게 늘 보호의 이미지가 필요함은 두려움이 내 삶에 자동 반응이기 때문임을 깨달았다. "하지만 그 밖의 것들은 무엇인가?" 의문이 들었다. 나는 눈을 뜨고 성경 시편 부분을 넘기며 이미지들을 찾기 시작했다. 시편에서 '뇌성'과 '번개'라는 말을 여러 번 만났다. 나는 다시 눈을 감고 여쭈었다. "제 삶에서 하나님을 번개로 본다는 것은 무슨 뜻입니까? 전기 에너지를 공급하여 앞으로 전진하게 하신다는 뜻인가요?" 아무도 보고 있지 않음을 확인한 후 나는 약간 번갯불이 느껴질 만한 체조 동작을 해보았다. 이것은 무슨 의미일까? 이런 동작은 그 자체로 말없는 기도였다. 마치 내 작은 삶에 하나님의 큰 뜻을 이루시도록 승낙해드리는 것처럼 말이다. 앞서 말했듯이 영성 계발은 생각과 마음뿐 아니라 몸도 재훈련한다. 그래서 고백, 축제, 금식, 순결 등 수많은 영적 훈련에 몸의 활동이 포함되는 것이다. 하나님은 전인 안에 거하신다.

경청기도는 다른 사람들을 향하게 한다

과거의 영성 스승들이 지혜롭게 강조한 것처럼 경청기도의 목표는 복 받거나 행복해지는 것이 아니라 영성 계발에 있다.

클레르보의 버나드는 "경청기도는 가장 고운 밀가루로 지혜라는 단단한 식물을 만들어낸다히 5:14"고 했다.[18] 이 지혜로 우리는 하나님을 더 잘 사랑할 수 있고, 하나님을 사랑함으로써 다른 사람들을 더 잘 사랑할 수 있다요일 4:11,20~21 참조. 영성의 이런 타인 중심적 차원 때문에 애즈베리 신학교 교수 로버트 멀홀랜드Robert Mulholland는 영성 계발의 정의에 '다른 사람들을 위하여 그리스도의 형상으로 빚어지는' 것이라는 문구를 조심스레 집어넣었다.[19] 하나님은 사람들을 그분과 화목케 하는 일에 동역자로 삼으시고자 나를 영적으로 빚으시는 중이다고후 5:18~20 참조.

경청기도는 우리 심령을 안으로 돌려 우리 안에 행하시는 하나님을 느끼게 한다. 또한 동시에 우리 심령을 밖으로 돌려 다른 사람들을 향하게 한다. 사람들을 밀쳐내지 않고 오히려 그들과 주파수를 맞추도록 나를 준비시킨다. 내가 미스터 X의 마음을 본 것도 경청기도를 통해서였다. 경청기도를 꾸준히 행하면 사람들이 달라 보인다. 그리하여 친구나 가족에게 "내 부탁 좀 들어줄래요?"라는 말보다 "최근 하나님이 당신에게 뭐라고 말씀하셨나요?"라는 물음이 더 쉬워진다. 하나님과 깊은 고독에 잠길 때 나는 입을 봉하고 사는 식구에게도 짜증내지 않고 오히려 그가 말보다 행동으로 사랑을 표현함을 깨닫는다. 경청기도는 원수의 독침에서 우리를 떼어내며 그래서 우리는 실낱만큼이라도 다른 사람에게 사랑을 느낀다. 그리스도의 눈으로 보기 때문이다.

바로 이 변화된 마음과 시각이 우리를 밖으로 내보낸다. 예수님이 군대 귀신 들린 자를 만나주신 사건은 내게 그런 영향을 강하게 미쳤다.눅 8:26~39, 막 5:1~19 참조. 수천의 귀신 들린 자에게 말을 거시는 예수님을 나는 마음의 눈으로 보았다. 바닷가 절벽의 묘지에서 벌거벗고 집 없이 사는 그를 보았다. 그가 도대체 어떻게 했기에 사람들이 그 손발에 쇠사슬을 매어 지켜야 했는지 궁금했다. 그의 요란한 울부짖음과 말라붙은 피의 냄새에 나는 몸을 움츠렸다. 나는 예수께서 악한 귀신들에 겁먹지 않으시고 그에게 다가가 그의 필요를 채우시고 긍휼을 베푸시는 모습에 매료되었다. 그리고 그런 감화를 경청기도로 이어갔다. 나는 사람들에게서 버려진 인물들을 특별히 다루시는 하나님께 탄복했다.

다른 날 같은 본문을 다시 묵상하다가 내 눈에 처음 띈 사실이 있다. 예수님 외에 아무도 배에서 내렸다는 말이 복음서에 없다.묵상 중에 눈을 떠서 성경의 세부사항을 살피는 것은 흔한 일이다. 세부사항이 묵상의 자료가 되기 때문이다. 내리기 싫어 배에 남아있는 내 모습이 보였다. 나는 어서 그곳을 벗어나고 싶었고, 내 아이들이 따라와 노출과 폭력의 외설적 광경을 보지 않은 것이 다행이다 싶었다. 그러나 의식상 부정한 이 이방인과 하등 대화할 이유가 없는 랍비 예수님은 굳이 그에게 다가가셨다.

곧 나는 두려움 없이 자기를 내어주는 그리스도의 사랑을 경청하기 시작했다. 이 땅의 '군대 귀신 들린 자들'을 인해 가슴이 아파왔다. 나 자신을 인해서도 그랬다. 배에서 내리지 않고 살 때가 많기 때문이다. 결국 나는 좀더 자주 배에서 내려 그리스도의 심장으로 다른 사람들을 사랑하는 제자가 되는 은사를 달라고 기도했다. 나는 그분을 닮고 싶은 열망에 사로잡혀 그 자리에 오래오래 앉아있었다.

그날 밤늦게 나는 딸과 함께 급히 식료품점에 갔다. 쇼핑 목록에 정신이 팔려 급히 가게로 들어가는데 바깥 공중전화 밑에서 자고 있는 사람이 언뜻 눈에 띄었다. 계산하기 전에 나는 딸을 보며 물었다. "바깥 공중전화 밑에 웅크리고 있던 사람이 라나[20]였니?" 딸은 그렇다고 했다.

라나는 내가 자원봉사하던 지원 센터의 가장 딱한 노숙자 중 하나였다. 사실 나는 '비번일' 때 밖에서는 그녀를 자주 피하곤 했다. 그날 밤 나는 계산하기 전에 라나에게 무엇이 필요한지 보려고 밖으로 다시 나갔다. 함께 들어가서 음식을 고르자고 했더니 그녀는 이미 먹은 후였다. 그러면서 라나는 내게 자기 샌드위치를 조금 주었다. 나머지 말은 조리가 없었다. 영어가 더러 섞여 있었지만 문장으로 연결되지 않아 알아들을 수 없었다. 나는 운동복 바지와 침실 슬리퍼 차림의 이 20대 여성을 보며 그녀의 말을 들었다. 나는 울지 않으려 애쓰며 그녀를 끌어안았다. 포옹을 풀 때에야 이가 옮을지도 모른다는 생각이 났다. 군대 귀신 들린 사람이 떠오른 것은 차에 오른 후였다. 그날 하나님과 함께 보낸 시간이 내 마음과 영혼을 바꾸어 라나를 무시하지 않게 했던 것 같다. 하나님이 돌처럼 딱딱한 내 마음을 부드러운 마음으로 좀더 녹여주셨던 것이다. 그래서 그분이 나를 필요로 하실 때 나는 그만큼 더 그녀에게 그분의 사랑과 빛의 그릇이 되었다.

 묵상과 경청기도의 시간은 우리를 타인들과 떼어놓기 때문에 우리는 그들을 하나님이 보시듯 볼 수 있다. 내가 하나님 앞에 고요히 앉아 당신을 생각하며 기도한다면, 다음 번 당신이 내게 말을 시킬 때 나는 듣는 둥 마는 둥하기가 더 어렵다. 이렇듯 묵상과 경청기도는 내적 체험이지만 바깥을 향해 예수님의 의와 자비로 행동하도록 우리를 준비시킨다. 이것이 영성 계발의 일부이기에 순종은 거의 우연 같을 정도로 자연스럽다. 그리고 그것은 나 같은 사람들에게 좋은 일이다. 순종은 내가 자신에게 집중하거나 그리스도인다워지려는 고된 노력에 집중한 결과가 아니라 그리스도의 본질과 성품에 집중한 결과다. 이런 식으로 그리스도의 성품은 우리 안에 조금씩 형성되어 간다.

 지금까지 경청기도의 기초를 일부 살펴보았으니 제2부에서는 경청기도의 방법과 그것이 어떻게 생활방식이 되는지 살펴보고자 한다.

When the Soul Listens
제 2 부

하나님을 경청하는 기도의 비결

05 경청기도는 하나님을 알고 그분과 사귀는 것이다

내가 주절주절 넋두리를 시작해도 하나님은 일어나 가버리시지 않는다.
하나님은 다시 와서 대화하자고 나를 다시 부르시며 내게 다시 기름부으신다

팻의 남편이 뇌암으로 죽자 친구들은 그녀를 적극 도왔다. 친구 미리암은 팻에게 '인간 잠재력' 세미나에 함께 가자고 했다. 팻은 세미나는 싫었으나 미리암과 같이 있는 것이 좋아서 갔다. 미리암은 불교 신자였다. 어느 밤 집에 오는 길에 미리암은 예수님 얘기를 꺼내며 팻에게 예수님에 대해 이것저것 물었다. 미리암은 금세 관심이 깊어져 예수님을 영접했고 그녀의 남편 키트도 그랬다. 팻은 미리암과 함께 계속 세미나에 다녔다. 쉬는 시간이면 미리암의 베트남인 친구들도 팻에게 기독교에 대해 물었다. 얼마 안 되어 미리암의 불교도 친구들이 너무 많이 예수님을 영접해 팻은 그들을 위해 성경 공부를 시작했다. 팻과 함께 둘러앉은 이들은 불교에서 동방 정교까지 배경이 다양

한 중국인, 일본인, 필리핀인, 베트남인들이었다. 숙련된 성경 공부 교사인 팻은 한 구절씩 자세히 공부하는 방식을 택했다. 그러나 잘 되지 않았다.

팻은 말한다.

"다들 늘 내가 너무 빠르다는 거예요. 그래서 속도를 늦췄지요. 어떻게 하면 그들과 통할 수 있는지 기도로 하나님께 여쭈면 돌아가라는 말만 자꾸 들려요."

팻은 좀더 쉬운 내용을 가르치라는 뜻인 줄 알았다. 그래서 요한복음으로 예수님에 관한 기초 진리를 가르치기 시작했으나 그것도 쉬운 내용은 아니었다.

그래도 기도하면 돌아가라는 말이 계속 떠올랐다. 팻은 초등학교 3학년 수준의 가르침으로 돌아가라는 뜻으로 보았다. 약간 도움이 되었다. 말없이 하나님을 기다리면서 팻은 아담과 하와 때부터 시작해 역사의 줄기를 적어보기로 했다.

팻이 내게 이 일을 들려준 것은 제3세계 종교들에 관한 기사로 내가 팻을 인터뷰할 때였다. 순서가 끝난 후 나는 전날 인터뷰했던 전문가들의 말을 팻에게 전해주었다. 불교도들과 힌두교도들은 기독교가 불과 2천년밖에 되지 않았기 때문에 흔히 기독교를 '신흥' 종교로 여긴다는 것이었다. 전문가들은 내게 말했었다.

"기독교가 창조로 시작되었음을 그들이 이해하도록 도와주십시오. 그리스도의 강림 예언을 아담과 하와 때부터 살펴보십시오."

팻은 기도 중에 들은 음성을 바탕으로 정확히 할 일을 하고 있었다. 그래서 팻과 나는 함께 놀랐다.

기도 생활에 언제나 그런 계시가 있느냐고 내가 묻자 팻은 이렇게 답했다.

"오직 하나님 뜻을 행하려는 마음으로 깊은 침묵 기도에 들어갈 때만 그래요. 나 자신을 위해 아무것도 바라지 않고 오직 그분을 위해 바랄 때만 그래요."

하나님께 초점을 둔 이타적 기도, 그것이 경청기도의 핵심이다.

이런 이야기들을 접하며 당신은 경청기도가 자신에게 가당키나 한 일인지 의아할 수 있다. 사실 경청기도는 몇 가지 기본 행동을 기꺼이 시도하려는 자라면 누구에게나 가능하다.

일상 속에서 경험하는 경청기도

사실상 당신은 경청기도라는 이름을 붙이지 않고도 이미 경청기도의 찰나적 순간들을 경험해 왔다. 해변에 앉아 물끄러미 파도를 바라본 적이 있는가? 별밤에 캄캄한 현관에 앉아 우주를 바라본 적이 있는가? 설교나 예배에 감화되어 마치 하나님의 빛나는 얼굴을 보는 듯한 기분이 든 적이 있는가? 그런 순간 당신은 경이로움에 사로잡혀 보았는가? 애버리 브룩은 이렇게 말했다.

말없는 깊은 경청을 우리는 교회에서도 경험할 수 있고, 대화가 잠깐 끊긴 복된 순간에도 경험할 수 있고, 혼자만의 조용한 시간기도의 말을 그치고 성경을 내려놓고 하나님이 아주 가깝고 친하면서 동시에 모든 지식을 초월하신 분임을 깨닫는데에도 경험할 수 있다. 우리는 하나님을 아주 잘 알고 싶어진다. 그래서 옛 친구와 그리하듯 하나님과 같이 한 시간 동안 말없이 가만히 앉아있을 수 있다.¹

경청기도는 하나님께 주목하는 것으로 귀결된다. 예수님 발아래 앉은 마리아는 경청기도의 산 그림이다. 그녀는 "꼭 필요한 것 한 가지에 전심을 바쳤다" 눅 10:42 NIV. 「무지의 구름」 저자는 경청기도란 "다른 것을 다 잊고 당신의 사랑을 하나님께 고정하려 노력하는 것이다. 모든 관심과 열망을 주님께 맞추라. 그것이 당신 생각과 마음의 유일한 관심사가 되게 놓아두라"²고 말했다.

당신도 감지했겠지만 경청기도가 쉼이기도 하고 일이기도 하다. 하나님 앞에 잠잠해지는 법을 배우기란 어려운 일이므로 우리는 **노력한다**. 그러나 연습하면 풍성해지고 충만해진다. 동시에 우리는 감히 하나님께 경청한 내용을 조작하거나 꾸며내거나 '영성 체험'을 날조하지 않는다는 의미에서 그냥 놓아둔다. 그렇지 않으면 스스로 속을 위험이 있다. 경청기도란 짜릿한 체험이 아니라 하나님을 사랑하고 하나님 임재를 누리는 데 주안점이 있다. 17세기 청교도 신학자 리처드 백스터Richard Baxter는 경청기도의 궁극 목표는 '하나님을 알고 그분

과 사귀는' 것이라 했다.³

하나님께 주목하는 것은 사랑하는 인간관계에 주목하는 것과 비슷하다. 누군가를 사랑하면 그 사람의 장점을 많이 생각한다. '그 사람은 참 사려 깊다. 내 평생 그렇게 남을 배려하는 사람은 보지 못했다.' 이처럼 경청기도 중에 우리는 하나님의 너그러운 성품, 즉 우리를 절대 포기하시지 않는 사랑, 억울한 상황을 뒤집으시는 능력, 능력을 자비로 조절하시는 온유하심을 생각할 수 있다.

한 성품예를들어 하나님의 후하심을 오래 생각할수록 우리도 그 성품을 지니고 싶은 갈망이 생긴다. 그분을 흠모할수록 우리도 욕심을 버리고 후해지고 싶어진다. 그러다 다음 번 희생적으로 베풀 기회가 닥치면 우리는 움켜쥐기보다는 베풀 가능성이 높다. 하나님의 선하심을 맛보아 알았기 때문이다. 그래서 경청기도는 이상한 신비도 아니고 고리타분하지도 않다. 오히려 그것은 비록 함께 일상적 활동만 할지라도 '누군가와 어울리거나 그냥 함께 있는' 익숙한 경험과 비슷하다. 하나님과 동행하는 삶의 경우 '하나님의 임재 연습'이란 바로 그런 의미다. 즉 오늘 하나님께 한번도 소리 내어 말하지 않을지라도 하나님을 동무 삼아 함께 사는 삶이다. 이렇게 하루 종일 하나님과 함께 있는 것은 가능할 뿐 아니라 영혼에 만족을 준다살전 5:17 참조. 밤중에 하나님의 임재를 느끼는 것도 가능하다애 2:19. 달라스 윌라드의 말처럼 "아침에 콘플레이크와 계란에 허기를 느끼듯 그렇게 하나님께 갈급함을 느끼며 자리에서 일어나는"⁴ 것도 가능하다.

이렇게 하나님께 주목하며 그분과 같이 지내는 분위기 속에서 그분을 향한 사랑이 자란다. 경청기도의 핵심 특성은 사랑이다. 프랑스 혁명 동안 정치 세력들 때문에 긴 세월을 유배로 보낸 18세기 신부 장-니콜라스 그루는 이렇게 썼다.

"그리스도인의 기도를 고무하는 것은 사랑, 적어도 사랑하려는 열망이어야 한다. 기도의 주체는 심령의 목소리다. 심령의 목소리란 무엇인가? 그것은 사랑이다. 거꾸로 사랑은 심령의 목소리다. 하나님을 사랑하라. 당신은 언제나 그분과 말하고 있을 것이다."[5]

그 결과 우리는 하나님을 크게 즐거워하게 된다. 언젠가 나는 볼일이 있어 친구한테 함께 가자고 했다. 차로 편도 45분 거리였는데 아무래도 시간 낭비 같아 불평하는 마음이 들었다. 친구가 함께 가주었다. 처음 10분간 우리는 쉬지 않고 지껄였다. 나머지 시간은 둘 다 조용했다. 우리는 서로 화가 난 것도 아니고 그렇다고 서로 지루해진 것도 아니다. 사실 우리는 좋은 시간을 보내고 있었다. 언제라도 상대를 의지할 수 있음을 알면서 말없이 누군가와 함께 있고 그를 즐거워하고 그의 동행을 느낀다는 것은 놀라운 경험이다. 말없는 경청이 대개 그와 비슷하다. 내가 하나님 임재 안에 있음과 그분이 나를 사랑하심을 나는 안다. 그분이 나를 말할 수 없이 귀히 여기심을 나는 안다. 이보다 좋은 것이 또 있을까?

하나님과 나누는 대화

이런 기도로 하나님을 맛보아 알면 우리는 하나님과의 대화를 간절히 바라게 된다. 하나님과 함께 있는 것이 좋아졌기에 그분과 시간을 보내고 싶어진다. 하나님께 그런 갈급함이 있으면 그분과의 대화 생활은 정상적이고 자연스러워진다.

대화를 통해 기도는 문제 해결만의 차원을 넘어선다. 그런 차원은 심리학 지향 세대의 추세만은 아니다. 지난날 클레르보의 버나드는 우리가 하나님을 '그분 자신 때문이 아니라 그분의 유용성 때문에' 사랑하는 잘못을 저지른다고 지적했다.[6] 하나님은 신속하고 능숙하게 우리 모든 병을 치료하는 119 비상 구조원으로 전락했다. 웬디 라이트Wendy Wright는 이렇게 역설한다.

> "고장난 데를 고치고 상한 데를 치유하는 것도 물론 영적 삶의 일부다. 그러나 그 이상이 있다. 영적 구도자들은 인생을 해결해야 할 문제로 대하지 않고 그 안에 들어가 깊이를 재야 할 신비로 대한다."[7]

하나님이 문제 해결사 이상이라는 이런 시각은, 그리스도인들은 문제가 있어야 하나님과 더 가까워진다는 생각을 일축한다. 그런 사고에 따르면 우리는 위기가 있어야 더 기도하고 하나님을 더 가깝게 느낀다. 그러니까 문제도 그다지 나쁜 것은 아니다. 마치 하나님께 거는 119 비상 전화만이 영적 성장의 연료인 셈이다. 고로 하나님은 우리 삶에 자주 위기를 촉발하실 의무가 있다.

많은 그리스도인들이 무리한 생각이라 여기지만, 우리는 위기의 순간과 동일하게 평상시에도 항상 하나님과 교감을 나눌 수 있다. 지금까지 내 경험은 그랬다. 그러나 사람들은 묻는다. "어떻게 그럴 수 있지요?"

라이트는 말하기를 하나님과의 유대감은 우리가 '마음과 생각을 활짝 열고 듣는' 법을 계속 배울 때 깊어진다고 했다.

"그 결과 우리는 변화된다. [삶의] 깊이를 들으려면 무릎을 꿇어야 한다."[8]

하나님과의 꾸준한 교류는 듣는 마음과 열린 생각을 통해 가능해진다. 달라스 윌라드는 "영적인 사람들은 자기 삶을 하나님과의 대화적 관계에서 길어 올린다. 그들에게는 '그 너머의 삶'이 있다"고 단언했다.[9] 그 너머의 삶은 이 땅의 삶 전체에 침투한다. 우리를 산만한 것들로부터 끌어내고, 내 성격 결함이 얼마나 실없고 부질없는 것인지 깨우치며, 그래서 그리스도를 위한 이타적 섬김으로 우리를 이끈다. 세상은 점점 나 중심이 아니라 하나님 중심이 되어간다.

그 너머의 삶은 하나님과의 풍성한 대화로 충만하며, 그분과 연합된 삶에서 양분을 얻는다. 예수님 말씀이 이제 분명해진다.

내 안에 거하라. 나도 너희 안에 거하리라. 가지가 포도나무에 붙어 있지 아니하면 스스로 열매를 맺을 수 없음 같이 너희도 내 안에 있지 아니하면 그러하리라. 나는 포도나무요 너희는 가지라 그가 내 안에, 내가 그 안에 거하면 사람이 열매를 많이 맺나니 나를 떠나서는 너희가 아무 것도 할 수 없음이라 요 15:4~5.

노르위치의 줄리안Julian of Norwich 수녀는 14세기 당시의 영어로 이렇게 말했다.

"우리 영혼은 하나님의 처소로 지음 받았다. 그리고 영혼의 처소는 하나님이다. 기도는 영혼과 하나님을 하나 되게 한다."[10]

하나님을 향한 애절한 갈망

당신이 기도 세미나에 참석 중이라고 잠시 생각해 보라. 주요 요점들은 무엇일까? 흔히 기도 세미나는 '기법' 습득과 '효율성 제고'에 치중한다. 기도 응답이 '핵심'이고 그것이 큰 문제다. 경청기도에서는 강조점이 다음과 같은 것들로 옮겨간다.

하나님을 사랑함

경청기도는 '심중에 하나님을 향한 애절한 갈망을 심는' 것 외에 다른 목표가 없다.[11] 그 결과 "하나님과의 교제가 점점 친밀해진다."[12]

시인 조지 허버트가 기도를 '영혼의 의역意譯, 심령의 순례'라 표현한 것처럼 그 안에 들어설수록 말은 덜 중요해진다.[13]

토마스 머튼은 "우리는 '방법'이나 '시스템'을 찾을 게 아니라 '태도'와 '시각' 즉 믿음, 개방성, 주목, 경외, 기대감, 간구, 신뢰, 기쁨을 가꾸어야 한다"고 했다.[14] 당신이 그런 태도믿음, 개방성, 주목 등를 가꾸면 하나님은 당신의 영과 성품 속에 일하시며 그리하여 당신만의 경청기도 방법론이 창안된다.

내용을 하나님께 맡김

기도 제목을 가지고 하나님께 나아가기보다 우리는 단순히 "하나님께 마음을 열어놓고 무엇이든 그분이 가장 기뻐하시는 것을 우리 마음에 넣어달라고 기도한다."[15]

장-니콜라스 그루의 이 말을 처음 읽었을 때 나는 마침 그날 아침 아들 때문에 속상했던 일이 떠올랐다. 그래서 나는 그루의 말대로 해 보기로 하고 그의 말을 빌려 기도했다. 무엇이든 아버지께서 가장 기뻐하시는 것을 제 마음에 넣어주소서. 다시 빚으시는 하나님께 내 마음을 열자, 그분은 내 좌절을 은혜와 애정으로 바꿔주셨다. 아침에만 해도 불가능해 보이던 일속상한 마음을 떨치기이 이제 쉬워졌다. 마음을 열고 하나님께 주목하면 하나님이 내용을 정하셔서 우리 마음의 변화와 방향이 필요한 부분들을 만지신다.

하나님은 정말 여기 계시나?

하나님이 정말 같이 계심을 당신 영혼 깊은 곳에서, 그리고 당신 성품의 실용적이고 냉소적인 부분에서 믿지 않는 한 경청기도는 별 의미가 없다. 어떤 차원에서 우리는 하나님이 여기 계시다는 확신이 없다. 우리는 그분을 볼 수 없고 만질 수 없다. 예배 인도자들은 우리가 그분 임재를 벗어나기라도 한 듯 "하나님 임재에 들어가자"고 말하곤 한다. 이는 마치 우리 생각 속에 논리학자가 숨어 있다가 '보이지 않는 이에게 기도하는 건 괜찮지만 그 보이지 않는 이의 반응을 들으려 하거나 그와 교제를 기대하는 건 정신나간 짓'이라고 말하는 것과 같다. 그래서 우리는 하나님이 정말 나와 함께 계시다는 것을 늘 의식화할 필요가 있다.

성경이 확실히 말하는 것처럼 하나님은 동시에 어디에나 계신다. "내가 하늘에 올라갈지라도 거기 계시며 스올에 내 자리를 펼지라도 거기 계시니이다. 내가 새벽 날개를 치며 바다 끝에 가서 거주할지라도 거기서도 주의 손이 나를 인도하시며"시 139:8~10.

하나님은 우리를 그분의 기쁨을 위해 그분과 함께 있도록 지으셨다. 하나님의 불변의 임재가 그것을 잘 보여준다. 다음 장면들 속에 하나님의 기쁨이 보이는가?

- 하나님은 흠 많지만 부지런히 구하는 모세와 말씀하셨다. "사람

이 자기의 친구와 이야기함 같이 여호와께서는 모세와 대면하여 말씀하시며"출 33:11.

- "에녹이 하나님과 동행하더니"창 5:24. 궁금하다. 둘은 대화했을까? 아니면 말없이 함께 걸었을까? 혹 우리처럼 에녹도 자기 혼자만 말했을까?

- 집단 살해자 바울은 회심하여 하나님께 이방인 전도의 사명을 받은 후에 '혈육과 의논하지 아니하고' 3년간 아라비아로 갔다. 이렇게 결연히 하나님께 마음을 둔 그를 하나님은 어떻게 보셨을까?갈 1:16~18 참조

- 긴 세월 사울을 피해 도망 다닌 다윗은 하나님이 "나를 넓은 곳으로 인도하시고 나를 기뻐하시므로 나를 구원하셨도다"시 18:19라고 노래했다.

- 룻은 시어머니를 봉양하여 하나님의 광활한 하늘 아래 들판에서 이삭을 주워 둘의 양식을 삼았다. 보아스는 하나님의 기뻐하심을 느꼈다. "이스라엘의 하나님 여호와께서 그의 날개 아래에 보호를 받으러 온 네게 온전한 상 주시기를 원하노라"룻 2:12.

타락한 눈으로 하나님을 볼 수 없기에 우리는 교회나 수련회나 공식 기도 시간에만 이따금씩 하나님을 '방문한다'는 개념을 지어낸다. "하나님 임재에 들어간다"고 말할 때 우리는 마치 그분이 계시지 않은 곳들이 있는 것처럼 말하는 셈이다. 나는 이것을 '요나의 신화'라 생

각한다. 요나는 니느웨행 배에 하나님이 계시지 않다고 믿었던 것 같다. 그러나 그는 하나님이 거기도 계심을, 나아가 큰 동물의 소화관 속에도 계심을 배웠다. 내게도 하나님이 계시지 않는 것처럼 생각되는 곳들이 있다. 일요일 낮잠 중에 일곱 번째 세일즈 전화를 받을 때, 가게의 옷 입어보는 방 전신 거울 앞에서 수영복을 입어볼 때, 다이어트 중에 도넛 접시를 들고 있어 달라는 부탁을 받을 때 등이다. 그런 순간이면 하나님이 안 계신 것 같다. 그래서 우리도 요나의 심정이 이해가 된다. 이 땅에서 하나님이 육안으로 보이지 않는다는 사실을 우리는 어떻게 보는가?

물론 하나님은 우리와 따로 우리 위에 계시며 우리와 전혀 다른 분이다. 이것을 초월성이라 한다. 이을 수 없는 간극을 사이로 하나님이 세상과 떨어져 세상 위에 계시다는 뜻이다. 그러나 하나님은 더없이 가까운 분이기도 하다. 우리를 그분처럼 되게 하시고자 그분은 그리스도 안에서 우리처럼 되셨다. 이것을 내재성이라 한다. 하나님이 세상을 포함하여 자신의 모든 작품 속에 계신다는 뜻이다. 지금 당신이 공중으로 손을 들면 그 공간에 하나님이 계신다. 토저는 말했다.

> 하나님이 계시지 않은 곳은 없다. … 수천만의 지성적 존재가 무한대의 거리를 두고 우주 도처에 서있다 해도 모두 같은 진리를 말할 수 있다. 하나님이 여기 계시다는 진리다. 언제 어디나 하나님은 계신다. 그리고 언제나 우리 각 사람에게 자신을 나타내려 하신다.[16]

문제는 하나님이 떠나신 것이 아니라 우리가 그분의 임재를 모르는 것이다. 바울은 불신자를 포함하여 우리 모두에게 하나님은 "우리 각 사람에게서 멀리 계시지 아니하도다. 우리가 그를 힘입어 살며 기동하며 존재하느니라"행 17:27~28고 말했다. 민감한 의식은 믿음에서 나옴을 명심하라. 당신은 하나님의 임재 의식을 만들어 내거나 계시지도 않은 분을 계신 것처럼 꾸밀 필요가 없다. 토저는 말했다.

"그리스도인에게 있어 '하나님의 임재 연습'이란 마음속의 허구적 대상을 투사하여 그 존재를 지어내려는 것이 아니라 모든 건전한 신학이 이미 존재하신다고 선포하는 분의 참 임재를 인식하는 것이다. 거기서 비롯되는 경험은 허상이 아니라 실체다."[17]

나타나시는 하나님

경청기도를 통해 하나님께 주목하는 법을 배울수록 그분의 임재가 쉽게 느껴진다. 과연 하나님은 교회당이나 울창한 산골짜기가 아닌 곳들에서 나타나시기 시작한다. 진정 같이 계시는 하나님께 마음을 다하여 주목할 때는 다음 사실을 의지하라. 하나님은 삶의 엉뚱한 순간에까지 침투하신다.

내 경우 예배와 고백과 경청기도의 영적 훈련은 계곡 길을 운동 삼아 걷다가 본의 아니게 시작되었다. 걷다보니 약간 지루해서 찬양 테이프를 듣기 시작했다. 어찌나 심취했는지 어떤 노래들에서는 이따금씩 춤사위가 절로 났다. 하지만 걷는 중에 나의 진짜 내면의 모습도 나타나기 시작했다. 누가 나한테 어떻게 했고 몇몇 사람에게 어떻게 퍼부어 주었으면 시원하겠다는 생각이 떠나지 않았다. 그러나 어느새 하나님을 잊고 얄미운 사람에게 집착했던 것이 부끄러워졌다. 그러기를 반복하다 마침내 사태가 새로운 시각으로 보이기 시작했다. 하나님과 함께 있는 그 시간에 혹 그분이 내 영혼을 휘저으신 것은 아닐까? 속에 품은 흉한 모습을 그분 임재의 빛 가운데 드러내신 것은 아닐까? 그분이 나를 고백으로 인도하려 하셨다면? 그렇게 계곡 길은 내가 껄끄러워 하는 사람들을 하나님과 함께 대면하면서 사랑하는 것을 연습하는 장소였다. 그 계곡 길에서 하나님이 내 곁에 함께 걸으셨고, 산만해진 나를 하나님께로 집중시키셨다. 운동 중에나 삶 속에서나 하나님은 언제나 상을 차려놓고 앉아 나를 기다리신다. 나는 시편 23편의 그림 같은 표현처럼 하나님께 환대 받는 손님이다.

"주께서 내 원수의 목전에서 내게 상을 차려 주시고 기름을 내 머리에 부으셨으니 내 잔이 넘치나이다"시 23:5.

내가 주절주절 넋두리를 시작해도 하나님은 일어나 가버리시지 않는다. 하나님은 다시 와서 대화하자고 나를 부르시며 내게 다시 기름 부으신다.

내 쪽에서 하나님과 **함께 있기로 한다면**그리고 그분께 말씀하실 자유를 드린다면 그분이 나타나실 것을 기대해도 좋다. 운동복과 진홍색 야구모자

차림으로 하나님을 만났을 때 나는 놀랐다. 그러나 하나님은 그 계곡 길을 내 주목을 끄실 수 있는 곳으로 보셨을 것이다. 종일 머리 쓰는 일을 하는 나는 운동할 때는 마음에 긴장이 풀린다. 거기 내가 복잡한 생각 없이 더위에 약해지고 자갈 트럭을 피하는 곳에서 하나님은 내 안에 준비된 들을 귀를 찾으셨다.

당신은 어떻게 하면 보다 더 하나님의 임재 안에 살고 행할 준비가 될까?

하나님과 함께 어디까지 갈 것인가?

한 가지 권면으로 이 장을 마감하고자 한다. 하나님이 당신을 기도로 부르시는 길들에 마음을 열라. 그 중에는 새로운 길들도 있을 것이다. 무엇이든 뜻대로 말씀하실 수 있도록 그분께 폭넓게 가능성을 드려라. 하나님과 동행하는 삶을 여태 다른 데서 읽었거나 지금 이 책에서 읽는 내용으로 국한하지 말라. 언제나 함께하시고 계속 나타나시며 당신에게 그 임재를 알리시는 우리 하나님을 의지하라.

다음 장으로 넘어가기 전에 잠깐 멈추고 다음 질문을 생각해보면 좋을 것이다.

- 나는 하나님께 얼마나 열려 있는가? 얼마나 열려 있고 싶은가?
- 나는 하나님이 들으심은 믿을지 모르나 하나님이 말씀하심을 믿

는가?
- 내 경우 하나님이 언제나 곁에 계심을 믿지 못하게 하는 가장 큰 방해 거리들은 무엇인가?
- 내 마음을 더 기도에 끌리게 하는 것은 무엇일까?

06 하나님께 몰입하여 듣는 마음

우리는 세상살이에 바빠 하나님의 성령을 망각한다.
하나님의 움직임을 의식하려면 내적 고독과 침묵이 많이 필요하다.

하나님은 계속 나타나시며 늘 우리와 함께하시는 분이다. 하지만 우리는 그분이 우리의 주목을 얻으려고 문 앞에 계심을 인식할 필요가 있다.

어떻게 우리는 그분께 더 깨어있을 수 있을까? 솔직히 우리는 하나님을 더 잘 인식하는 생활방식을 가꾸기 위해 굳이 수도사나 신비가가 될 필요가 없다.

경청의 길

경청의 길의 두 가지 주요 도구는 침묵과 고독의 영성 훈련이다.

이는 사람들이 즐기는 취미가 아니다. 사실 우리 문화는 이 둘의 가치를 과소평가한다. 조용한 사람들이 듣는 말은 자기를 주장하라는 것이다. 제 목소리를 내는 사람들이 듣는 말은 더 유창해지라는 것이다. 성인 교육 프로그램에 '잠잠해지는 법'이라는 제목의 강의가 실려 있는 것을 상상할 수 있는가? 대개 우리는 헤드폰을 끼거나 라디오를 듣거나 책에 빠지거나 텔레비전 쇼에 몰입한다. 기도를 가르치는 교회에도 하나님 임재 안에 잠잠해지는 법을 가르치는 사람이 있던가?

우리 문화는 **침묵**이란 나약하거나 할 말이 없다는 뜻이라고 착각한다. 그러나 인기 있는 상담자요 17세기 고전 「예수 그리스도를 깊이 체험하기」의 저자 잔느 귀용 부인은 침묵을 지키는 사람에 두 종류가 있다고 말한다.

> 하나는 할 말이 없는 사람이고 또 하나는 할 말이 너무 많은 사람이다. 주님과의 깊은 만남의 경우는 후자에 해당된다. 침묵은 결핍의 산물이 아니라 하나님 안의 풍성한 삶의 산물이다. 이런 침묵은 풍성하고 충만하며 살아있다!¹

고독도 인기가 없기는 마찬가지다. 외로운 고립처럼 보인다. 그러나 고독은 혼자 있는 것이 아니다. 하나님과 단둘이 있는 것이다. 우리를 사랑하시고 우리에게 그분 뜻을 행할 능력을 주시려 하는 분이 동무로 계시기에 고독은 고립과 전혀 다르다. 애버리 브룩은 "우리는 하나님을 아주 잘 알고 싶어진다. 그래서 옛 친구와 그리하듯 하나님과 같이 한 시간 동안 말없이 가만히 앉아있을 수 있다"[2]고 말했다.

저자 엘리자베스 엘리엇은 고독의 영성 훈련이야말로 외로움의 답이라 말한다. 그녀는 첫 남편 짐 엘리엇 선교사의 순교 이후 외로움을 잘 알았다. 경험을 바탕으로 그녀는 "외로움을 고독으로, 고독을 기도로 바꾸라"[3]고 권한다. 하나님이 친구 되실 때 외로움은 하나님께 우리 마음을 쏟아놓을 수 있는 달콤한 고독이 된다. 그녀는 말했다.

"외로움은 광야이지만 그것을 하나님 손에서 받아 다시 그분께 감사로 올려드리면 외로움은 하나님 자신께 이르는 길이 될 수 있다."[4]

침묵과 고독의 작업

침묵과 고독은 둘 다 숨어서 일한다. 겨울철에 벌어지는 일과 흡사하다. 엄동설한에는 아무 일도 없는 듯 보인다. 동물들은 동면한다. 아무것도 자라지 않는다. 만물이 부동의 휴면에 들어간다. 그러나 요긴한 겨울잠 동안 생명은 새로워진다. 침묵과 고독 속에서 하나님이 하시는 일은 숨어있으나 생명에 필수다.

침묵과 고독 속에 이루어져야 하는 필수적인 작업 중 하나는 우리를 문화의 요구에서 **떼어놓는** 것이다. 긴급한 메시지와 울리는 전화벨이 없는 곳에서 우리는 성공 집착의 진상을 볼 것이다. 우리는 그리스도의 신령한 성품이 우리 안에 자랄 수 있는 장을 마련한다. 이 성장과 변화의 기류 안에서 우리는 삶에 **반사 작용**하지 않고 **반응하기** 시작한다. 격리된 고요한 시간에 우리는 내면의 침묵을 **얻으며** 그것은 우리를 세상에서 자유케 한다. 그것은 우리를 하나님이 빚으시는 인간으로 자라도록 준비시킨다. 고독은 삶을 감당할 수 없는 사람들의 도피 수단이 아니다. "고독은 세상에 등 돌리는 것이 아니라 하나님께로 얼굴을 돌리는 것이다."[5]

침묵도 고독도 처음에는 훈련을 요하지만 점차 즐겁고 신선해진다. 한 남자는 침묵 수련회에 처음 다녀온 후 이렇게 보고했다.

"정말 후련했다. 잡담이 얼마나 진빠지는 일이며 초점을 하나님한테서 내게로 옮겨 남들이 나를 어떻게 볼까 고민하게 만드는지 정말 몰랐었다."

침묵과 고독은 사회가 말하는 성공군중의 갈채, 재정적 이득, 화려한 희생, 늘 웃는 얼굴에서 우리를 떼어낸다. 다시 한번 하나님은 소위 '미련한' 엉뚱한 것들을 사용하여 '지혜 있는 자들을 부끄럽게' 하신다고전 1:27.

너무 어렵지 않을까?

하지만 침묵과 고독이 우리 문화에 그렇게 이질적이라면 경청기도는 너무 어렵지 않을까? 당신이 그렇게 보기로 작정할 때만 그렇다. 귀용 부인은 "이 고요한 시간 동안, 하나님을 사랑하고 그분을 기쁘시게 하는 것 외에 하나님께 아무것도 구하지 말라"고 말한다.[6] 토마스 켈리Thomas Kelly는 이것이 날이 갈수록 더 복잡해지기보다 더 단순해진다고 우리를 다독인다.[7] 이것은 고된 일이 아니라 "우리 마음을 하나님께 돌려 그분 사랑을 받는 것이다."[8]

경청기도는 두통 중인 사람에게 통할 만큼 단순하다. 어느 날 주일학교에서 있었던 일이다. 감기에 걸린 나는 시끄러운 토론 소리에 머리가 더 지끈거렸다. 집에 가서 눕고 싶었지만 먼저 조용히 앉아 하나님의 임재를 누리기로 했다. 나는 본당으로 들어가 캄캄하여 눈에 띄지 않는 발코니 밑자리에 앉았다. 눈을 감고 예배 팀의 연습 소리를 들었다. 피아노는 유려한 곡조에 맞춰 건반을 훑었고, 베이스 주자는 자기 파트를 힘껏 퉁겼고, 녹음기는 어려운 부분에서 계속 지지거리며 불협화음을 만들어냈다. 하나님께 철저히 몰입하지 않았다면 나는 질겁했을 것이다. 머리가 아파서 말로 기도할 수 없었지만 나는 거기 앉아 하나님을 사랑할 수 있었다. 연습 중에라도 그분을 예배하는 그분의 자녀들을 즐거워할 수 있었다. '평화의 강에 뛰어든'[9] 기분이었다.

물론 너무 심난해 하나님을 듣는 것이 어려운 날도 있다. 바로 그때 나는, 나 혼자 찾는 것이 아님을 알고 기뻐하며 겸손해진다. 하나님이 지금도 우리를 찾고 계시기 때문이다. 이스라엘이 하나님을 떠났을 때 그분은 "내가 여호와인 줄 아는 마음을 그들에게 주리라"렘 24:7고 말씀하셨다.

하나님, 제게도 하나님을 아는 마음을 주소서.

하나님께로 얼굴을 돌린다

고독한 침묵 속에서 우리는 하나님의 사랑을 만난다. 귀용 부인은 "이 침묵 속에서 하나님은 깊은 내면의 사랑을 당신에게 부어주신다"고 말했다. 하나님과의 인격적 관계를 믿는 믿음 때문에 20년 넘게 옥살이와 귀양살이를 하면서 하나님의 임재를 누린 자신의 경험에서 나온 말이다.[10]

"이 사랑의 경험은 당신의 전 존재에 스며들어 채워주는 경험이다. 그것은 말할 수 없는 축복의 시작이다."[11]

하나님은 친히 후한 주인과 진행자가 되어 자신의 임재를 풍성하고 충만케 하신다. 우리가 고요함의 요령을 터득하고 나면 하나님은 주도자가 되어 사람들 안에 당신께 대한 반응을 촉발하신다. 하나님께 가는 길 중에 그분이 먼저 우리에게 오시지 않은 길은 없다.[12] 우리가 사랑함은 그분이 먼저 우리를 사랑하셨기 때문이다요일 4:19 참조. 문제는 "내가 어떻게 하나님을 찾을 것인가?"가 아니라 "하나님이 어떻게 나를 찾으실 것인가?"이다.[13]

하나님은 왜 침묵을 통해 우리를 만지실까? 하나님은 군림하시지 않으며 보통 억지로 사람들의 주목을 끌어내시지 않기 때문이다. 우리는 세상살이에 바빠 하나님의 성령을 망각한다.

"하나님의 움직임을 의식하려면 내적 고독과 침묵이 많이 필요하다. 하나님은 언성을 높이거나 고함을 지르거나 억지로 밀어붙이지 않는다."¹⁴ 우리는 하나님을 그런 분이라 비난하지만 말이다.

마음을 드린다

그러나 고독한 침묵은 달콤하고 가벼운 것만은 아니다. 어색하고 불편할 수도 있다.

그것도 좋다. 그 바람에 시끄러운 세상의 평소의 의식적 사고 노선을 바꾸지 않을 수 없기 때문이다. 우리는 남들과 세상을 기준으로 자기를 평가하던 것을 멈추고 '그 너머의 삶'을 생각하지 않을 수 없다. 침묵과 고독은 마음을 드리는 내적 태도의 외적, 신체적 표현이다. 우리는 하나님께만 집중하기 위해 말과 분석과 인간관계의 즐거움을 버린다.

꼭 필요한 버림이다. 한 퀘이커교 대학의 교수이자 일차대전 후 독일 구제 사역자들의 신앙 지도자였던 토마스 켈리는 이렇게 말했다.

> "우리는 모두 이 거룩한 속삭임을 간혹 들었다. 그러나 그분의 거룩한 인도에 복종한 것은 몇 번 안됐다. 우리는 내면의 이 거룩한 것을 세상에서 가장 소중한 것으로 여기지 않았다. 우리는 그것에만 집중하기 위해 다른 모든 것을 드리지 않았다."¹⁵

드려야 할 '다른 모든 것'에는 말과 대인관계 뿐 아니라 내 기도 시간을 관리하고 통제하려는 욕심도 포함된다. 경청기도에는 기도 제목도 없고 전체적 틀도 없고 개시와 마무리도 없다. 이는 참된 대화다. 내가 관할하지 않는다.

경청기도를 잘하려고 애쓰는 것도 오히려 방해가 될 수 있다. 귀용 부인은 "주님께 올 때는 알아서 생각을 잠잠케 하라. 자신의 노력을 모두 그쳐라. 그래야 하나님이 혼자 활동하실 수 있다"고 말한다.[16] 지혜로운 영혼은 더 이상 '자기 노력에 신나게 매달리지' 않는 것을 다행으로 여긴다.[17]

경청기도를 하려면 내면의 '착한 아이' 이미지^{착해지려고 갖은 애를 쓰는}를 버리고 대신 하나님 앞에 벌거벗고 연약한 참 자아가 되어야 한다. 우리는 자신의 아직 변화되지 않은 부분들^{자존심 강한 태도, 물질주의적 욕심}을 벽장 속에 감춰두지 않고 그대로 가지고 와 하나님께 드린다. 의지를 양도하고 생각을 주목하면 이런 고백이 나온다.

"하나님은 제 약점을 아십니다. 저를 사랑하십니다. 이 사람, 이 문제 상황, 이 가슴 아픈 죄를 하나님께 드립니다."

시편기자 다윗은 "내 죄가 항상 내 앞에 있나이다"고 말했다. 자학이나 낮은 자존감에서 나온 말이 아니라 감찰하시는 하나님 앞에 앉아 자신의 흠 많은 인간성에 대해 현실적 평가를 얻었기 때문이다.

하나님 앞에 연약해지면 내 '착한 아이' 이미지를 싸고돌 필요가 없어진다. 그분이 나를 두르시고 지키심을 느끼기 때문이다. 그분은 우리 영혼의 '피난처'와 '능한 산성'이 되신다^{시편 46편 참조}. 이 안전한 곳에서 우리는 남들의 공격에서 자신을 보호해야 할 본능적 욕구를 내려놓을 수 있다. 우리는 또 평소 내가 남들에게 잘해주는 것은 다분히 그들이 내게 특별한 관심을 보이거나 나만 칭찬해주거나 내게 호의를 베풀기 때문이라는 사실을 깨닫는다.

이렇듯 고독한 침묵을 경험하려면 철저히 자신을 비워야 한다. 나는 말로 하나님을 감탄시킬 수 없다. 그저 하나님 앞에 있을 뿐이다. 토마스 머튼이 덕에 대해 한 말을 기도에 적용하여 이렇게 바꿔 쓸 수 있다.

> "영혼이 비고 가난하고 벌거벗지 않은 사람은 무의식중에 하나님 영광을 위해서가 아니라 자신을 위해서 기도하는 성향이 있다. 그가 기도함은 하나님 뜻을 사랑해서가 아니라 자신의 기도에 감동하고 싶어서다."[18]

이렇게 철두철미 연약해질 때 우리는 자애(自愛)에 대해 죽을 수밖에 없고 "떼어진 떡, 부어진 포도주가 되어 예수 그리스도의 손에 들린다."[19] 귀용 부인은 "기도란 녹아지는 것이다. 기도란 영혼이 용해되어 높이 들리는 것이다"라고 했다.[20] 볼썽사나운 자아 집착을 의지적으로 녹일 때 자아와 하나님의 연합이 이루어진다.

그렇게 '녹을' 때 우리는 더 이상 내 무난함을 입증하기 위해 똑똑하고 훌륭해질 필요가 없다. 나는 경청 수련회를 총괄하는 내 친구에게 편지를 써, 내 능력으로 잘 인도할 수 있을지 모르겠다고 두려움을 표했다. 그녀는 이런 답장을 보내왔다.

"경청 수련회의 놀라운 점은 우리가 하나님의 성령이 되어 드리지 않아도 하나님이 당신의 성령으로 능히 일하신다는 것이다. 그러니 걱정하지 말라."

그 말이 맞았다. 나는 다른 사람들의 영적 체험을 만들어낼 필요가 없었다. 그건 성령님의 일이었다. 나는 사람들이 자기 삶에 임재하시는 하나님께 주목할 수 있도록 방향만 잡아주면 됐다. 관심과 인정나 자신과 사람들의에 대한 모든 아우성을 나는 내려놓을 수 있었다.

"실로 내가 내 영혼으로 고요하고 평온하게 하기를 젖 뗀 아이가 그의 어머니 품에 있음 같게 하였나니 내 영혼이 젖 뗀 아이와 같도다"시 131:2.

경청기도에서 이런 자족을 자주 경험할 수 있다. 우리는 기도를 이용하여 사람과 상황을 조종하던 일을 그만둔다. 내 부족한 모습들난 지금 기도가 안 된다, 잡념이 들어 산만해졌다을 내려놓을 때 만족이 찾아온다. 우리는 자신의 기도의 과오에 집착하지 않는다. 오히려 기도의 초점이 내가 아니라 하나님임을 생각한다.

마음을 드리면 결국 구하는 기도도 드리는 식이 된다. 주절주절 요구만 늘어놓노라면 매번 자동판매기 하나님을 쾅쾅 치는 내 모습이 보인다. 이제 당신의 최고 우선순위는 원하는 것을 얻는 것이 아니라 하나님 마음을 들으며 그분이 원하시는 것을 파악하는 것이다. 당신은 여전히 구하는 기도를 드린다. 이는 하나님과의 관계의 일부로 그분이 귀히 보신다. 그러나 이제 하나님께 드리는 것이 더 큰 이슈다.

듣는 마음에 들려오는 소리

침묵과 고독 훈련으로 마음을 드리면 들린다. 남들이 보고 듣지 못하는 것을 보고 듣는다는 말이다. 아람 군사와 말과 병거는 엘리사를 쫓아와 성을 에워쌌다. 엘리사와 그의 사환은 이튿날 아침 일어나 군대를 보았다. 그런데 사환만 두려워했다. 왜? 엘리사는 "우리와 함께 한 자가 저와 함께한 자보다 많으니라" 하며 "여호와여, 원컨대 저의 눈을 열어서 보게 하옵소서" 기도했다. 그러자 여호와께서 사환의 눈을 여셨다. 그는 불 말과 불 병거가 산에 가득하여 엘리사를 두른 것을 보았다왕하 6:16~17 참조. 혼란스런 상황에 부닥치면 나는 이 불 병거를 떠올리면서, 하나님이 하시려는 일을 보는 영안과 거기에 반응할 수 있는 힘을 달라고 기도하곤 한다.

듣는 마음은 영적 엘리트층만의 것이 아니다. 만인의 것이다. 잔다르크는조지 버나드 쇼의 희곡 '성녀 잔다르크'에서 프랑스 왕 샤를에게 그 점을 밝혔다. 왕은 하나님이 자기를 제쳐두고 이 시골 소녀에게 말씀하시는 것이 못마땅해 그녀에게 이렇게 퍼부었다.

"음성, 음성. 왜 그 음성은 나한테는 오지 않는 거냐? 왕은 네가 아니라 나다."

잔다르크는 이렇게 답한다.

"음성은 왕께도 옵니다. 왕이 듣지 않으실 뿐입니다. 삼종기도 종이 울리면 왕께서는 성호를 긋고 그걸로 끝입니다. 하지만 **마음으로** 기도하시면 그리고 타종이 멎은 뒤 공중에 퍼지는 종소리를 들으시면 왕께서도 소녀처럼 음성을 들으실 것입니다."[21]

어디 있든 그 자리에서 일어서 기도하라고 삼종기도 종이 하루 세 번 울려 성 사람들에게 알리면 잔다르크는 동작을 멈추고 마음으로 하나님을 들었으나 왕은 예의만 갖추고는 넘어갔다. 마음으로 들으면 사방이 고요해지고 사랑과 흠모의 물결이 우리를 덮는다.

"우리 영은 발끝걸음으로 쫑긋하여 듣는다."[22]

종류가 다른 들음이다.

"말과 논증과 장단점과 명제와 의견을 듣는 것이 아니다. 우리가 소망하고 꿈꾸는 인간 심령의 미세한 교차점, 거대한 침묵의 신비인 하나님을 듣는 것이다."[23]

하나님과 인간의 이런 접속은 모든 종류의 고요함 속에서 일어날 수 있다. 고독한 경청도 좋고 내면에 개발된 고요함도 좋다. 그것은 하키 경기나 간부 회의까지 우리와 함께 할 수 있다. 즉 우리는 순간순간 혼돈에서 눈을 떼 하나님 마음을 듣는다.

경청함으로 하나님을 만나기

하나님과의 대화 방식에 경청이 좀더 중요해지면 당신은 이제 스스로 원해서 삶에 여유를 내기 시작한다. 좀더 집중된 방식으로 하나님과 같이 있고 싶어진다.

고요한 대수도원에서 7개월을 즐겁게 보낸 헨리 나우웬은 장차 대학 교육과 객원 강의의 바쁜 세상에서 어떻게 살아남을지 궁리했다. 그는 침묵과 고독과 기도에 대해 구체적 결단이 필요함을 알았다. 그래서 그는 규칙적 묵상 시간과 기도의 날을 계획했다. 그러나 그것으로 부족하다는 조언을 들었다. 기도를 또한 매일의 훈련으로 삼아야 했던 것이다. 특히 기도와 일의 통합이 필요했다.

하나님께 듣는 것을 삶의 우선순위에 두려면 당신의 생활방식에 어떤 변화가 필요할까? 당신이 바쁘게 살아가고 있다면 당신 삶에 경청기도의 안식을 배치할 계획이 필요하다. 나우웬은 너무 성급히 움직이지 말라며 '가끔 큰맘 먹고 한 시간씩 고독의 시간을 갖기보다 매일 10분씩 연습하는 것이 낫다'고 조언한다.[24]

기도의 날은 누구나 권하는 방법이다. 조용히 사색에 잠길 시간을 떼어놓고는 하나님께 이 '안식일' 동안 무엇을 해야 할지 보여 달라고 기도하라. 나는 전에 그 시간이 두려웠다. "뭘 하지?" 막막했다. 그래서 책상에 공책을 두고서 하나님께 드릴 질문, 궁리 중인 목표, 결정할 일, 읽을 만한 책과 기사 등 아이디어가 떠오르는 대로 적기 시작했다. 그리고는 정해진 날이 다가올 때까지 "이번 '안식일'에 무엇을 할까요?" 물으며 하나님께 귀 기울였다. 이런 식으로 준비하면, 연장된 고독의 시간 동안 좀더 집중해서 하나님과 소통할 준비도 되고 설렘도 생긴다. 필요한 도구성경, 기도서, 일기를 가지고 가도 좋지만 거기에 얽매이지는 말라. 나도 공책을 가져가지만 아예 펼치지 않을 때가 많다. 그냥 하루의 흐름에 맡긴다.

기도의 날에는 기도원이나 수도원이나 야영장에 가면 좋다. 한 친구는 일일 외출로 인적이 뜸한 공원에 가서 그냥 앉아 있다. 식구들이 다 외출한 시간에 집에서 하는 사람도 있다. 날수가 많으면아예 몇 주간이면 더 좋다. 이 중 어느 것도 가능하지 않은 상황이라면 집 뒷마당이나 아파트 베란다에서 한 시간만 해보라. 가능한 한 속히 하라. 어떤 일이 생기는지 보라. 성경말씀이 당신 안에 그리스도의 형상을 빚을 수 있도록 말씀을 내면화하는 길들을 늘 모색하라. 그러려면 당신의 곤고한 영혼을 비춰주는 본문을 묵상하며 더 간절히 하나님을 의지해야 할 수도 있다. 복음서를 되풀이해 읽으며 예수님의 담대함과 자비를 깊이 새겨야 할 수도 있다.

최근 쉬는 날 없이 일했다면 기도의 날이 잘 안될 소지가 높음을 주지하라. 우리는 누구나 '심각한 무'의 날들이 필요하다. 아무런 활동 계획 없이 뭐든 생각나는 대로취침, 바닷가 나들이, 차고 청소 등 할 수 있는 시간이다. 신체적으로 피곤한 상태에서 기도의 날을 맞으면 그런 필요들이 전면에 나서 기도의 날의 취지를 방해할 것이다. 평소 잘 쉬지 않으면 기도도 어렵다.

기도의 날을 몇 번 갖고 나면 경청기도로 하나님을 만나고 싶은 갈증이 커질 것을 기대하라. 초연한 삶을 맛보고 하나님이 갈급해지면 일손을 놓고 활동량을 줄이기가 한결 쉬워진다. 당신은 이런 일을 점점 더 의도적으로 하게 된다. 문화에 이끌리지 않고 하나님 마음에 이끌리기 때문이다. 한때 싫던 훈련들_{하나님과 단둘이 있는 것, 잠잠히 있는 것}이 가장 즐거운 취미가 될 수도 있다.

하나님과 동행하는 한평생

하나님과 교류하는 방식에 있어 가장 주된 소통 기술인 경청은 결국 짐이 아니라 기쁨이 된다. 저자 필립 켈러Phillip Keller의 말을 생각하면서 이 장을 마치려 한다.

> 주 하나님을 그토록 깊고 친밀하게 알고 사랑하게 된 사람에게 있어 경청의 시간은 삶 전체에서 가장 값진 시간이다. 사랑하는 분과 회합하는 이 시간을 그들은 간절히 고대한다. 하나님을 대하는 막간의 이 시간이야말로 삶의 절정이다.[25]

07 하나님께 깨어 있는 영혼 만들기

가까이 있어라. 가까이 있어라. 가까이 있으면 당신은 민감해진다.
영원한 것들에 마음을 두게 된다. 성령을 마시게 되며,
그분이 목마르시듯 영혼들을 향해 목마르게 된다.

하나님 앞에 가만히 있으면 졸리거나 흥미를 잃지 않을까 걱정될 수 있다. 평온하면서도 깨어있는 것이 가능할까? 있을 법한 고민이다.

묵상과 경청기도를 처음 가르칠 때 나도 심각한 고민이 있었다. 워크숍에 참석한 사람들은 오랜 시간 앉아 하나님을 경청할 수 있을까? 잠들면 어쩌나? 어쨌거나 우리는 오랜 시간 가만히 있을 줄 모르는 생산 지향적 사람들이니 한동안 가만히 있으면 졸음이 오기 쉽다.

과정 설명을 들은 후 수련회 참석자들은 내 말대로 자세를 취하고 눈을 감았다. 실내가 조용해졌다. 약간 바스락거리고 헛기침하는 소리가 났지만 결국은 불빛의 윙윙 소리만 남았다. 나는 그들의 덤덤한 기다림이 하나님을 의식하는 마음으로 바뀌도록 기도했다. 나중에 그

들이 보고하는 하나님 체험을 들으며 나는 놀랐다.

과정 중 내게 인상적이었던 것 하나는 시작할 때 그들의 얼굴 표정이었다. 눈을 감고 입의 긴장을 풀어 다들 평온해 보였으나 턱을 들고 눈썹마저 올라간 모습에 기대감과 깨어있음이 엿보였다. 한 사람에게 평온함과 깨어있음이 공존할 수 없다고 생각될지 모르나 나는 그들의 얼굴과 몸짓 언어 속에서 그 깊은 융합을 보았다.

처음에는 '집중'을 배우는 데 꽤 시간이 걸린다. 집중이란 생각과 관심을 내 존재의 중심영혼 안에서 벌어지는 일을 들을 수 있는 내 마음속에 모은다는 뜻이다. 그러려면 내면의 모든 음성을 비롯한 세상사에 초연해야 한다. 청소나 저녁 짓기 등 머릿속에 떠오르는 할 일들도 거기 포함된다. 단 이 초연함은 경직된 것이 아니다. 리처드 포스터는 "이는 우리의 내적 소요를 억압하는 것이 아니라 내려놓는 것이다. 억압이란 누르고 막는다는 뜻이지만 우리는 침착하게 그것을 놓아 보낸다"[1]고 했다. 주변 관심사를 놓아 보내면서 조금씩 우리는 하나님 임재에 집중하며 거기에 마음을 둔다. 억지로 밀어붙이는 것이 아니라 하나님 음성이 들릴 만한 정황에 들어가는 것이다.

하나님 임재에 집중한다는 것은 무슨 말인가?

우선 그것은 하나님이 임재하시며, 그 임재가 좋은 것임을 머리로 동의한다는 뜻이다. 연습을 거치면서 처음의 이 지적 동의는 우리를 사랑하시는 전능하신 하나님께 대한 의식으로 자라간다. 그리고 마침내 하나님의 임재 의식이 생겨난다. 의식보다 좋은 단어를 나는 생각할 수 없다. 생각이나 감정을 초월하기 때문이다. 때로 의식은 그 둘을 아우를 수 있지만 단순한 생각이나 감정보다 크다. 그런가하면 생각과 감정이 개입되지 않는 경우도 있다. 의식이란 단순히 존재 양태인 까닭이다. 이는 당신이 하나님 자신에게 둘러싸여 있거나 그분께 중심을 두고 있다는 의식이다.

하나님께로의 집중을 가장 잘 표현하는 방식은 아마도 우리가 하나님의 파장에 맞추어 그분이 생각하시는 대로 생각하기로 작정하는 것이다. 집중의 목표는 두 가지다. 집중하면 평온하고 고요해져 하나님의 임재를 더 잘 누릴 수 있다. 그리고 집중하면 하나님께 깨어 있을 수 있다.

때로 하나님 안에 '거한다'는 말로 표현되는 이 경험을 선교사 에이미 카마이클이 잘 묘사했다. 사람들에게 위협받고 소속 선교회에서 버림받을 때도 그녀는 영적 비전에 힘입어 견고히 설 수 있었다.

> 가까이 있어라. 가까이 있어라. 가까이 있으면 당신은 민감해진다. 영원한 것들에 마음을 두게 된다. 성령을 마시게 되며 그분이 목마르시듯 영혼들을 향해 목마르게 된다. 당신은 그분을 십자가에 못 박은 세상에 끌리지 않고 오히려 그 세상 속에 아직도 그분의 아름다움을 보지 못한 채 자기도 모르는 엄청난 것을 잃고 있는 사람들을 사랑하게 된다. 당신은 살아서 그분의 기쁨에 참예한다. 그 외에는 값진 것이 없다.[2]

이 세상에는 아주 없다.

집중에 도움 되는 것들

경청기도를 처음 시도할 때는 매번 같은 장소에서 하면 불안한 마음을 다스리는 데 도움이 된다. 방의 조용한 구석도 좋고 정원이 보이는 공원 벤치도 좋고 식물을 기르는 아파트 창 앞의 의자도 좋다. 일단 경청기도에 익숙해지면 차 안에서 친구를 기다리는 동안이나 비행기를 타고 가는 동안 등 어디서나 어느 정도 실행할 수 있다.

몸자세도 집중력에 영향을 준다. 초기에 특히 그렇다. 전형적 자세는 등이 곧은 의자에 앉아 두 발을 바닥에 대고 수용과 복종의 표시로 손바닥을 위로 향하는 것이다. 이것이 현명한 까닭은 팔짱을 끼거나 다리를 꼬고 앉으면 금방 쥐가 나거나 사지가 저려 경청기도가 끊기기 때문이다. 자꾸 몸을 움직이면 방해가 되므로 가만히 있을 수 있는 자세를 정하라. 나는 등을 벽에 곧게 기대고 바닥에 앉는 자세가 좋다. 바닥에 드러눕거나 엎드리는 사람들도 보았다. 예수님도 얼굴을 땅에 대고 엎드리셨다^{마 26:39, 대하 20:18, 단 6:10,8:18 참조}. 어떤 자세를 택하든 목표를 명심하라. 당신의 존재 자체가 전능자의 처소라는 진리를 실천하는 것이 당신의 목표다.

기도를 시작하면 집중을 돕기 위해 몸에 외적 행위가 필요할 수 있다. '호흡' 기도를 사용하는 것도 좋다. "예수님은 흥하고_{숨을 들이쉬며} 저는 쇠하게 하소서숨을 내쉬며"도 그중 하나다. 또 다른 집중 기술은 리처드 포스터가 말한 '손바닥을 아래로 했다가 위로 뒤집는 방법'이다.

처음에는 손바닥을 아래로 향한다. 이는 당신의 모든 관심사를 하나님께 넘긴다는 의지의 상징적 표현이다. 속으로 이렇게 기도할 수 있다.

"주님, 아무개를 향한 제 분노를 주께 드립니다. 오늘 오전 치과 약속에 대한 두려움을 내려놓습니다. 이번 달 공과금 납부할 돈이 모자라면 어쩌나 하는 불안도 드립니다. 오늘밤 아기 봐줄 사람을 찾지 못한 좌절도 내려놓습니다."

마음을 짓누르는 일이나 관심사가 무엇이든 그저
"손바닥을 아래로 향합니다."
하고 아뢴다. 내려놓는다. 그렇게 한동안 다 맡긴 후 이번에는 주께 받겠다는 의지의 상징으로 손바닥을 위로 향한다. 속으로 이렇게 기도할 수 있다.

"주님, 아무개를 향한 주님의 신령한 사랑을 받고자 합니다. 치과 약속에 대해 주님의 평안을 받고자 합니다. 주님의 인내를, 주님의 기쁨을 받고자 합니다."[3]

성경의 문구나 장면도 집중에 도움이 될 수 있다. 귀용 부인은 그것을 두고 '주를 보는 것'이라 했다.

"이는 이미 읽었던 내용을 생각하는 것이 아니라 이미 읽었던 내용을 섭취하는 것이다. 주님을 향한 사랑으로 당신은 의지를 구사하여 마음을 그분 앞에 고요하게 지킨다. 이 평온한 상태에서, 이미 맛보았던 것을 삼키고 그 내용을 양분으로 취한다."4

이 양분을 맛본 영혼은 더 많은 양분을 얻고자 다시 돌아온다.
A. W. 토저는 지성소의 이미지로 집중을 설명했다.

속죄소 위는 하나님 자신이 두렵고 영광스러운 현현으로 거하시는 곳이다. 성막이 건재한 동안 대제사장만이 그곳에 들어가되 1년 1차 자신의 죄와 백성들의 죄를 속할 피를 가지고서만 들어갈 수 있었다. 우리 주님께서 갈보리에서 운명하실 때 바로 그 마지막 휘장이 찢어졌다. 그 휘장이 찢어짐으로써 세상 모든 예배자들에게 하나님의 임재에 직접 들어갈 새롭고 산 길이 열렸다.

토저는 계속해서 "우리가 그분 임재로 밀치고 들어가 평생을 거기서 사는 것이 하나님의 뜻이다"라고 말한다.5

핵심 단어나 문구

일정 단어를 반복하면 고요히 경청하기가 한결 쉬울 수 있다. 반복은 마음의 논리와 이성을 비우기 위한 주문이 아니다. 오히려 정반대로 마음을 오직 하나님 한 분으로 채우는 길이다. 하나님, 예수님, 평안 같은 단어를 매번 똑같이 사용하면 도움이 될 수 있다. '중언부언하는' 기도마 6:7 참조에 대한 성경의 경고가 마음에 걸리는 사람들은 이 점을 생각하라. 즉 뜻 없는 반복만 아니라면 반복은 집중력을 높이고 더 깊이 파는 데 도움이 될 수 있다. 사실 반복은 마음을 가라앉히고 자유케 하며 헨리 나우웬의 말대로 '번잡한 내면생활을 비우고, 하나님과 함께 거할 수 있는 고요한 공간을 만드는 데' 도움이 될 수 있다.[6] 토마스 켈리는 나직이 간단한 말로 시작하라고 조언한다.

> "오직 주님 것, 오직 주님 것입니다"처럼 마음에서 우러나는 말이면 좋다. "하나님이여, 내 영혼이 주를 찾기에 갈급하나이다"처럼 시편의 어구를 붙잡아도 좋다. 이런 말을 속으로 몇 번이고 계속 반복하라. 잡념이 들거든 돌아와 다시 시작하라. 그러다 보면 언어의 필요성이 사라지고 영혼의 태도그간 말로 표현하려 했던 태도, 그분 앞에 겸손히 고개 숙이는 태도, 마지막 틈에까지 빛이 비쳐들어 어둠을 다 몰아내도록 그분 앞에 내 전 존재를 높이 들어올리는 태도에 자리를 내주는 시점이 온다. 얼마 후 이런 태도가 흐트러지고 모호해지게 되면 그때는 다시 언어 표현으로 돌아가 그 알맹이를 되찾으면 된다.[7]

말은 시작에 도움이 될 수 있다. 그리고 말은 궤도 이탈 시 다시 복

귀하는 데 도움이 될 수 있다.

친숙한 성경 문구를 사용하는 것도 좋다. "내게 사는 것이 그리스도니," "그리스도를 알려 하려," "그리스도께서 내 안에 사신 것이라"빌 1:21, 3:10, 갈 2:20 등이 좋은 예다. 처음에 나는 "주님, 주의 평안으로 제 생각을 채우시고 주의 사랑으로 제 마음을 채우소서"라는 말로 집중에 힘썼다. 내 생각은 한시도 편할 날이 없고 내 마음은 전혀 사랑이 없어 보였기 때문이다. 지금은 집중 단계에서 그 기도는 내게 너무 장황하다.

아마도 가장 자주 사용되는 문구는 예로부터 내려온 '예수님 기도'일 것이다.

"주 예수 그리스도여, 이 죄인을 불쌍히 여기소서."

이는 성경의 두 사건에 나오는 말을 조합한 것이다눅 18:13, 마 20:30~31.

가끔 나는 "제가 여기 있나이다"는 말로 기도한다. 아브라함, 야곱, 모세, 사무엘, 이사야도 똑같이 기도했다. 예수님도 아버지께 그렇게 말씀하셨고히 2:13, 10:7, 10:9 참조 NIV 교회들을 향해서도 "내가 여기 있나니"라고 하셨다계 3:20 참조 NIV. 하나님 앞에 가 "제가 여기 있나이다! 다시 왔나이다"라고 아뢰는 것은 듣는 마음을 지닌 자들에게 예비된 큰 기쁨이다.

찬송은 기도를 향으로 바꾼다

노래하면 집중에 필요한 몸 상태에 도움이 된다. 즉 심호흡이 이루어지며 자신도 모르게 굳어있던 부위의 긴장이 풀린다. 한번은 수련회에서 강의를 하는데 수련회 진행자들을 상대하기가 힘들었다. 나는 그들을 위해 기도했으나 그들의 불화는 나를 지치게 했다. 내 마음에 평안이 없었다. 참석자들을 그룹 토의로 보낸 후 나는 으레 그 시간에 그리하듯이 앉아서 기도했다. 그러나 진행자들에 대해 하나님께 투덜대는 수준을 벗어나지 못했다.

피아노가 보였다. 십대 시절 피아노를 치며 긴장을 풀던 일이 생각났다. 그래서 나는 찬송가를 펴고는 십대 때 교회에서 친 뒤로 들어보지 못한 찬송을 몇 곡 쳤다. 나는 "사랑의 주 인류의 아버지여"를 찾기 시작했다. "우리의 어리석음을 용서하소서"라는 대목을 부르고 싶었던 것이다. 나는 그 곡을 찾아 여덟 번 정도 쳤다. 생각과 몸이 잠잠해졌다. 나는 무릎에 손을 올려놓고 말없이 의자에 앉아있었다. 수련회 참석자들이 돌아왔을 때 내 마음은 진행자들을 포함해 그들 모두와 화해해 있었다. 나는 그 단체를 평온하게 대할 수 있었다.

찬송을 부르면 특히 도움이 된다. 윌리엄 로는 불의하게 권좌에 오른 군주에게 충성을 맹세하지 않은 죄로 성공회 교회 신부직을 거부당한 17세기 영국인이다. 고전 「경건한 삶을 위하여」크리스찬 다이제스트에서 그는 이렇게 말한다.

이 찬송들보다 기도의 길을 터주는 것도 없고, 나른한 마음을 쫓아내는 것도 없고, 초라하고 빈약한 열정에서 영혼을 깨끗케 하는 것도 없고, 천국을 활짝 열어주는 것도 없고, 마음을 바짝 끌어주는 것도 없다. 찬송은 하나님을 기뻐하는 의식을 되살리고, 거룩한 열정을 깨우고, 구하는 법을 가르치고, 하나님을 설복하여 응답하시게 한다. 찬송은 거룩한 불꽃을 붙이고 우리 마음을 제단으로 바꾼다. 찬송은 우리 기도를 향으로 바꾸어 은혜의 보좌 앞에 향기로운 냄새로 올라가게 한다.⁸

윌리엄 로는 기도 중에 자기에게 천국이 열려 메마른 심령을 몰아내고 옹졸한 생각에서 벗어나게 할 것을 온전히 기대했던 것 같다. 그의 말은 우리에게 그것이 가능하다는 확신을 준다.

알아둘 것이 있다. 하나님은 당신에게 당신만의 집중 방식을 계시하실 수도 있다. 당신의 개성을 보고 당신만의 방식으로 그분 안에 거하도록 이끄시는 것은 얼마든지 하나님다운 일이다. 메들린 렝글Madeleine L' Engle이 사용한 방법은 이렇다.

나는 기도문과 찬송가를 알파벳 순서로 암송해 아주 천천히 말하거나 노래한다. 모두 내게 의미 있는 내용들이다. 아주 조용히 그 내용에 집중하면 어느새 나를 잊고 바른 마음 상태에 들어간다.⁹

잡념을 처리하는 법

명심하라. 하나님께 집중하노라면 지난 24시간 잊었던 귀찮은 일들_{약국에 전화하는 일, 비타민 복용 등}이 반드시 생각나게 돼있다! 산만했던 마르다처럼 우리도 준비할 일들이 있고, 그것은 마음이 고요할수록 더 잘 떠오른다.

이따금씩 우리는 유혹 때문에도 잡념에 빠진다. 거슬릴 정도로 엉뚱하고 이상한 유혹이다. 때로 유혹은 감지할 수 없을 정도로 교활한 경우도 있다. 음식이나 섹스나 배관이나 옷장에 관한 것일 수도 있다. 그것은 우리를 무너뜨리려 유혹한다. 이럴 때는 즉각 관심을 다시 하나님께 돌리는 것이 상책이다.

귀용 부인은 잡념에 대해 지혜로운 조언을 들려준다.

"잡념이 생겼다 해서 고민하지 말라. 늘 자신의 결점 때문에 불안해지지 않도록 자신을 지켜라. 그런 고민은 영혼을 휘저어 지엽적인 것들로 산만하게 할 뿐이다. 사실 당신의 고민은 교만이라는 숨은 뿌리에서 비롯된다."[10]

교만은 자기가 산만함을 초월한 자라는 생각에서 온다.

잡념과 직접 싸우지 말라는 귀용 부인의 조언이 통하는 이유가 있다. 잡념이란 싸워서 쫓아낼 수 있는 것이 아니다. 해봐야 에너지만 버린다. 잡념 때문에 고민하면 오히려 더 잡념에 빠진다! 지는 싸움이다. 차라리 종이와 펜을 곁에 두었다가 잡념을 종이에 적어_{할 일 목록처}

럼 일단 제쳐 두는 것이 좋다. 내 경우 기도가 끝나면 대개 하루의 윤곽이 잡힌다. 그 과정에서 좋은 아이디어들이 떠오를 때도 있다. 귀용 부인의 해답은 적극적인 쪽이다.

"아무리 자주 생각이 흐트러진다 해도 몇 번이고 계속 안으로 향하라."[11]

그러므로 우리가 생각할 것은 '잡념에 빠지면 안 되는데'가 아니라 '하나님이 임재하신다'이다. 집중도가 높을수록 더 쉬워진다.

때로 방해되는 생각이 경청기도의 주제가 되기도 한다. 그래서 나는 이렇게 시작한다. "이번 병원 약속에 관해 또는 전화를 걸어온 이 사람에 관해 제가 알아야 할 것이 무엇입니까?" 그리고는 추이를 지켜본다. 나는 잡념이 내 기도를 망쳐놓았다고 생각하지 않고 오히려 그것을 기도에 포함시켜 이렇게 묻는다.

"이 사람이나 상황과 관련하여 제가 어떤 마음을 가져야 할까요?"

결국 집중 기술이 몸에 배면서 주변 소음은 거의 들리지 않는다. 결국 당신은 장-니콜라스 그루가 묘사한 것 같은 기도 시간을 경험하게 된다.

하나님과 친밀히 연합한 영혼을 상상해 보라. 뭐라고 분명한 표현은 없어도 심령이 하나님을 사모하는 마음으로 가득차 있다. 하나님의 임재 안에 엎드려 온전히 그분 안에 몰입해 있다.[12]

이것이 하나님께 집중하는 기쁨과 자유다. 이는 모든 영혼에게 가치 있는 목표다.

08 질문으로 하나님을 삶에 모셔들이라

하나님 마음을 좇는 자에게는 질문이 정상적 반응이다.
그것은 하나님을 향한 깊은 사랑과 그분과의 동역 관계에서 흘러나온다.

사람들은 천국에 가면 하나님께 물어볼 것이 있다고들 말한다.

"암의 원인은 무엇입니까?"

"저렇게 멀리 있는 달이 어떻게 이곳 바다에 밀물 썰물을 만들 수 있습니까?"

"왜 제 동생은 잘생기게 만들고 나는 못생기게 만드셨나요?"

이런 목록을 만드는 것이 실없는 생각은 아니라고 본다. 우리가 하나님을 모든 내막을 아시고 우리와 대화하기 원하시는 분으로 본다는 뜻이기 때문이다. 여기 지상에서 우리는 끊임없이 하나님께 질문을 던짐으로 하나님과 그런 관계를 가꿀 수 있다. 그것은 산책 중에든 잡무 중에든 모든 삶 속에서 가능하지만 내 경우 이는 경청기도의 근본 요소이기도 하다. 하나님께 물을 때 우리는 침묵 중에 깨어있을 수 있다. 질문은 경청기도의 미완성적 특성이 불편하게 느껴지는 이들에게 틀을 제공하기도 한다. 우리는 경청기도 중에 질문하고 기다린다. 바로 생각이 떠오를 때도 있지만 답은 엉뚱한 순간에^{그날 늦게, 일주일 후에, 1년 후에} 찾아와 우리를 놀라게 할 때가 더 많다.

질문으로 하나님을 모셔들인다

이제까지 자신을 드려 하나님 임재로 채워지는 우리 마음의 부분을 살펴보았으니 이제 기도의 질문 부분을 바른 맥락에서 논할 수 있다.

예수님은 우리가 그분을 떠나서는 아무것도 할 수 없다고 하셨지만^{요 15:5 참조} 그렇다고 우리가 할 일이 하나도 없는 것은 아니다. 구하고 찾고 두드리며 하나님께 여쭙는 취지는^{마 7:7 참조} 그분 없이 독립적으로 행동하려는 우리의 집요한 성향을 막는 데 있다. 하나님께 묻는 훈련이 없이는 우리는 인간의 통상적 일 처리 방식을 따르기 일쑤다. 하나님의 인도를 구할 생각조차 없이 문제를 내 시각으로 판단하고 나 스스로 결정하는 것이다. 질문으로 우리는 내 크고 작은 상황 속에 하나님을 모셔 들인다.

"여호와께 묻자와"

질문은 결과에 엄청난 변화를 가져올 수 있다. 사울과 다윗 같은 이들의 삶이 그 증거다.

블레셋이 이스라엘을 대항하여 진친 비슷한 상황에서 둘의 반응이 어떻게 달랐는지 역사는 보여준다. 세상적으로 똑똑한 사람 사울은 하나님께 묻지 않았으나 다윗은 하나님의 지도를 구하며 거기에 마음을 열었다.

사울의 상황은 틀림없이 무서웠다. 3만의 병거와 6천의 마병과 무수한 블레셋 보병이 다가오는 것을 보며 이스라엘 사람들은 겁에 질렸다. 많은 이들이 굴과 바위틈과 웅덩이에 숨었다. 도망간 자들도 있었다. 휘하 군대가 두려움에 떠는 동안 사울은 끝까지 버텼다. 게다가 그는 사무엘이 도착하여 하나님께 제사를 드릴 때까지 전투를 개시하지 말라는 전갈을 선지자 사무엘한테 받았다. 사울은 7일간 전투를 연기하며 사무엘을 기다렸다. 그러나 사무엘은 오지 않았고 병사들은 더 흩어졌다. 그래서 사울은 상식적 조치를 취했다. 자기가 직접 번제를 드린 것이다.

그 순간 사무엘이 도착하여 물었다.

"왕의 행한 것이 무엇이뇨?"

사울은 자기 행동을 변명했다.

"블레셋 사람들이 나를 치러 길갈로 내려오겠거늘 내가 여호와께

은혜를 간구하지 못하였다 하고"삼상 13:12.

이 일과 기타 범죄들로 인해 사무엘은 사울의 손에서 나라가 빼앗길 거라고 예언했다삼상 13:5~15 참조. 사울은 뭐가 문제인지 의아했을 것이다. 자기는 상식적 사령관이 할 일을 하지 않았던가. 솔직히 행위·성취 지향적이면서 힘을 갖춘 자라면 이 본문이 꺼림칙하게 느껴진다. 하나님이 기대하신 바는 무엇인가?

반면 다윗은 묻는 마음, 반추하는 마음이 있었다. 블레셋이 다시 골짜기를 침범하자 다윗 왕은 블레셋을 공격해야 되는지 하나님께 물었다. 군인에게 이는 미련한 결정이었다. 그야 물론 진격 아닌가! 그러나 다윗은 매 전투마다 하나님께 물었다. 하나님의 뜻이 늘 똑같지 않고 늘 뻔하지 않으며 대개 우리 생각보다 뛰어남을 그는 알았다.

하나님의 응답은 조건부 허락이었다.

"마주 올라가지 말고 그들 뒤로 돌아 뽕나무 수풀 맞은편에서 그들을 기습하되 뽕나무 꼭대기에서 걸음 걷는 소리가 들리거든 곧 나가서 싸우라. 너보다 하나님이 앞서 나아가서 블레셋 사람들의 군대를 치리라"대상 14:14~15.

하나님이 말씀하시지 않는다고 믿는 자들에게 이 얼마나 충격인가. 하나님은 말씀하시는 정도가 아니라 군대를 지휘하여 살랑살랑 수풀 소리로 '진격' 신호까지 보내신다대상 14:13~17 참조. 하나님의 방식은 우리를 앞서 가시는 것이다. 주께 물을 때 우리는 어떻게 따라야 하는지 알게 된다.

우리 삶의 일상사들에 관해 하나님께 묻는 것은 괴롭고 고된 일이 아니다. 상식대로 일 처리에 치중하는 사울 같은 이들에게는 그렇게 보일지 모르지만 말이다. 하나님 마음을 좇는 자에게는 질문이 정상적 반응이다. 그것은 하나님을 향한 깊은 사랑과 그분과의 동역 관계에서 흘러나온다. 그것은 삶 전체의 방향이 되며 따라서 더 이상 큰 일이 아니다. 우리는 손을 뻗어서 구하고 찾고 두드리며 살아간다. 하나님 앞에 꿈꾸는 자가 되어 묻는다.

"지금 저를 앞서 가시며 하시려는 일이 무엇입니까?"

우리는 마음을 연다.

"우리는 하나님이 내 안에서 그분 생각으로 생각하시도록 구하는 법을 배운다. 하나님께 내가 원하는 것을 알리기보다 우리는 하나님이 내게 무엇을 원하시는지 묻는다."[1]

우리가 던질 수 있는 질문

하나님과 지속적으로 대화하며 살아가려 할진대 우리는 다음과 같은 근본 질문을 자주 던지게 된다.

- 하나님과의 관계에 대해 제게 뭐라고 말씀하고 계십니까?
- 필요한 성품의 변화에 관해 제게 뭐라고 말씀하고 계십니까?
- 하나님 나라의 진보에 저를 동참시키실 방법에 관해 뭐라고 말씀

하고 계십니까?

때로 질문은 삶의 딜레마에서 나온다. 이 불가능한 상황에서 나는 어찌할 것인가? 왜 그 사람은 나를 오해할까? 반면 일반적인 중요한 질문도 있다. 다음은 뭔가? 이 사람이나 상황에 대해 뭘 알아야 하나? 여가 시간을 준비하면서도 우리는 잠시 고요함을 찾아 하나님께 물을 수 있다. 이번 주말에 관해 내가 알아야 할 것은 무엇인가? 나를 초대한 친구는 무엇이 필요할까? 내 배우자의 필요는? 내 몸의 필요는? 거기서 만날 낯선 사람들과 어떻게 소통하여 그들의 시야를 하나님 나라로 넓혀줄 수 있을까?

때로 난감함이 질문으로 이어지기도 한다. 마리아와 니고데모는 둘 다 이 중요한 질문을 던졌다. "어찌 이런 일이 있을 수 있습니까?"눅 1:34, 요 3:9 참조 이는 하나님과 삶의 커다란 역설을 수용할 때 그 배후에 깔린 핵심 질문이다. 이런 질문을 던지고 그 안에 잠잠히 있으면 나중에 대답이 들려올 때 알아들을 수 있다.

예컨대 나는 지난 몇 년간 그 질문을 많이 했다. 이 세상을 살아갈 자원이 별로 없는 사람들을 평소보다 많이 만나면서 나는 하나님께 물었다. "어찌 이런 일이 있을 수 있습니까?" 나는 어렸을 때 학대당했거나 한쪽 부모에게 납치되어 몇 년씩 숨어 지내야 했던 친구들을 알고 있다. 나는 광산과 공장에서 장시간 노동하다 죽어가는 개발도상국 아이들에 관한 글도 썼다. 나는 아픈 가슴으로 하나님께 연신 물었다. "어찌 이런 일이 있을 수 있습니까?" 그러나 고요한 시간에 사랑이신 하나님께 내 영혼을 고정하고 있어도 답은 오지 않았다. 나는 이미 알고 있는 사실을 떠올렸다. 하나님은 이런 파멸을 지어내신 분이 아니다. 그분은 절망에 빠진 우리를 위해 우신다. 하지만 그래도 **어떻게 이런 일들이 있을 수 있단 말인가?**

몇 달 전 복음서를 통독하던 중 나는 각기 다른 시간에 일하기 시작한 일꾼들이사실 막판에 들어온 이들도 있었다 품삯을 똑같이 받았다는 예수님의 비유에 감화를 받았다마 20:1~16 참조. 포도원 주인은 십일 시에 일하지 않고 있는 자들에게 물었다.

"너희는 어찌하여 종일토록 놀고 여기 섰느뇨?"

그들은

"우리를 품꾼으로 쓰는 이가 없음이니이다"

라고 답했다. 그것이 내 마음에 와 닿았다. 그들은 기회가 없는 고용 부적격자들이었다. 내가 자원 봉사하는 지원 센터의 노숙자들과 흡사했다. 그들 중에는 그리스도를 영접한 사람들이 많지만 여전히 노숙자. 그때 퍼뜩 연관성이 깨달아졌다. 최근 절망에 빠져 권총 자살한 그리스도인 노신사 친구를 포함하여 이 사람들은 세상에서 사람들에게 별로 사랑받지 못했다. 그들은 어렸을 때부터 놀림을 받았다. 어른이 돼서도 그들은 사람들과 잘 어울리지 못하기 때문에 취직이 어렵다. 그들은 십일 시의 사람들이다. 그들 중 일부는 생애 말년에 비로소 하나님께로 올 수 있었을 뿐 아니라, '24시간' 생애 중 그들이 사랑받고 존중받는 시간이 '1시간' 밖에 되지 않기 때문이다.

그러나 지상에서 기회가 없었다고 해서 영원으로 부르신 하나님의 초청이 달라지는 것은 아니다. 그들도 그리스도를 택한다면 하나님께 온전한 상을 받을 수 있다. 그것이 내 마음의 슬픔을 덜어준다. 이렇게 내 질문에 답이 주어진 듯했다. 어찌 이런 일이 있을 수 있습니까? 하나님은 내게 말씀하시는 것 같았다. 그들이 당하는 박해는 길지 않다. 나는 그들을 사랑한다. 그들에게 자비를 베풀 것이다.

그렇게 하나님의 답을 '듣고' 그분이 언제나 나를 사명의 동역자로 불러주심을 알기에 나는 압제적 상황에서 희생당하고 있는 전 세계 아동 노동자들을 위해 더 간절히 기도할 수 있었다. 하나님이 보고 계시며 하나님이 온전한 상을 주시기에 나는 낙심하거나 마음속으로 그들을 외면할 필요가 없다. 나는 그들에게 관심을 기울이고, 그들을 돕는 사역들에 기여하고, 그들의 곤경에 대한 인식을 제고할 수 있다.

경청기도를 하면서, 순간 "어찌 이런 일이 있을 수 있나?" 물었기에 나는 나중에 이 비유를 읽다가 답을 '들을' 수 있었다. 엄밀히 말해 내가 답을 얻은 질문은 "어찌 이런 일이 있을 수 있나?"가 아니라 "하나님이 저들을 위해 무엇을 하고 계신가?"였다. 나는 하나님이 이에 대해 내게 계속 더 말씀해주실 거라는 느낌이 있다. 내 지속적인 고요한 기다림은 내가 수용적으로 듣고 있다는 표시다. 현재까지 내가 더 아는 것은 없다. 그러나 나는 전보다 하나님 마음에 더 매여 있으며 기꺼이 나의 것을 내어 놓아 하나님의 사랑을 보이고 싶어진다.

하나님 뜻의 그릇

기도로 하나님께 질문할 때 흔히 이런 질문들을 한다.

"이 상황에서 제가 어떻게 긍휼을 베풀 수 있습니까? 어떻게 여기서 정의를 시행할 수 있을까요?"

우리는 부자 청년이 드렸던 질문을 자주 드린다.

"[내게] 아직도 무엇이 부족하니이까?" 마 19:20

그의 심령은 하나님과 재물로 나누어졌다. 내 마음은 어떻게 나누어져 있는가?

이제 우리는 '현실에 관해 묻는 사람'에서 '단순히 하나님을 구하는 사람'으로 바뀐다. 우리는 더 이상 하나님께 할 일을 세세히 일러드리지 않고 오히려 그분의 뜻을 묻는다. 이제 우리는 주로 현실을 위해 살지 않고 내면이 하나님으로 더 충만해지기 위해 산다. 클레르보의 버나드는 자기 시대의 부자들과 유력자들이 사랑으로 경건한 결정을 내리도록 도와야 했던 일이 많았다. 그는 물었다.

"오 주님, 주님은 주님을 구하는 영혼에게 참으로 좋으신 분입니다. 그러니 주님을 발견한 자에게는 얼마나 좋은 분이겠습니까?"[2]

하나님께 질문할 때 우리는 타인과 세상을 고쳐야 직성이 풀리는 태도, 하나님까지도 교정하고 지시하려는 교만한 성향을 내려놓을 수 있다. 대신 우리는 하루 종일 귀 기울여 듣는다. 그러다 일이 생기면 우리는 하나님이 어떤 질문에 대답하고 계신지 생각한다. 내 삶을 방해하는 사람과의 관계에서 내 기도는 더 이상 "그 사람이 더 민감하게 해 주십시오"가 아니다. 대신 나는 이렇게 물으며 기다린다.

"이 불안한 상태를 어찌해야 합니까? 이 사람에 관해 무엇을 알아야 합니까?" 그것이 좀더 분명해지면 이제 이렇게 물을 수 있다.

"하나님의 긍휼이나 정의를 보이기 위해 제가 할 일은 무엇입니까?"

대답을 기다리는 동안 일종의 '끓는 과정'이 진행되는데 이를 그냥 두어야 한다. 답은 내가 정확한 질문을 잊어버릴 정도로 오랜 시간이 지나서야 깨달을 수도 있다. 단 하나님이 알려주시리라는 것을 내가 확신하고 있는 것만은 안다. 우리는 답이 올 것과 하나님이 말씀하실 것을 믿어야 한다. 이 끓는 과정을 수용하면 설사 알아야만 될 듯한 것을 다 모를 때라도 믿음으로 계속 갈 수 있다. 최종 해답을 알고 계신 '누구'를 알기에 진정한 의미에서 나는 더 이상 '무엇'을 알 필요가 없다. 많은 그리스도인들에게 있어 기독교란 삶의 문제에 해답을 얻는 곳이다. 그러나 하나님께 물으면 그런 앎에 대한 집착이 사라진다. 우리는 지상에서 벌어지는 일을 별로 알지 못함을 인정한다. 구름도 없이 난데없이 폭풍이 칠 수도 있다. 그러나 하나님이 나의 동행이시기에 나는 쉴 수 있다. 그리고 그것으로 족하다. 결정은 그렇게까지 곤혹스럽지 않다. 먼동이 서서히 틀지라도 때가 되면 환해질 것을 알기 때문이다.

우리가 묻지 않는 이유

당신이 대다수 사람들과 같다면 일부러 묻지 않아 하나님을 배제하지는 않는다. 이런저런 이유로 그냥 잊을 뿐이다.

나는 이미 안다

당신은 답을 안다고 생각한다. 특히 자기가 잘하는 일에 관한 거라면 더 그렇다. 사울 왕은 어쨌든 자신의 유능한 군사 지도자였다. 정찰병을 내보내는 것이 하나님의 지시를 묻는 것보다 더 좋은 전략 같았다.

이 일에 대해 내 뜻이 강하다

배우자가 휴가 중에 어떤 사람을 방문하고 싶어하는데 당신은 전혀 그럴 마음이 없다고 하자. 당신은 주님께 묻지 않고 자동으로 답을 내놓는다. 내 경우 이런 일로 하나님께 물으면 결과는 내 마음이 바뀌거나 둘 다 만족할 만한 대안을 내놓거나 둘 중 하나일 때가 비일비재하다. 묻는 과정은 중요하다. 상대의 마음을 보게 해주기 때문이다.

나는 만능 해답이 좋다

지난번에 찾은 답이나 해결책이 공식이 된다. 모든 딜레마의 답은 똑같다. 예컨대 사울은 직접 제사를 드렸다. 블레셋이 진치고 있었으므로 공격부터 하는 것이 당연히 좋은 전략 같았다. 그것이 군의 공식이었다. 이와같이 오늘 우리는 하나님의 아이디어를 물을 수 있는데도 나만의 공식을 따른다. 늘 하던 관행대로 처리하거나 최신 베스트셀러의 조언을 따른다.

우리는 하나님의 인도에 마음을 열 생각이 안들 정도로 정책 지향적이 되다보니 그래서 그분을 비켜갈 때도 있다. 수련회에서 몇몇 지도자들이 미혼모들을 위한 신생아 파티에 교회가 어떤 정책을 세워야 하는지 내 의견을 물었다. 파티를 열어주면 혼전 섹스를 승인한다는 인상을 줄 수 있겠기에 그때까지 그들은 그냥 가만히 있었다. 하지만 미혼모들을 무시하는 것 같아 마음이 좋지 않았다. 나는 물었다.

"그 미혼모들의 이름은 무엇입니까? 그 미혼모들은 파티에 대해 뭐라고 말했습니까? 그 미혼모들의 하나님을 향한 마음 상태를 얼마나 알고 계십니까?"

그런 다음 나는 각 미혼모의 이름을 넣어 물었다.

"교회가 _____에게 파티를 열어준다면 그녀는 하나님을 어떻게 생각하게 될까요?"

교회에서 열어주는 파티를 당혹스러워 할 미혼모도 있을 것이고 인정받는 것으로 받아들일 미혼모도 있을 것이다. 그 중에 혹 파티를 통한 재정적 도움이 필요한 경우가 있는가? 파티 외에 이들 여성 지도자들 중 하나와 지속적 만남을 갖기 원하는 미혼모는 없는가? 나는 그들에게 권했다.

"그 미혼모들의 필요를 알아보세요. 그 다음에 여러분 리더들이 무릎 꿇고 함께 하나님 음성을 들으세요. 하나님이 그 미혼모들의 삶에 여러분을 어떻게 쓰시기 원할지, 그것을 분별하는 걸 목표로 삼으십시오."

이것은 복된 방법이며 그래서 나는 그 방법을 사용한다. 흔히 우리는 특정 방법이나 사람들이 성공한 듯 보이면 하나님이 복 주신 걸로 생각한다. 나도 내 자녀를 그 방법으로 키워야 할까? '물론이지, 저 사람이 그래서 잘됐잖아.' 그런 생각에 우리는 하나님께 묻지도 않는다. 실은 자녀의 마음을 들여다보며 이 방법이 적합한지 살펴야 함에도 말이다. 목사이자 저자인 피터 로드는 이렇게 말했다.

> 하나님이 특정 방법으로 다른 사람들을 복 주시면 때로 우리는 나도 똑같은 방법을 써야 한다고 생각한다. 하나님이 다른 사람들을 그런 식으로 복 주심은 그분이 그들에게 그렇게 하라고 명하셨기 때문이건만 우리는 그것을 모른다. 이것이 가장 흔하게 나타나는 곳은 교회 프로그램이다. 한 교회가 기도하여 응답을 받는다. 하나님의 특정 명령을 특정 방법으로 수행한 것이다. 그들은 넘치는 복을 받는다. 하나님은 자신이 명하시는 일을 복 주시기 때문이다. 그러면 다른 교회는 이 축복을 보고 프로그램을 흉내 낸다. 하나님이 프로그램 자체를 복 주시는 줄로 믿는 것이다. 하나님이 정말 복 주시는 것은 순종임을 그들은 깨닫지 못한다. 그들은 멈추어 그분께 이렇게

묻는 법이 없다. "아버지, 저희에게 원하시는 것은 무엇입니까?"[3]

하나님은 구하는 자들에게 특정한 응답을 주시지만 그것이 당신을 위한 응답은 아닐 수도 있다.

나는 하나님 음성을 이미 들었다

설령 당신이 이전에 하나님께 물어 그분의 인도를 분별했다 해도 지금은 스케줄이 바뀌었고 몸이 바뀌었고 위치가 다르고 상사가 다르다. 지속적으로 하나님을 구하며 기도하는 것이 중요하다.

능동적 기다림

하나님께 물었으면 이제 장시간 응답을 기다려야 한다. 몸이 근질근질한 사람에게 기다림이란 실존의 파멸이지만 그래도 이 점을 생각하라. 하나님을 기다림^{바람은[4]} 당신이 실리적 목적으로^{자판기에서 상품을 얻으}려고 하나님과 관계 맺을 때에만 문제가 된다. 반대로 당신이 하나님 자신 때문에 그분과 관계 맺는다면 기다림이란 기다리는 중에도 당신이 원하는 것^{하나님}을 이미 얻었다는 뜻이다. 우리를 돌아보시고 우리의 부르짖음을 들으시는 하나님이 귀를 기울이신다는 뜻이다^{시 40:1 참조}.

경청기도를 하는 사람들은 기대감으로 깨어 하나님을 기다리는 데 익숙해진다. 하나님은 삶의 모든 부분에서 경청기도로 드리는 질문에 으레 응답하시기에 우리는 공식적 기도 시간 외에도 늘 깨어있다. 기다림은 능동적이다. 하나님이 일하시는 중이라는 확신 가운데 각 사람과 상황에 온전히 자신을 내어주고 그 자리에 함께 있으며 추이를 지켜보는 것이다. 이는 말없는 경청 만큼이나 끝이 열려 있다. 일이 어떻게 될지 우리는 정확히 모른다. 하나님이 임재하신다는 것만 알 뿐이다.

능동적 기다림은 믿음을 더해준다. 결국에는 밝히 드러날 것을 믿기 때문이다. 속마음에 귀를 기울이면 세밀한 부분들이 떠오를 것이다. 그래서 공포를 떨치기가 한결 쉽다. 미적지근한 기분 없이도 곤란한 결정을 연기할 수 있다. 아들에 관해 중요한 결정을 내려야 할 일이 있었다. 어느 한쪽을 부추기는 말이 내게 쏟아져 들어왔다. 내 직감으로는 반대쪽이 더 좋았으나 아들은 첫 번째 쪽을 원했다. 하루 동안 사람들은 내가 어떤 결정을 내렸는지 시시각각 물었다. 결국 나는 그들에게 하루 지나봐야 알겠다고 말했다.

미결의 고요함 속에서 나는 하나님께 물었다. 제가 알아야 할 것이 무엇입니까? 업무와 기타 하루 일과에 임하자 내 안에 다른 질문이 생겨났다. 이 아이를 향한 하나님의 목표는 무엇입니까? 아버지의 아들 안에 그간 빚으려 하신 성품은 무엇입니까? 그건 간단했다. 아이는 성취 면에서는 이미 뛰어났으므로 나는 그에게 다른 사람들을 향한 애정 어린 마음이 자라도록 기도해 왔었다. 그렇다면 애정 어린 마음을 보여줄 사람들이 모인 상황은 어느 쪽인가? 갑자기 답이 쉬워졌다. 나는 내 아들에게 개발되기 원하는 애정 어린 마음을 보여줄 지도자들이 있는 그룹을 택했다.

경청기도의 길을 통해 나는 사태가 불분명할 때 멈추어 분명해질 때까지 기다리는 법을 배웠다. 미심쩍은 데가 있거든 기다려라. 나는 어떤 직위를 사임해야 할지 꽤 오랫동안 고민한 적이 있다. 어찌해야 할지 걱정이 되기 시작했다. 그때 친구가 "하나님이 보여주실 거야" 하며 지혜롭게 권했다. 그래서 기다렸다. 아니나 다를까 마음에 분명하게 사임할 때가 되었다는 확신이 왔다.

하나님은 정말 보여주신다. 하나님을 기다리면 그분을 더 잘 믿을 수 있다. 지난날 나는 결정 내리기가 힘들었고 그래서 걱정에 시간을 허송했다. 하나님을 기다리는 것이 큰 도움이 될 수 있다.

능동적 기다림의 기술은 잘못된 결정을 수습하는 데도 도움이 된다. 우리는 하나님께 묻는다.

"들어서지 말았어야 할 상황을 자초하고 말았는데 이 속에서 어떻게 공의와 자비로 행동하며 마음으로부터 우러나오는 진심으로 살 수 있습니까?"

언젠가 나는 단순히 내 저서의 판촉에 도움 될 것 같다는 이유만으로 어느 수련회 강연을 수락했다. 하지만 얼마 안 있어 그쪽의 철학이 나와 딴판으로 다르며 내가 순전히 나 좋자고 결정한 일임을 깨달았다. 거기는 내가 갈 곳이 아니었다. 사전에 생각했더라면 알았을 일이다. 내 어리석은 판단에 기운이 빠졌다. 나는 하나님을 바라며 물었다. "이제 어떻게 해야 하나요?"

시간이 가면서 하나님은 내게 늘 강연할 때 하던 대로 하라시는 것 같았다. 예수님 마음을 품고 사람들에게 하나님 음성을 듣는 법을 가르쳐라. 가서 기도하라. 네가 필요를 채워줄 수 있는 사람들을 찾아라. 거기 있는 동안 네 책 선전일랑 하지 말아라. 다행히 내 강연은 잘 되었고 나는 상처받은 사람들과 의미 있는 대화를 나눌 수 있었다. 하나님께 지혜를 구하지 않았다면 나는 시큰둥하고 비판적인 태도로 가서 별 성과를 이루지 못했을 것이다.

능동적 기다림의 또 다른 유익은 계산적 태도를 버리게 해준다는 것이다. 유익을 계산하는 것은 처음에는 순수하고 유익하다. "최선의 길이 무엇일까?" 그러다 그것은 "그 사람한테 언제 접근해야 내가 원하는 긍정적 반응을 얻어낼 수 있을까?" 내지는 "이력서 문구를 어떻게 작성해야 내가 뽑힐까?"로 바뀌게 되고, 점차 조작적 태도만 남아 결국 우리는 "어떻게 하면 하나님한테서 내가 원하는 것을 얻어낼까?"를 고민하고 있다. 하나님을 자동판매기로 이용하는 수준으로 다시 돌아가는 것이다.

자신을 벗어난 삶

경청의 반대가 있다면 그것은 계산이다. 경청기도의 침묵과 경청기도의 듣는 습관이 있어야 마음으로부터의 사랑으로 살 수 있고, 계산적 성향이 자신을 에워쌀 때도 그것을 물리칠 수 있다. 이제 나는 최고의 인맥을 쌓고자 상황을 조종하지 않고, 뒤로 물러서서 하나님이 내게 명하실 일에 주목한다. 나는 나 자신에게서, 그리고 자신과 하나님과 삶과 타인들을 향한 내 모든 요구에서 벗어난다.

이런 자기중심적 욕구에서 벗어날 때 우리는 하나님과 타인에게 자신을 내줄 줄 알게 된다. 전에는 이기적 생각으로 상대의 이용 가치를 계산했다면 이제는 상대의 외견상의 지위나 성품과 상관없이 그와 함께 있는 법을 배운다. 이제 '전도'는 더 이상 일련의 연출된 질문과 대응이 아니라 다른 사람들을 그리스도의 눈으로 보는 삶의 분출이다. 전도를 목표로 하지 않더라도 친구를 위해 기도하며, 친구의 삶에 필요한 것을 보여 달라고 하나님께 묻는다. 종류가 다른 이런 '질문'은 종류가 다른 삶을 낳는다. 자아가 아닌 하나님을 중심에 둔 삶이다. 하나님께 질문하고 능동적으로 답을 기다릴 때 에이미 카마이클의 다음 기도가 더욱 가슴으로 와닿으며, 또한 응답될 것이다.

성령이여
저를 통해 생각하소서.
마침내 주의 생각이
제 생각이 되게 하소서.[5]

09 경청기도 중 일어나는 일들

무엇보다 우리가 기대할 수 있는 것은 사랑받는 느낌이다.
기쁜 소식의 핵심인 사랑이야말로 경청기도의 핵심적인 특성이다.
하나님의 사랑과 수용 안에 잠잠히 쉬는 평온한 느낌을 기대하라.

경청기도가 처음이라면 이런 생각이 들 수 있다. 이런 식으로 기도할 때 어떤 일을 기대할 수 있을까? 나 자신의 생각은 어떻게 되나? 정말 하나님을 만났는지 어떻게 아나?

내가 이런 질문을 다루려 함은 경청기도에 대해 마치 불붙은 다이너마이트나 폭죽이 터지기를 기다리는 듯한 기대감으로 시작하는 사람들이 있기 때문이다. 경청기도의 내용은 그렇게 드라마틱하지 않을 수 있다. 교리의 변화나 언약이 바뀌는 답은 들려오지 않을 것이다. 하나님 말씀의 문자나 정신에 어긋나는 것은 전혀 없다. 사실상 우리가 하나님께 받는 응답 내용은 하나님 말씀과 일치할 뿐 아니라 하나님의 말씀을 더 분명하게 해주고 삶 속에서 적용하게 해준다.

무엇보다 우리가 기대할 수 있는 것은 사랑받는 느낌이다. 기쁜 소식의 핵심인 사랑이야말로 경청기도의 핵심적인 특성이다. 하나님의 사랑과 수용 안에 잠잠히 쉬는 평온한 느낌을 기대하라. 설사 하나님이 당신의 잘못을 지적하신다고 느껴질 때도 마찬가지다. 존 웨슬리는 하나님을 만나자 '이상하게 따뜻한' 기분이 들었다고 했다.[1] 경청기도 중 반복되는 메시지는 바로 그것, 즉 당신이 사랑받는 사람이라는 것이다. 핵심 요소인 사랑과 더불어 경청기도 중 예상할 수 있는 '느낌'이나 '깨달음'의 특성들이 또 있다. 이것은 장시간의 고독 속에 찾아올 수도 있고 살면서 잠깐잠깐 조용히 멈출 때 찾아올 수도 있다.

성경에 기초하여 하나님이 말씀하실 만한 내용은 제4부에 자세히 나온다.

놀라워하게 될 것을 기대하라

경청기도의 초기에 하나님께 받은 응답에 놀랄 만한 요소가 전혀 없다면 그 응답이 당신의 생각에서 나온 것일 수도 있다. 당신이 들은 내용이 전혀 당신답지 않다면 또는 감히 생각조차 못할 정도로 너무 단순하거나 심오하다면 그때는 하나님이 말씀하고 계실 소지가 높다. 웬디 라이트는 경청기도를 하려면 "들리는 내용에 화들짝 놀랄 정도로 모험심을 갖고 경청해야 한다"[2]고 말했다.

들리는 내용이 당신이 지어낸 것이라면 당황할 일도 없다. '일을 만들어내려는' 태도는 특히 처음에 흔히 있는 일이다. 내게도 그것이 문제가 되어 나는 대체로 처음 떠오르는 생각은 제쳐둔다. 하나님 마음이 아닌 내 머리에서 생겨난 것일 때가 많기 때문이다. 당신이 지혜를 모으는 사람이라면^{책을 읽고 테이프를 듣는 등} 필경 당신 마음에 지혜로운 생각들이 많이 쌓여 있을 것이다. 이제 당신 마음은 거기에 의존하여 성령의 말씀을 흉내 낸다. 그런 일이 생기거든 그 똑똑한 아이디어들을 제쳐두고 계속하여 하나님을 기다리라. 하나님은 우리의 평범한 답도 알아주시지만 결정적 해답은 그분께 있다. 하나님의 동반자들은 그것을 안다.

일반적 명령에 대한 특별한 음성을 기대하라

성경에는 하나님이 일반적 개념에 대해 특별하고 구체적인 지침을 주신 사례가 수없이 나온다. 블레셋과의 전투에 대해 하나님 뜻을 알고자 했을 때 다윗은 당시의 성경인 '모세의 율법'을 들춰보지 않았다. 다윗은 여호와께 물었고, 뽕나무 수풀에서 하나님의 동작 소리가 날 때까지 진격을 기다리라는 구체적 응답을 얻었다.

경청기도 중 떠오르는 내용은 내가 이미 옳다고 알고 있는 말씀의 구체적인 순종 방식에 관한 내용일 때가 많다. 우리는 원수를 사랑하고 나그네를 환대하고 진리를 은혜로 표현해야 함을 안다. 하지만 함께 자원 봉사하는 사람에게 오늘 그것을 어떻게 실천할까에 대해서는 실마리가 없다. 나는 사춘기 때의 우리 아이들의 긍정적 훈육 방법과 관련해 이것을 누누이 경험해 왔다. 나는 유익한 자녀양육 서적을 많이 읽었지만 공식이 늘 통하는 것은 아니다. 그래서 나는 자녀들을 위해 기도하되 "이 아이의 마음을 보여 주소서"라는 호흡 기도를 자주 사용한다. 각 아이의 마음을 보면 아이디어가 떠오른다. 그것은 언제나 이론이 아니라 실제적이며 처벌이 아니라 돕는 것이다. 따분하지 않고 오히려 때로 재미있기까지 하다. 너무 은혜가 충만해 내 생각일 수 없다.

순종에 주어지는 특별한 은혜를 기대하라

경청기도는 영적 훈련인 만큼 하나님이 그것을 당신의 영성 계발에 쓰실 것을 기대하라. 당신의 마음이 변화될 것과 순종할 은혜를 얻을 것을 기대하라. 기도를 시작할 때 응어리처럼 품고 있던 적개심을 당신은 이제 내려놓을 수 있다. 어제 비판했던 대상을 당신은 오늘 격려하고 싶어진다. 당신의 경쟁 상대를 향해 이제 긍휼히 여기는 마음이 생긴다. 기도 중에 직장 동료나 연로한 아버지나 오늘 우편물에 실렸던 실종 아동의 얼굴이 보이는 것은 드문 일이 아니다. 그 순간 하나님은 물으시는 것 같다. "이 사람은 어떠냐? 어찌 하겠느냐?" 당신은 마음이 벅차오를 정도로 간절히 돕고 싶어진다.

그런 순간 우리는 하나님 뜻^{사랑하고 돕고 모험에 나서는}을 행하고 싶어질 정도로 이상하게 그분 사랑으로 차오른다. 이것은 좋은 현상이다. 우리 중 많은 이들이 옳은 길을 알면서도 그렇게 하고 싶은 마음이 없어 고생하기 때문이다. 의를 행할 기회를 무시할수록 우리는 메마르고 불안정하고 율법에 얽매이는 그리스도인이 되어 죄를 당연시하기 쉽다. 경청기도란 무엇보다 심령의 변화가 일어날 수 있는 장을 마련하는 일이다. 그러면 행동의 변화는 자연히 뒤따른다.

부족한 모습이 드러나게 될 것을 기대하라

경청기도에 진보가 있을수록 당신의 참 자아가 더 많이 드러나게 될 것이다. 이전의 실패의 자취가 '고의적인 가시 돋친 말, 성급하고 경솔한 말, 시기와 염탐의 눈빛, 불의를 기뻐하는 귀, 욕심 많은 손, 교만한 눈'[3]으로 나타날 수 있다. 우리가 어떻게 악을 선하다 하고 흑암으로 광명을 삼고 쓴 것으로 단 것을 삼아(사 5:20) 비뚤어졌는지 하나님은 우리에게 보여주신다. 엘리자베스 엘리엇은 말한다.

> "참된 고독에 들어가는 자는 다 그렇다. 획득한 지식, 조건화된 행동, 넘치는 자신감의 더께가 벗겨진다. 익숙해진 첨가물을 다 뺀 자아의 모습은 충격적이다."[4]

우리 내면의 생각(탐욕과 복수와 자기연민과 분노의 생각)이 전보다 적나라하게 들려올 것을 기대하라. "나는 실제보다 나은 척한다."[5] 이것이 우리의 진실이다. 그래서 나는 자신을 속여 온 나를 볼 때 역겨워진다. 말로는 그 사람을 사랑한다 하면서 실은 사랑하지 않는다. 그는 너무 부자이고 그녀는 너무 매력 있고 그들은 너무 똑똑하다. 경청기도는 자기 성찰로 가득하다. 나는 시기하고 있는가? 내가 관심의 중심이 아니라서? 저 사람과 같이 있으면 부자가 아닌 내 모습이 드러나서?

귀용 부인은 '성찰이란 하나님이 당신에게 주시는 것'이라고 했다. 최선의 반응은 성찰을 피하지 않고 품는 것이다. 그녀는 이렇게 조언한다.

> "당신의 영혼을 송두리째 하나님 앞에 열어 두라. 주께서 반드시 당신의 죄를 밝혀주실 줄 알라. 주님은 당신 안에 빛을 발하시며, 그렇게 빛을 발하심으로 당신의 모든 잘못의 본질을 보이신다."[6]

자신의 두려움도 새로운 방식으로 보일 것이다. 언젠가 강연 차 모교로 가야 하는 전날 마음이 초조해졌다. 조용히 하나님 앞에 앉아 물었다. "어찌된 일일까요?" 물론 모교 교수들 앞에서 말해야 한다는 긴장감도 있었지만 고요함 중에 내가 깨달은 것이 있었다. 하필 그때는 25년 전 돌풍이 불어 캠퍼스와 우리 차와 집을 망쳐놓던 날로부터 두 주 전이었다. 내가 돌풍을 무서워할 수 있다는 생각은 해본 적이 없었다. 나는 캘리포니아 노스리지의 강진과 4년간의 여진 속에서도 살아남은 사람이었다! 그러나 침묵 속에 나는 두려움을 인정했고 그러자

초조함이 가라앉았다.

시험은 대개 우리를 불안하게 한다. 그러나 하나님이 출제하시는 영적 시험은 교사에게 혼나거나 감독관에게 비판받는 것과 판이하게 다르므로 우리는 평안을 지킬 수 있다. 귀용 부인은 이렇게 말한다.

> 시험을 내주시는 분은 어느 누구도 아닌 당신의 주님이므로 당신은 그분이 실상을 드러내시는 동안 그분 앞에 그냥 평안하고 침착하게 있으면 된다. 자신을 의지하지 말고 주님을 의지하라. 당신의 죄의 정도를 보여주실 것이다. 하나님이 다 알아서 드러내신다.[7]

하나님은 안전한 시험관이다. 그분은 토기장이, 우리 마음을 빚으시는 분, 우리를 내리깎아 얻을 게 하나도 없는 분이기 때문이다. 그분은 우리 영혼의 변화를 간절히 원하신다. 하나님이 함께하시는 안전한 상황에서는 우리 잘못도 별로 창피하지 않다. 우리는 경계를 풀고 하나님 음성에 마음을 열 수 있다. 단순한 침묵은 원기를 되찾아준다. 그것은 우리에게 하나님이 의심을 믿음으로, 초조함을 침착함으로, 두려움을 평정으로 바꾸실 수 있다는 확신을 심어준다. 나아가 우리는 내가 여기 있나이다 한 이사야의 정신을 본받을 수도 있다. 거기서 하나님이 언제라도 흥미로운 일을 하시리라는 기대감이 생기며, 나도 그 일에 동참하고 싶어진다.

이런 시험은 즐거운 회개의 순간이 된다. 하나님의 사랑은 우리가 세운 벽을 허물고 우리 심령을 변화시켜 철저한 성품 변화의 토대를 다진다. 경청기도는 자기 의에 빠진 이들을 부드럽고 자상한 용서의 사람으로 빚는다. 그들은 자신의 중한 죄성을 깊이 자각하고 그보다 더 중한 하나님의 자비를 온전히 인식하여 삶 자체가 사역이 된다.[8] 경청이 없으면 우리는 타인의 판단에 의한 피해자로 남는다. 하나님의 세미한 음성보다 사람들의 이러쿵저러쿵하는 소리에 지배당한다.

경청기도 중의 경험들이 삶 속에 배어들 수 있다. 난감한 상황의 한 복판에서 당신은 묻는다. "어찌된 일입니까?" 경청기도의 연습이 충분해지면 그것이 즉석에서 가능해진다. "일단 주님과 그런 관계가 형성되면 당신의 어떤 잘못도 하나님의 책망을 피할 수 없음을 곧 깨닫게 된다. 죄를 짓기가 무섭게 내면의 의식이 당장 당신을 꾸짖는다."[9] 당신은 신속히 하나님께 죄를 인정하며 다시금 귀향의 안도를 맛본다. 당신은 "아이쿠, 또 저질렀군," "난 왜 이렇게 둔하지?" "하나님이 나를 어떻게 참으시나?" 따위의 감정을 물리칠 줄 안다. 하나님은 사랑의 부모다. 그래서 우리는 대신 "이제 알았습니다"라고 말한다.

심령의 결점이 드러나게 될 것을 기대하라

하나님을 구할 때 내게 들리는 내용은 십중팔구 내 결점이지 남의 결점이 아니다. 문제는 우리가 하나님을 천편일률적인 분으로 생각할 때 발생한다. "하나님은 내게 말씀하시는 것을 당신에게도 말씀하신다. 그러니 당신도 내 말을 들어라!"라는 주장은 상대의 영적 울타리를 침범하는 처사다. 여태 우리에게 생겨난 단점은 사람마다 다르다. 하나님은 내게는 좀더 외향성을 키우라고 하시고 당신에게는 좀더 혼자 있는 시간을 내라고 하실 수 있다. 우리는 하나님이 상대에게 하시는 말씀을 존중할 필요가 있다.

제서민 웨스트Jessamyn West의 책 「우정어린 설득」Friendly Persuasion에 이런 예화가 나온다. 어느 퀘이커교 사역자와 그 남편의 두 아들이 징병관에게 남북전쟁 참전 권유를 받는다. 부모는 반대하지만 장남 조슈아는 가기로 결정한다. 어느 날 아침 그가 말을 타고 떠나는데 동생 레이브가 따라와 형에게 더 좋은 말을 주려고 말을 바꾸자고 한다. 조슈아는 자기는 가기가 두렵기 때문에 가서 싸워야 한다고 동생에게 변명하듯 설명한다. 나중에 레이브는 자기가 싸움을 좋아한다는 걸 마음속으로 알기 때문에 싸울 수 없다고 형에게 설명한다.[10]

퀘이커 교도들이 행하던 경청의 영으로 두 아들은 자신의 마음을 들여다보았다. 하나는 두려움을 발견했고 하나는 폭력을 발견했다. 둘은 각기 다른 행동으로 하나님께 순종하여 각자 자신의 회의와 죄를 극복했다. 그들은 결정의 기초를 마을 사람들의 생각싸움은 옳다이나 부모의 생각싸움은 틀렸다에 두지 않고 자기 마음속을 보았다. 그들은 다음과 같이 물으며 둘 다 그리스도의 정신과 성품으로 결정하려 했다.

"하나님이 내게 극복하라 하시는 것은 무엇인가? 그것을 극복하려면 어떻게 해야 하나?"

우리 영혼의 필요를 듣게 될 것을 기대하라

경청기도가 친구가 되면 자신의 부족함과 죄가 적나라하게 느껴진다. 우리는 부적절한 행동 이면의 원초적 욕구를 인식하고 인정할 수 있다. 예컨대 우리는 만성적 두려움, 삭여둔 분노, 덧없는 자기회의 때문에 다른 사람들에게 적개심을 품을 수 있다.

이런 초라함은 흔히 직장 문제나 대인관계 문제로 표면화된다. 우리가 현명하다면 고요한 묵상 기도 중에 그것을 성찰할 수 있다. 영혼의 숨은 동기를 들추노라면 남에게 인정하기 어려운 것들이 드러난다. 내 앞에 균열처럼 열린 내 성품의 커다란 갭이 나를 두렵게 할 수 있다. 사실 기도를 그만두고 세차나 하러 가고 싶을 만큼 그 초라함은 참담할 수 있다. 그러나 두려움이나 분노나 회의에 계속 주의를 기울이면 하나님의 사랑이 그것을 그리고 당신을 감싸 안는다. 하나님이 우리와 작업하고 싶어 그것을 보여주심을 당신은 깨닫는다.

초라함은 대개 다음과 같은 영역에 나타난다.

자신에 대한 핵심 신념

성품의 차이는 우리 행동을 지배하는 핵심 신념에서 비롯된다. 예를 들어 어떤 사람이 자기성찰 중에 다음 사실을 깨달았다. 즉 그는 모든 사람의 형편이 자기보다 낫다고 굳게 믿고 있었다. 남들은 승진했는데 나는 못했다. 남들은 부모의 사랑을 받으며 자랐는데 나는 그렇지 못했다. 남들은 잘생겼는데 나는 아니다. 자신을 남들과 비교한 결과 그는 열등감이 생겼다. 그는 남들의 성공에 배가 아팠고 자기만큼 고생하는 사람은 없다고 여겼다. 시간이 지나면서 그는 다른 사람들과 심지어 하나님을 향한 자신의 적개심의 뿌리가 거기에 있음을 깨달았다. 경청기도 중에 그것을 거듭 하나님 앞에 내려놓으면서 치유가 일어났다.

하나님과 자아에 대한 핵심 신념

초라한 내면의 가장 흔한 아픔 중 하나는 내가 하나님께 사랑받는 사람임을 의심하는 마음이다. 그것은 우리가 계속 남들의 인정을 구하거나 한 개인(배우자, 자녀, 직장 상사, 목사)의 무조건적 사랑을 얻으려 할 때 자명해진다. 그 사람은 하나님이 아니라 인간이기에 반드시 기대에 못 미치고 그래서 우리는 상심하고 실망한다. 하나님의 사랑과 인정만이 우리를 풍성히 채워줄 수 있다. 그래서 성경을 통해 하나님의 성품을 아는 것이 경청기도의 준비에 그토록 중요한 것이다. 하나님은 우리를 거듭 건지시는 분이시고(시 18편 참조), 우리를 기뻐하시고 우리를 인해 노래하시는 분이시며(습 3:17 참조), 아무것도 우리를 그분 사랑에서 끊지 못하게 하시는 분(롬 8:38~39 참조)이다. 우리는 이런 그림을 경청기도에 가지고 가 그 안에서 쉰다. 나를 깔아뭉개는 나 자신의 말이 아니라 하나님의 사랑의 말을 듣는다. 하나님을 아는 지식이 심령의 지속적 변화에 불을 지핀다.

초라한 자기 영혼에 눈뜨거든 절망하지 말라. 그저 무슨 일을 명하시는지 하나님께 물어라. 간단한 작업이 아니다. 당신도 이사야처럼 자신의 실상을 보는 마음을 가꾸게 된다.

"그때에 내가 말하되 '화로다 나여! 망하게 되었도다! 나는 입술이 부정한 사람이요 입술이 부정한 백성 중에 거하면서 만군의 여호와이신 왕을 뵈었음이로다'"사6:5.

이렇게 고독 속에 있을 때 한 스랍이 핀 숯을 이사야의 입에 대며 말했다.

"보라 이것이 네 입에 닿았으니 네 악이 제하여졌고 네 죄가 사하여졌느니라 하더라. 내^{이사야}가 또 주의 목소리를 들으니 주께서 이르시되 내가 누구를 보내며 누가 우리를 위하여 갈꼬 하시니 그 때에 내가 이르되 내가 여기 있나이다. 나를 보내소서."사6:7~8.

상한 마음에서 정결케 함과 "내가 여기 있나이다" 자원하는 마음이 나왔다.

기도가 서툴 수 있음을 예상하라

경청기도는 때로 감탄이나 깨달음과 거리가 멀다. 저자 메들린 렝글은 말한다.

"나는 피아노에 서툰 것처럼 하나님께 듣는 것도 형편없기 짝이 없다. 날마다 연습하지 않는 한 잘할 날은 없을 것이다."[11]

'형편없는' 수준은 흔한 일이며 따라서 그만둘 구실이 못된다. 목사이자 저자인 피터 로드의 고백을 들으면 고독에 형편없는 사람이 나만이 아님을 알게 된다.

"하나님, 말씀하실 것이 있다면 빨리 해주십시오. 그것이 종종 무의식에 깔린 내 무언의 태도다."[12]

당신은 지루해져 자신과의 긴 내적 변론에 빠질 것이다. 그 여자는 뭐가 문제일까? 나는 가야 되나 말아야 되나?

시간이 없는 것처럼 느껴질 때도 있다. 나는 저자이자 번역가인 트라피스트회 수사 바질 페닝턴Basil Pennington의 말을 자주 떠올린다.

> 우리는 다 하고 싶은 일들이 있다. 꾸준히 경청기도 시간을 내기 시작할 때 우리가 깨닫는 것이 있다. 다른 일 할 시간을 잃지 않는다는 것이다. 사실 우리는 시간을 번다. 그것이 꾸준히 경청기도를 하며 날마다 40분 이상 고요히 침묵 속에 앉아있는 사람들의 경험이다. 그들은 해내는 일도 더 많거니와 더 깊은 평안과 기쁨으로 해낸다. 왜 그럴까? 그들 삶 속에 일하실 하나님의 자유가 커졌기 때문이다. 하나님께 일을 맡기는 그들의 자유가 커졌기 때문이다. 자유를 얻었기에 이제 그들은 자신의 온갖 계획과 영상과 두려움으로 하나님을 방해하지 않는다.[13]

우리 삶의 시간 낭비 주범은 고독이 아니라 '계획과 영상과 두려움'이다. 하나님과 함께 있으면 거기서 벗어날 수 있다.

경청기도가 감탄이나 깨달음과 거리가 멀 때가 또 있다. 우리에게 반응 능력이나 의사가 없을 때다. 하나님은 사랑하라 하시지만 나는 그럴 마음이 없다. 설령 원한다 해도 능력이 없는 것 같다. 그런 상황에서 나는 하나님께 묻곤 한다.

"주님께 순종하는 긴 여정에서 다음 걸음을 내딛을 능력이나 원함이 제게 없으니 제가 시도할 수 있는 작은 걸음은 무엇입니까?"

어느 날 계곡 길을 걷던 중 나는 원수를 사랑하고 원수를 위해 기도하라는 예수님 명령마 5:44에 순종할 마음이 없는 나 자신에게 절망감이 들어 걸음을 멈추고 길가에 앉았다. 나는 하나님께 내 최선의 것을 드렸다.

"그 사람을 사랑하고 위해서 기도하는 것을 제1안이라 합시다. 제2안은 그 사람을 위해 기도하고 최대한 사랑의 방식으로 행동하는 겁니다. 언젠가 사랑할 능력을 주님께서 주실 줄로 알고서 말입니다."

그렇게 제2안기도하기에 힘썼더니 제1안사랑하고 기도하기은 차츰 저절로 되었다. 그 사람을 위해 기도하는 것은 내가 그날 내딛을 수 있었던 작은 한 걸음이었다. 결국 그 기도는 그 사람을 향한 긍휼과 나아가 사랑을 낳았다.

아무 일도 일어나지 않는다면 무엇을 할까?

간신히 자신을 가라앉히고 경청기도로 하나님을 누리려 했으나 아무런 변화도 없다고 하자. 하나님의 사랑도 느껴지지 않고 하나님을 즐거워하는 마음도 없고 통찰도 없다. 아무것도 '들리지' 않는다.

> "경청기도에 들어가면 생각과 마음속에 실제 말이 들릴 때도 있으나 대개 하나님과의 대화는 말 없이 이루어진다. 하지만 여전히 하나님과의 대화이다."[14]

자신이 받은 말 없는 하나님의 음성을 그날 늦게나 다음 날에야 깨닫게 될 수도 있다. 대개 그것은 당신이 사랑받고 있다는 단순한 확신, 앞으로 나아가라는 확신, 당신이 정로로 가고 있다는 확신이다.

또 하나 명심할 것이 있다. 설사 경청기도 중에 아무 일도 일어나지 않는다 해도 그것이 토대가 되어 당신은 혹 1시간, 하루, 일주일 후에 '들을' 수도 있다. 그 짧은 시간을 통해 당신은 하나님 앞에 준비된 경청자로 선다. 뜻밖의 통로―어린아이, 광고 우편물 하나, 당신이 존중하지 않는 직장 동료를 통해서도 들을 준비가 된 것이다.

그래도 당신은 말한다.

"나는 아무것도 건진 것이 없다. 아무 느낌도 없다."

우리가 그 상태를 나쁘게 보는 이유는 오직 하나님의 본업이 정보

제시와 감화에 있다는, 그리고 사실이나 감정이 지각되지 않으면 아무 일도 일어나지 않은 것이라는 우리의 선입견 때문이다. 그렇지 않다. 토마스 머튼은 "아무런 지각이나 느낌이나 생각이 오지 않는 기도는 얼마든지 있을 수 있지만 '아무 성과 없다'든지 '아무 일도 생기지 않는' 기도란 존재하지 않는다"[15]고 했다.

이것은 보기 드문 경험이 아니다. "처음에는 무지의 구름 외에 아무것도 느껴지지 않는 것이 예사다. 자기 존재 심연의 하나님을 향한 꾸밈없는 의지 외에 당신은 아무것도 모르고 아무 느낌도 없는 것 같다. 모든 것을 잊고 당신의 사랑을 하나님께 고정하려 애쓰면 그것이 경청기도이다 확신컨대 선하신 하나님이 당신에게 그분을 깊이 체험하게 해주실 것이다."[16]

당신이 만일 어떻게든 자력으로 상황을 알아야 하는 사람이라면 이런 무지에 맥이 빠질 것이다. 그러나 거기에 익숙해지면 하나님을 의지하는 것이 즐거워진다. 그분은 정말 능히 세상을 관리하시는 주관자다. 당신은 밤에 평안히 잠들 수 있다.

경청기도의 지도를 보여주세요!

정해진 내용이 없는 경청기도의 특성이 당신에게 자꾸 신경이 쓰인다면 자주 인용되는 제임스 보스트James Borst의 "경청기도의 한 방법"에 나오는 윤곽을 생각해보는 것도 좋다.

- 생각을 내려놓고 마음을 편하게 하고 침묵을 지킨다.
- 하나님의 임재를 의식한다원한다면 이사야 6장 1~8절의 이미지를 활용한다.
- 성령 안에서 맡긴다원한다면 갈라디아서 2장 20절을 활용한다.
- 다른 사람들을 수용한다분노와 적의와 통제 욕구를 내려놓는다.
- 회개하고 용서를 구한다변화될 각오를 한다.
- 하나님을 경청한다그분의 일면을 당신에게 '보여주시도록' 그분을 찾으며 귀기울인다.
- 받아들인다하나님께 '사랑받는' 존재라는 느낌 등을 원한다면 스바냐 3장 17절을 활용한다.
- 찬양한다시편 100~104편 같은 찬송시들을 활용한다.
- 중보한다다른 사람들을 위해 기도한다.[17]

이 윤곽을 소개한 것은 곧이곧대로 따르라는 뜻이 아니라 자유로이 하나님의 인도에 맡기라는 뜻에서다. 성경에는 명확한 지도가 나오지 않는다. 아마도 기도란 기술적, 기계적 작업이 아니라 그 자체로 배우고 경험해야 할 하나님과의 관계이기 때문일 것이다. 그루는 이렇게 말한다.

> 신앙 행위에 단순해져라. 잡다한 책과 의식儀式과 방법을 사용하지 말라. 하나님께 뭘 말하고 싶은지 당신 마음을 살펴서 알라. 그리고 아뢸 때는 표현에 너무 신경 쓰지 말라.[18]

이런 윤곽이 우선 도움이 되거든 활용하라. 그러나 능력이 생기거든 즉시 그것을 버리고 하나님의 인도에 따르라.

장담컨대 당신은 하나님이 어떤 식으로든 당신과 소통하실 것을, 그리고 그것을 통해 그분과 당신의 지속적 대화를 키워 가실 것을 기대해도 좋다.

When the Soul Listens
제 3 부

경청기도에는 지혜가 필요하다

10 하나님 음성을 명확하게 듣는 비결

내 목표는 하나님을 알고 사랑하는 것인가? 나는 하나님과 지속적인 대화를 원하는가?
그 이하로는 만족하지 않겠다는 각오가 필요하다. 하나님 편에서는 언제나 우리를 만나 주신다.

생각해 보라. "우리가 하나님께 말씀드리면 그것은 기도라 하면서 하나님이 우리에게 말씀하시면 그것은 정신분열이라 한다."[1] 어찌된 일인가?

살아오면서 우리는 하나님 음성을 듣는 사람들을 수상쩍게 볼 만한 이유를 충분히 보았다. 어떤 사람들은 자기가 하나님 음성을 들었다고 주장하면서 그 '메시지'를 가지고 다른 사람들에게 이래라저래라 한다. 입만 열면 "하나님이 나한테 말씀하시기를"로 시작하는 사람들도 있다. 그럼 우린 이런 생각이 든다. 오, 정말?

그래도 우리 중에는 하나님이 내게 말씀하셨으면 하고 은밀히 바라는 사람들이 많다. 그래서 우리는 기술 터득에 나선다.

첫째, 우리는 증표와 '양털' 구하기로 돌아간다.

"제가 이 직장에 들어가야 한다면, 하나님, 아침에 제 차의 좌석이 젖게 해주십시오. 이왕이면 조수석 쪽이 더 편하겠습니다."

"제가 이 직장에 들어가야 한다면 그 회사에서 제게 항공료까지 포함하여 디즈니월드 할인 여행을 제공하게 해주십시오."

우리는 또 하나님께 일정표를 짜드리기도 한다.

"제가 이 행사에 가야 한다면 내일 오후 3시까지 알려주십시오. 그래야 새 양복을 세탁할 시간이 있을 테니까요."

하나님께 선다형 문제를 내기도 한다.

"제가 결혼할 사람은 A, B, C 중 누구입니까?"

"아무도 아니다"라는 항목은 절대 포함시키지 않는다. 하나님께 말을 시키려는 우리의 많은 시도에는 '하나님 음성'으로 그럴듯하게 포장된 미신과 무지가 섞여있다.

하나님 음성이 명확히 들리는 경청기도는 어떤 것일까? 하나님의 명확한 음성을 막는 덫들이 많이 있다. 이 장에서 그 내용을 논할 것이다. 우선 지금은 지혜가 필요한 경청기도의 다른 측면들을 살펴보려 한다. 즉 경청기도는 자기 내면을 살피는 것으로만 갈무리 되어서도 안 되고 '공식' 기도 시간으로만 국한되어서도 안 된다.

명확한 마음으로 기도하라

앞에서 우리는 명확한 경청기도를 방해하는 요소들을 살펴보았다. 예컨대 하나님을 성경에 나타난 그분의 참 모습으로 알면3장 우리는 하나님이 자기 성품과 어긋나는 내용을 말씀하신다는 착각에 빠지지 않는다. 앞의 3~4장에서 본 것처럼 **경청기도의 뿌리는 성경에 있으므로** 우리는 하나님의 '메시지'를 엉뚱하게 지어내지 않는다. **기독교 공동체 안에 뿌리를 두는 것도 방벽이다.** 그 점에 대해서는 다음 장에서 살펴볼 것이다.

이 세 방벽으로 보건대 하나님을 바로 아는 것은 필수다. 그리스도 안에서 어느 정도의 성장은 필연이다. 리처드 포스터는 말없는 침묵기도란 "초심자를 위한 것이 아니다. 그것은 영적 근육을 웬만큼 구사해왔고 영의 세계를 꽤 아는 사람들을 위한 것이다"라고 말했다. 그는 경청기도의 때이른 시도를 이렇게 비교했다.

"수습 전기공에게는 장인匠人의 일이 허용되지 않는다. 그런 일에 준비되어 있지 않기 때문이다. 그가 그런 일을 한다면 사실 위험할 수 있다."2

왜 그럴까? 경청기도의 침묵은 우리 영혼의 원수에게 하나님 음성이 아닌 음성들을 가지고 끼어들 수 있는 여지를 제공한다. 그러나 이런 가능성 때문에 경청기도의 중요성이 없어지는 것은 아니다. 만일 그렇다면 우리는 두려워서 성경 읽기를 비롯해 모든 영적 훈련을 하지 말아야 한다. 원수를 두려워하는 것은 하나님 뜻이 아니다.

우리는 경청기도에 얼마나 준비되어야 할까? 포스터의 말대로 우리는 자신의 성품에 관해 몇 가지 자문할 수 있다.

- 나는 건설적 비판을 수용하기가 더 쉬워지고 있는가?
- 나는 사사로운 불쾌감을 넘어, 내게 잘못한 사람들을 아낌없이 용서하는 법을 익히고 있는가?[9]

처음에는 둘째 질문이 경청기도와 무슨 상관이 있는지 묘연했으나 알고 보니 내 기도를 가장 자주 방해하는 것은 사람들에 대한 내 불쾌한 생각이었다. 사람들에게 일일이 반응하려는 욕구를 서서히 버리자 그런 시무룩함도 줄었다. 다른 사람들을 늘 용서할 때 경청기도는 안타까운 실패로 와해되지 않는다. 위 두 질문에는 무엇이든 늘 나를 위해 구하는 자아도취를 넘어서야 한다는 뜻도 있다. 즉 우리는 기꺼이 내 영혼의 초라한 내면을 보아야 하며, 사람의 말로 인정받으려는 욕구를 버려야 한다. 대신 우리는 하나님과의 관계에서 필요를 채움 받을 수 있다. 위 두 질문에 "예"로 답할 수 있다면, 하나님이 안전하게 하시며 우리 평판을 보호해 주실 것을 믿는다.

내면의 위원회를 잠잠하게 하라

우리 머릿속에는 상이한 자아들의 '위원회'가 살고 있는 듯하다. 멤버마다 제 의견이 있어 그 의견을 개진한다. 경청기도의 침묵은 너무 확 트인 기회라서 위원회 멤버들은 침묵을 지킬 수 없다. 문을 닫아 놓아도 그들은 정장차림으로 나타나 쾅쾅 두드린다. "더 이상 환영받지 못한다는 것을 알고 나서야 이들은 서서히 발길을 끊는다."[4] 경청기도 중에 이런 위원회 멤버들이 하나님과의 대화 시간을 방해하고 하나님 앞에 잠잠히 있지 못하게 막는 전형적 장면들은 다음과 같다.

침묵 속에 앉아있는 당신에게 이런 일이 벌어진다.

- 가족 중에 어려움을 겪고 있는 식구가 생각난다. 당신 안의 **구조대원**은 당신이 당장 조치를 취해 문제를 해결해야 한다고 목청을 높인다. 자신도 모르는 사이에 당신은 문제 해결에 몰두해 있다.
- 임박한 봉사 기회(행사 진행, 그룹 인도)에 관해 심중에서 퍼뜩 기도가 나온다. 늘 열심히 일하며 통찰력 있는 말로 남들을 감동시키는 당신 안의 **멋진 아이**는 이번 봉사로 사람들이 당신을 더 우러러보게 될 거라고 부추긴다.
- 직장에서 이용당했던 일이 머릿속에 떠오른다. 당신 안의 **피해자**는 '그 사람들'이 당신을 부당 대우했다고 중얼거린다. 직장을 그만둬야 하나? 그 사람들은 왜 그런 식으로 나올까? 어떻게 복수

할까?

- 용서해야 할 사람의 얼굴이 떠오른다. 하나님 앞에서 그 사람에게 주의를 기울이기도 전에 당신 안의 **방어자**가 다음번 그를 만날 때 해줄 말을 정확히 연습한다. 자, 이 재치 있는 말대꾸를 어떻게 천천히 뱉어낼까?
- 과거에 실패한 일이 생각난다. 당신 안의 **비판자**는 당신이 실력도 없고 자신감도 없어 가족들이나 친구들이 바라는 성공과는 거리가 멀다고 지적한다. 그러니 해봐야 무슨 소용인가?
- 아무것도 마음에 떠오르지 않는다. 그래서 당신 안의 오락 광은 기도가 너무 힘든 일이라고 속삭인다. 차라리 오늘밤 비디오를 빌려다 보고 내일 교회 가서 회개하면 되지 않을까?

우리는 내면위원회 멤버들의 음성을 물리쳐야 할 뿐 아니라 하나님이 내게 말씀하실 때 그런 음성을 빌리지 않으심을 알아야 한다. 그런 음성에 귀를 열면 안 된다. 그런 음성은 내가 사랑하고 존경해온 이 들집착하지만 푸념하고 투덜대는 친척, 무시하며 요구하는 교사을 흉내 낼 수 있으나 하나님의 음성은 아니다. 이것이 경청기도의 가장 흔한 함정이다. 자기 내면의 위원회 멤버들의 이름을 짚어내면 도움이 된다. 아직 치유돼야 할 내 내면의 초라한 모습이 그들로 대변되기 때문이다. 그들은 우리 문화의 흐름더 많이 쥐어라, 더 많이 성취하라, 뭔가 하라의 반향일 때도 있다. 앞서 말했듯이 버나드 쇼의 희곡에 프랑스 왕 샤를이 잔다르크를 꾸짖는 장면이 나오는데 그는 하나님 음성이 왜 그녀에게는 들리고 자기에게는 들리지 않는지 궁금했다. 왕의 위원회 멤버들이 그에게 뭐라고 말했을지 상상해 보라. 이런 것들이 아닐까.

"승자가 되라!" "왕답게 처신하라!" "저 인기 좋은 여군 명장의 입을 닫아라!"

당신 머릿속에 이런 위원회가 있다면 그것은 경청기도가 당신에게 안 맞는다는 표시가 아니다. 당신도 인간이라는 표시일 뿐이다. 키스 밀러Keith Miller는 하나님을 듣는 법을 배우며 이 문제로 고생했다. 결정적 전환점은 한 친구의 이런 말로 찾아왔다.

"자네 말마따나 자네는 긴 세월 머릿속의 다른 방송국들에 주파수를 맞추고 살아왔네. 하나님이 말씀하시는 방식을 가려낼 수 있으려면 몇 주나 몇 달이 걸릴 수도 있네."[5]

위원회 멤버들을 대면하고 잠잠케 하는 일은 영성 계발의 일부다. 내 초라한 내면을 대면함에 있어 하나님 임재의 달콤한 침묵보다 더 좋은 길이 있을까? 침묵 속에 앉아 하나님 음성을 듣던 키스 밀러의 초기 경험은 나날이 발전했다.

이런 말들이 들려오기 시작했다. "키스, 너는 귀한 아들이다. 내가 너를 사랑한다." 그 말이 하나님한테서 온 것인지 내 내면 깊은 곳에서 온 것인지 처음에는 몰랐다. 그러나 그것을 처음 기록하던 날 나는 울었다. 전에는 마음속에 그런 말이 들려온 적이 한번도 없었기 때문이다. 평생 내게 들려온 내면의 음성은 모두 내 잘못이나 실수를 지적하는 비판적인 말이었던 것 같다.[6]

하나님 음성을 식별하기

하나님을 성경에 나타난 그분의 참 모습으로 알면 우리는 '도적질하고 멸망시키려 오는 도적'의 음성도 식별할 줄 알게 된다요 10:10. 도적의 음성은 하나님 음성과 달리 두려움을 이용해 위협하고 겁준다. **이렇게 하지 않으면 넌 후회할 거다.** 그 음성은 당신에게 지시하거나 억지로 시키려 든다. 급하게 다그치며 잔소리하고 닦달할 때도 많다. **당장 해! 꾸물거리다간 다 놓친다!**

그러나 선한 목자 예수님은 양떼를 몰아가지 않고 이끄신다요 10장 참조. 그분은 문을 걷어차고 들어오시는 게 아니라 두드리신다계 3:20 참조. 하나님은 비상 버튼을 찾으시는 것이 아니라 그분을 신뢰하고 순종하는 당신의 마음을 찾으신다.

자신을 점검해 보라. 당신은 하나님 음성을 부정적 위원회 멤버의 음성으로 곧잘 왜곡하는가? 평소의 습성에 귀기울여 보라. 그러나 내면위원회 멤버들을 하나님이 일부러 주시는 강경한 인도나 예리한 질문과 혼동하지는 말라. 하나님은 꾸짖거나 달래거나 부추기거나 지시하실 수도 있다마지막 제4부에 예들이 나온다.

하나님 음성이 들려올 때 그것을 아는 가장 단순한 지침은 이것이다. 내용을 점검해 보아 명령이나 질문이나 설명에 오래 참음이나 온유함이 보이면 그것은 하나님 음성일 소지가 높다. 자랑이나 교만이나 무례함이나 사리사욕이 보이면 필경 하나님 음성이 아니다. 쉽게 노하거나 불의를 기억한다면 원수의 음성일 수 있다. 하나님 말씀은 참음과 믿음과 바람과 견딤을 이룬다는 것을 우리는 얼마든지 믿어도 좋다고전 13:4-8 참조. 하나님은 당신에게 낙태 시술소를 폭파시키라든지 배우자에게 언어 폭탄을 던지라든지 폭발 행동으로 일자리를 날려버리라고 말씀하시지 않는다.

경청기도의 덫이 내면의 위원회뿐이면 얼마나 좋으랴만 실은 더 있다. 자아도취의 올가미는 얼마든지 많다. 하나님보다 나 자신의 신앙을 더 믿지 않으려면 늘 조심해야 한다.

자아도취

「무지의 구름」은 경청기도를 하는 사람에게 '영적 삶에 대해 부질없이 자신을 똑똑하고 세련된 줄로 생각하지' 말 것을 경고한다.[7] 기도에 관해 신비적 어조로 말하는 사람들을 당신도 만나보았을 것이다. 미사여구를 늘어놓거나 경건한 척하지 않고 하나님에 관해 조용히 말할 수 있는 사람과 비교해 보라.

사이비 영성이 내 문제가 될 일은 없다고 일축하지 않도록 조심하라. 자기 영성과의 사랑에 빠지기란 너무 쉽다. 계곡 길을 걷다보면 이따금씩 해괴망측한 생각이 내 머릿속에 떠오르곤 한다. 산책은 예배와 기도로 충만하며, 하나님 앞에 있음에 말없는 기쁨이 넘친다. 어느새 나는 예배 뮤직비디오나 〈로스앤젤레스 타임스〉지 표지에 등장한 내 모습^{계곡 길을 걷고 있는 잰 존슨}을 그려보고 있다.

나는 자화자찬에는 끝이 없다는 결론을 내렸다. 이 작은 '허깨비'를 한 친구에게 털어놓고 그 또한 똑같은 일을 한 적이 있다는 말을 듣고서야 나는 그것을 떨치며 웃어넘길 수 있었다. 자신의 사이비 영성 성향들을 인식하면 하나님께 늘 이렇게 건강한 고백을 드릴 수 있다.

"제 삶의 너무 많은 부분이 나 중심적입니다. 마음으로는 하나님 중심이길 원하는데 말이예요. 주님, 용서하소서."

영성이 자아도취로 비화될 수 있는 길은 그밖에도 많다. 우선 절망감으로 나타날 수 있다.

"나는 절대 경청기도를 제대로 못할 거야."

하지만 관건은 제대로 하는 것이 아니라 가만히 있어 하나님이 하나님 됨을 아는 것이다^{시 46:10}. 우리는 또 자신의 기도 수준을 평가할 수 있다. 기도 시간이 더 길어지고 감정이 더 뜨거워지기를 바라며 말이다. 이렇게 강박적 자기분석에 빠질 때 우리는 진리가 아닌 갈라디아서 2장 20절의 패러디 버전대로 살 위험이 있다.

"내가 그리스도로 말미암아 개선되었으니 그리스도께서 나를 '더 나은 나'로 만드심이라" : "내가 그리스도와 함께 십자가에 못 박혔나니 그런즉 이제는 내가 사는 것이 아니요 오직 내 안에 그리스도께서 사시는 것이라"가 아니라.

사이비 영성은 감정적 흥분을 낳을 수도 있다. 「무지의 구름」의 노련한 저자는 스스로 흥분을 조장하지 말라고 경고했다. 이는 원수의 일이며 '위선과 이단과 오류'[8]에서 비롯된다. 물론 진정한 영적 희열이 찾아올 수도 있다. 그러나 그것만을 기대하거나 찾는 것은 좋지 않다. 거창한 일만 구하는 것은 유치함의 증표이며, 그것을 만인이 보도록 치켜드는 것은 하나님과의 참된 친밀함이 당신과 거리가 멀다는 표시다.

지나친 내면 지향

경청기도의 삶이 진전되면서, 하나님을 만나 그분께 매료된 마음이 내면생활의 즐거움으로 바뀐다고 하자. 그래서 내가 '거룩해진 느낌'이 들 수는 있으나 물론 이는 나 자신의 신앙을 믿는 또 다른 방식이다.

베스트셀러 「일상에서 건진 지혜」 *Wisdom Distilled from the Daily*의 저자 조앤 치티스터는 수녀가 되기 위한 수녀원 훈련 초기에 지나친 내면 지향의 위험을 깨달았다고 말한다.

공동체 생활 초기에 내게 가장 충격이 된 것은 신참들에게는 정규 기도시간 외에 예배당 출입이 허용되지 않는다는 사실이었다. 예배당에 갈 수 없다니 뭐 이런 곳이 있나 싶었다. 나는 당장 거룩함을 이루고 동시에 신참 스승을 감동시킬 각오가 되어 있었다. 그런데 누군가 그 두 동기를 눈치 채고는 내 일을 송두리째 막으려 손쓴 것 같았다. 사실 그들은 우리 모두에게 훨씬 좋은 것을 생각하고 있었다. 그들은 우리가 노동하기 원했다. 왜일까?

치티스터의 이어지는 설명대로 사이비 경청가들은 노동을 장애물로 본다.

"그들은 빈둥거리거나 떠돌거나 응시하거나 '정리'하면서 시간을 보내고 싶어 한다. 그들은 생계를 위해서만 노동하며 그나마 최소한에 그친다. 그들은 신비 속에서 하나님을 구하고 있다고 하지만 사실은 정작 삶에 의미를 부여하는 일들 속에서 하나님 임재를 놓치고 있다."9

경청기도는 외적 활동의 시간과 병행될 필요가 있다. 사실 그런 병행의 리듬이 있어야 평범한 일상생활 속에서 하나님 임재를 연습하는 법을 배운다. 내가 토요일 오전에 공부와 경청기도를 처음 시작했을 때는 경청기도 후 비디오를 보며 하는 에어로빅이 정말 부조화로 보였다. 그때는 운동이 싫기도 했다. 그러나 시선이 전방의 비디오에 가 있는 중에도 하나님 임재가 너무도 선명해 나는 깜짝 놀랐다. 그 후 마당의 잡초를 뽑을 때도 하나님 임재는 내 손가락으로 파내는 흙만큼이나 손에 잡힐 듯했다. 헨리 나우웬이 어느 트라피스트회 수도원에 머무는 동안 그에게 주어진 일과는 감자 껍질 벗기기, 강바닥의 바위 끌어내기 같은 일들과 경청기도 시간의 병행이었다.[10] 하나님은 그런 노동 경험 속에서 나우웬에게 자신을 계시하셨다. 이렇게 노동과 기도가 조화를 이룰 때 하나님을 즐겁게 경험할 수 있다.

이 모든 덫 앞에서 우리는 사고의 재조정이 필요하다. 내 목표는 하나님을 알고 사랑하는 것인가? 나는 하나님과 지속적 대화를 원하는가? 그 이하로는 만족하지 않겠다는 각오가 필요하다. 하나님 편에서는 언제나 우리를 만나주신다.

11 경청가는 친구 없는 적적한 신비가가 아니다

고금을 막론하고 경청가들에게 이런 방벽을 제공한 공동체 형태는
영적 스승, 멘토, 제자훈련 교사와의 관계다. 물론 진짜 스승, 진짜 멘토는 성령님이다.

그래도 당신은 마음 한구석이 꺼림칙하면서 이런 생각이 들 수 있다. '경청기도는 내성적이고 직관적인 사람들이나 하는 것이지.' 침묵과 고독에 대한 모든 내용으로 미루어 경청기도를 얌전하고 수동적인 기질에나 맞는 방법으로 일축하기 쉽다. 천상의 평화를 찾기까지 사색에 잠기거나 기도하는 심정으로 우주를 응시하는 것이 경청인 것처럼 말이다.

그렇지 않다. 틸든 에드워즈Tilden Edwards의 말대로 "경청가는 특별한 종류의 사람이 아니다. 오히려 모든 사람이 특별한 종류의 경청가이다."[1]

전쟁에 능한 왕들과 불같은 선지자들도 경청기도를 했다

다윗을 생각해 보라. 그는 전쟁에 능한 왕이자 사색에 잠겨 시를 쓰는 목자였다. 한순간 경청기도에 잠겼다 다음 순간 사자를 죽이는 그를 상상해 보라. 고대의 이 전사는 경청가일 수 있을까? 그런 것 같다. 절박한 상황에서 몸을 비틀며 미친 척했던 다윗은 경청기도의 전통으로 하나님께 훈련받은 사람이다시 5:3, 27:14, 37:7, 38:15, 40:1, 130:5~6 참조. 미친 척한다는 아이디어도 어쩌면 하나님을 바라는 중에 나왔을지 모른다. 경청기도의 순간 내가 얻었던 실제적 통찰들을 감안할 때 그건 놀랄 일이 아니다. 다윗처럼 고독과 경청기도에 숙련된 사람에게 있어 풍성한 내면 생활과 능동적 외면 생활의 경계는 투과성이 있다. 그는 온종일 경청기도 시간을 들락거렸을 것이다.

중요한 사역을 수행한 성경의 다른 인물들도 혼자만의 시간을 떼어내 하나님의 세미한 속삭임을 들었다. 엘리야가 낙심에 빠지자자살까지 생각할 정도로 천사는 그를 지리적으로 먼 곳으로 데려갔다. 거기서 그는 쉬는 시간, 하나님과 대화하는 시간, 선지자의 비전을 세밀히 분별하는 시간을 가졌다왕상 19:12 참조. 벧엘을 다시 찾은 야곱에게 하나님은 그의 장래와 소망을 보이셨다창 31장 참조. 예수님은 한적한 곳으로 물러나 하나님 음성을 들으셨고 제자들도 함께 쉬자고 부르셨다막 6:31 참조.

그래도 혹자는 경청기도에 고개를 저으며 이렇게 말할 수 있다. "하지만 난 마르다야!"

마리아-마르다 구분 중 소위 실천가라는 것이다.

"나는 바나바라서."

바울-바나바 대조 중 섬기는 조역이라는 것이다. 마르다가 주변 세상을 주관하는 동안 아마도 마리아는 아무 일도 하지 않고 예수님 발아래 앉아있었던 것 같다. 바나바가 실제적 격려를 베푸는 동안 바울은 심오한 영적 논문들서신서을 썼다. 흔히들 트럭 운전수나 체조 선수나 경매인은 절대 경청기도에 참여하지 않을 것처럼 생각하는 것 같다. 정말 그럴까?

전통적인 마르다-마리아경청 대 실천가 이분법은 인위적인 것이다. 이 이야기 하나에서 우리는 신화를 만들어냈다. 실천가가 실천가인 것은 하나님 앞의 고요한 우물에서 물을 긷기 때문일 수 있다. 예컨대 실천가 에이미 카마이클은 독신 선교사로 인도에 가 사원 매춘부들을 건져내고 결국 그들에게 가정과 학교를 세워주었다. 그런 그녀가 이런 글을 남겼다.

> 고요한 시간을 많이 가져라. 거의 언제나 우리는 하나님께 직접 도움을 얻어야 하기 때문이다. 우리가 여기 온 것은 도움을 받으려 함이 아니라 돕기 위함이다. 그렇다면 각자 하나님과 단둘이 걸으며 그분 말씀을 섭취하고 양분을 공급받을 줄 알아야 한다. 귀 기울여 들어라. 가장 미세한 인도의 속삭임도 놓치지 말라.[2]

사실 당신은 경청가가 되어서도 아주 적극적으로 살아갈 수 있다. 오히려 당신의 행위에 훨씬 더 초점과 능력과 끈기가 생길 것이다. 히포의 어거스틴과 클레르보의 버나드는 둘 다 꾸준히 종교 기관과 민간 기관의 정치에 참여했다. 수도원에 들어간 지 3년 후 버나드는 보냄을 받아 클레르보에 대수도원을 세웠고 죽는 날까지 거기서 수도원장으로 봉직했다. 그 기간 중 그는 60개 이상의 수도원을 세웠고 그밖에도 300개의 수도원 건립을 지원했다.[3] 어거스틴은 교회와 전례典禮 지도자였을 뿐 아니라 치안 판사로도 일했다. 그는 '소액 분쟁으로 주민들의 공격을 받았고 그들을 위해 오만한 공무원을 탄원하기도 해야 했다.'[4] 그러나 이 모든 어지러운 질풍의 한복판에서 그들은 둘 다 저작에 나타나듯이 하나님을 대면하고 사랑하는 일을 인생 최고의 추구로 삼았다.

경청기도는 결코 사도 바울 같은 깊은 사상가들의 독점 영역이 아니다. 명상하려면 자신을 가라앉힐 줄 알아야 하지만 분석적 사고가 필요한 건 아니다. 기도를 '고된 정신노동'으로 보는 많은 이들에게 경청기도의 길은 안도가 될 수 있다. 그런 기도는 몹시 피곤하며, 사색적 사고가 내 강점이 아닐 때 특히 그렇다. 지성으로 세상을 정복하는 데 높은 가치를 부여하는 문화에서 하나님에 관한 생각은 또 하나의 버거운 짐이다. 하나님도 해답이 있는 하나의 문제이며, 지성의 고된 노력으로 우리는 그 해답을 찾으려 한다.[5] 확신컨대 우리 영혼의 원수는 당신이 이렇게 믿기를 원한다. 내가 학자가 아닌 이상 기도란 내게 어려운 정신 작업이며 쓸데없는 것이라고 말이다.

경청기도에도 공동체가 필요하다

지금까지는 경청기도를 개인 훈련으로 얘기해 왔지만 경청기도가 항상 고독한 활동은 아니다. 묵상과 경청기도 시간에 관한 나의 저서 「하나님을 듣는 삶」Listening to God이 개인뿐 아니라 소그룹용이라는 데 놀라는 사람들이 있다. 하지만 예로부터 렉시오 디비나묵상적 성경 읽기는 그룹으로 시행되어 왔다. 그룹 묵상과 경청기도의 경험을 통해 깨달은 것이 있다. 내가 '들은' 것을 다른 사람들에게 나누는 사이 경험이 깊어지며, 그것도 경험 자체의 일부다. 소리 내어 말하다보면 내용이 더 분명해진다. 마주앉은 사람삶을 보는 눈이 나와 다른의 반응도 큰 깨달음을 준다. 방 안에 가득한 사람들과 함께 침묵 속에 앉아있는 것은 다른 형태의 교제다. 나는 거기서 깊은 유대감을 느낀다. 함께 조용히 있을 만큼 우리는 서로를 충분히 배려한다. 꼭 서로 재잘거려야만 서로 섬기는 것은 아니다.

사실 공동체가 경청기도에 중요함은 그것이 또 다른 방벽이 되기 때문이다. 즉 우리는 서로 경험을 나누며 상대의 확인을 듣는다. "퀘이커 운동 초기에 사람들이 이상하고 무리한 내용을 '듣는' 경향이 있었는데 이는 **공동체적 듣기**의 시행을 통해 곧 조절되었다. 개인이 성령의 음성을 들으면 공동체 전체가 거기에 주목하여 공동의 침묵 속에서 메시지의 진실성을 시험했다."[6]

다른 사람의 확인의 말은 성경적 원리로서 우리의 방벽이 될 수 있다. 그리스도는 족장들이 받은 약속을 확인하셨고, 하나님은 이적과 기사로 복음을 확인하셨고, 서신서는 제자들의 전도로 확인되었다롬 5:8, 막 16:20, 행 15:27 참조. 2~3인의 증인 원리는 모세 율법과 예수님의 가르침과 서신서의 교훈에 면면이 흐른다신 17:6, 마 18:16, 딤전 5:19 참조. 하나님은 진리를 분명히 알리신다. 따라서 뜻밖의 아이디어가 하나님 '음성'으로 들리거든 다른 두세 사람들에게 확인하라.

"하나님이 나보고 당신에게 이렇게 말하라고 하셨다"와 같이 어떤 사람에 관한 하나님의 말씀이 다른 사람에게 들려올 때 공동체의 확인이 특히 중요하다. 노련한 목사 피터 로드는 육체적 질병이나 개인적, 사업적 결정과 관련하여 그런 일이 나타날 소지가 가장 높다고 했다.[7] 그런데 이런 일은 대체로 종속적인 고착이 영적으로 뒤틀려 나타나기도 한다. 이럴 경우 상대 스스로 하나님을 구하도록 격려하는 것이 아니라 상대의 영적 반경을 침범하는 것이 될 수도 있다.

그러나 로드의 말대로 가끔 하나님은 저 사람에 관한 말씀을 이 사람에게 하시는 듯한 경우가 있다. 그 경우 "이미 본인에게 하신 말씀에 대한 확인의 말인 경우가 많다. 하나님은 상대가 정확히 들었음을 당신을 통해 확인하신다."[8]

나는 잘못을 지적해야 할 상황에 처한 적이 있었다. 경청기도로 상황을 계속 올려드렸으나 하나님은 뭐라고 말해야 할지 아이디어를 주시지 않았다.내 머릿속 위원회 멤버들의 재치 있는 아이디어들이 너무 많았는지도 모른다. 대신 나는 하나님이 이렇게 말씀하신다는 느낌이 들었다. "긍휼을 보여라. 사랑으로 진실을 말해라." 그래서 고린도전서 13장 7절로 호흡 기도를 드렸다.

"모든 것을 참으며 모든 것을 믿으며 모든 것을 바라며 모든 것을 견디느니라."

그러던 어느 날, 아침에 일어나니 전혀 새로운 아이디어가 떠올랐다. 내가 직접 지적할 것이 아니라 관계된 공동체 모임 가운데서 행동해야 한다는 내용이었다. 평소의 내 사고 방식과 너무 달라 나는 그것이 잘못된 생각이든지 아니면 하나님의 인도든지 둘 중 하나임을 알았다. 한 시간 후 모임의 한 멤버가 내게 전화해 전체 모임 차원에서 지적하면 좋겠다고 말했다. 나는 그것을 확인으로 받아들였다. 우리는 그렇게 했고 결과는 좋았다. 동료의 확인이 아니었다면 나는 그것을 하나님의 아이디어로 믿지 못했을 것이다.

확인을 얻으려면 내가 하나님께 들었다고 생각되는 내용을 다른 믿을 만한 사람들에게 들려줘야 할 때가 많다. 그들은 대개 확인해 주며 경우에 따라 내용을 덧붙일 수도 있다. 내 삶 속에 말씀하시는 하나님의 통로가 되는 것이다. 배우자는 내 기호와 약점을 아주 잘 아는 하나님 음성을 가부간 확인해줄 적임자다. 당신은 누군가에게 "이것이 혹 하나님이 내게 주신 음성일까요? 내가 꼭 들어야 할 말일까요?"라고 묻기를 꺼리는 편인가? 우리가 다른 사람들의 아이디어에 마음을 열고 그들의 검토를 받을 수 있다는 것을 알고만 있어도 우리는 자기중심적 생각에 빠지지 않을 수 있다.

고금을 막론하고 경청가들에게 이런 방벽을 제공한 공동체 형태는 영적 스승, 멘토, 제자훈련 교사와의 관계다. 물론 진짜 스승, 진짜 멘토는 성령님이다. 성령님은 종종 연약한 인간을 사용하여 우리로 '날마다 성령의 임재를 알아보고 모셔 들이는 여러 길을 흔히 영적 훈련을 통하여' 보게 하신다.[9] 영적 지도나 멘토링이나 제자훈련은 치료와 다르다. 치료가 지향하는 것은 문제 해결이다. 대신 우리는 이런 질문으로 영성 계발을 지향한다.

"하나님은 내 삶 속에서 무슨 일을 하고 계신가? 각 관계 속, 각 사건 속에서 하나님은 어디 계신가?"

물론 답은 경청기도 시간에 나온다.

"최근 하나님이 내게 말씀하신 내용은 무엇인가?"

당신이 경청기도를 실험하고 있지만 이런 형태의 공동체가 없다면, 경청기도 중에 하나님이 들려주신다고 느껴지는 내용을 누군가 믿을 만한 사람, 경청기도를 존중하는 사람에게 얘기해 보라. 그 사람과 공동체를 가꾸면 그는 친구인 당신을 잃을지도 모른다는 두려움 없이 허심탄회하게 솔직한 반응을 보일 것이다.

잘 모르는 사람들을 향한 긍휼

고금의 노련한 경청가들에 따르면 하나님은 경청기도를 통해 우리 마음을 확 넓혀주시며 그래서 우리는 아는 사람들뿐 아니라 모르는 사람들까지 돌아보게 된다. 하나님을 응시하는 일은 나를 위한 것이 아니라 세상을 이처럼 사랑하시는 하나님을 사랑하기 위한 것이다. 경청기도를 마칠 때 우리 마음은 설령 상대가 생면부지일지라도 주린 자, 목마른 자, 나그네, 벗은 자, 병든 자, 옥에 갇힌 자에게 공의와 자비를 베풀 준비가 되게 된다 마 25:35~36 참조.

하나님께서 주신 섬김은 하나님께 듣는 내용에서 나온다. 그것이 동기가 되어 당신은 하나님 나라를 확장하고 힘없는 사람들의 대변자가 되라는 그분의 부름에 응답한다. 하나님과의 대화가 지속될 때 당신은 구속 사역에 가담할 수 있다. 하나님이 인류의 구속을 위해 하고 계신 일은 무엇이며 나는 어떻게 거기 동참할 수 있나? 선교사 프랭크 로바흐는 그것을 이렇게 표현했다.

"하나님의 임재를 몇 달씩 몇 년씩 연습하고 나면 하나님이 더 가깝게 느껴진다. 뒤에서 미시는 힘도 더 강하고 더 일정해 보이며 앞에서 끄시는 힘도 점점 세지는 것 같다."[10]

하나님이 한 손은 뒤로 뻗어 우리를 이끄시고 또 한 손은 보이지 않

는 그분 뜻을 향해 앞으로 뻗고 계신 느낌이라 할 수 있다.[11]

불행하게도 다른 사람들을 돌보다가 긍휼이 바닥나 탈진하는 것이 보편적인 상황이다. 경청기도는 더 좋은 사람이 되어야 한다는 활동 치중의 신학을 막아준다. 하나님과 대화하는 삶이 풍성하면 봉사하다 침체에 빠지지 않을 수 있다. 오직 하나님만이 우리에게 연료를 충분히 주실 수 있다. 우리는 하나님께 지속적 공급을 받아야 한다.

나그네Sojourners 공동체에 속해 워싱턴 D.C.의 빈민과 갱들을 상대로 사역하는 짐 월리스Jim Wallis는 이렇게 말한다.

> 경청기도는 탈진을 막아준다. 사색 없는 활동은 금세 삭막해지고 쓴 뿌리마저 키울 수 있다. 자기 성찰의 공간과 회복의 역량이 없으면 소진과 절망의 위험이 너무 크다. 경청기도는 우리 정체성과 능력의 물음을 우리에게 들이댄다. 나는 누구인가? 누구에게 속한 자인가? 내 힘보다 큰 능력이 있는가? 불안은 기쁨에, **쫓김은 평온함**에 자리를 내주어야 한다. 전략은 믿음으로, 성공은 순종으로, 계획은 기도로 자란다.[12]

'쫓김은 평온함에 자리를 내주어야 한다'는 그의 통찰에 우리는 안도하게 된다. 우리 중 쫓기는 자들도 경청기도의 길에서 제외된 것이 아니라는 뜻이다. 경청기도는 내 목표 대신에 하나님을 구하도록 도와 준다.

인도 캘커타의 빈민들과 죽어가는 자들 속에서 일하는 테레사 수녀의 〈사랑의 선교회〉 수녀들이 일에 치이지 않는 까닭도 경청기도가 탈진의 예방책이라는 개념으로 설명될 것이다. 중요한 일을 정말 많이 해내는 그들이지만 "가난한 자들과 함께 보내는 시간은 하루 5시간뿐이다. 나머지는 기도와 묵상 등으로 보내며 하나님께 초점을 맞춘다. 그들의 효율성과 지구력은 하나님과 함께 보내는 시간 덕에 놀랍도록 배가된다."[13]

하나님과의 조용한 순간에 일어나는 일은 삶 속으로 확산된다. "이렇듯 참된 경청가란 자기 영혼을 구원하려고 세상에서 [물러나는] 사람이 아니라 세상의 중심으로 들어가 거기서 하나님께 기도하는 사람이다."[14]

일상의 고독 속에서 나는 자녀들을 위해 기도하고 지원 센터의 노숙자들을 위해 기도한다. 현장집과 센터에서도 나는 계속 기도하며, 결국 굳이 의식하지 않고도 사랑 많은 부모나 자원 봉사자가 된다.

하나님과 단둘이 보내는 시간에 받는 것들이 우리에게 연료를 지펴 세상을 보듬게 한다. 교회의 말다툼과 직장 문제와 가정의 오해 속에서 우리는 차라리 구석으로 기어들어 1년쯤 거기 머물며 '우리 아버지'께 기도하고 싶은 날이 많다. 예수님의 단어는 '우리 아버지'였음을 하나님은 끊임없이 일깨우신다. 우리는 이 지구별에 혼자가 아니다. 하나님은 내 잔을 넘치게 채우신다. 내 잔을 채우시는 하나님이 지으신 사람들을 어찌 모른척할 수 있으랴.

경청기도는 또한 공동체를 강화시켜 준다. 우리가 함께 조화롭게 일할 수 있는 사람이 되도록 해주기 때문이다. 경청기도 중에 우리 내면의 동기가 표면에 떠오르며, 그래서 우리는 내가 함부로 대하는 이들을 향해 마음을 고쳐먹을 수 있다. 경청기도 중에 우리는 남들을 괘씸하게 여기는 머릿속의 위원회 멤버들을 다스릴 수 있다. 그 결과 우리는 상대를 싫어하거나 따돌리지 않고 나란히 함께 섬길 수 있다. 경청기도는 우리를 인내심 많고 타인 중심적인 일꾼, 누구라도 함께 있고 싶어 할 사람이 되게 한다.

세상 속의 부대낌^{지방 의회나 위원회에서 빛과 소금이 되는 것}도 괜찮게 느껴진다. 우리의 '평안함'이 그리스도인들만의 배타적 환경^{교회 볼링 대회, 기독교 소그룹}에 속한 데서 나오지 않고 하나님과 함께 보내는 시간에서 나오기 때문이다. 일례로 나는 한 전문기관 지방분회 임원단의 유일한 그리스도인이다. 나는 경청기도 중 각 임원을 하나님께 올려드린다. 심한 말다툼이 벌어질 때면 나는 애정 어린 대화로, 그리고 험담이나 편들기를 거부함으로 각 사람을 사랑할 수 있다. 내가 '하나님을 믿는다'는 이유로 나와 친해지고 싶지 않다고 말했던 한 임원과의 관계가 그 결과 달라졌다. 최근 그는 어느 프로젝트로 내게 도움을 주었고, 우리 부부를 자기 삶의 특별 행사에 초대했다. 이런 우정들이 어디로 갈지 나는 모른다. 다만 모든 임원들을 계속 기도로 올려드릴 뿐이다. 이 경우 내게는 말없는 경청기도가 더 좋다. 만일 구하는 기도를 하려 한다면 하나님께 그 사람들을 정확히 어떻게 변화시키셔야 한다고 지시하고 있을 것이다. 대신 나는 그냥 그들을 기도로 올려드림으로 사랑하며, 하나님이 계속 일하시기를 구한다.

빛과 소금 그리고 나

하나님은 당신에게 어떤 분야에서 빛과 소금이 되라 하시는가? 지방 의회에서? 부모 모임에서? 볼링 팀에서? 우선 동료들을 하나님 앞에 올려드리며 그분이 각 사람의 마음속에 무슨 일을 하고 계신지 물으라.

"하나님이 하고 계신 일에 어떻게 제가 동참할 수 있을까요? 그러려면 제가 알아야 할 것이 무엇입니까?"

하나님이 당신을 완전히 딴 사람으로 변화시키실 가능성은 실존한다. 그리고 그것이 당신의 가장 큰 전도다. 한때 돈을 아무리 벌어도 족한 줄 모르던 당신이 이제 자기 자원을 들여 남들을 돕게 된다. 한때 더 높은 연봉을 구하던 당신이 이제 더 높은 수준의 인격을 구한다. 한때 왜 남들이 내게 자비를 베풀지 않느냐고 항변하던 당신이 이제 남들에게 자비를 베푸는 일에 가담한다.

이런 철저한 변화가 꼭 필요함은 하나님의 뜻이 그저 좀더 착한 사람이 되는 것 이상이기 때문이다. 하나님은 우리 안에 그리스도의 형상이 이루어지고 우리 성품이 변화되기를 원하신다.

"이 비밀은 너희 안에 계신 그리스도니 곧 영광의 소망이니라" 골 1:27.

우리는 하나님을 구하며 이렇게 물어야 한다.

"제 안에 변화되어야 할 부분들이 무엇입니까? 제가 사랑해야 할 원수들, 환대해야 할 나그네들은 누구입니까? 하나님 나라에서 무슨 일을 하라고 저를 부르셨습니까?"

이렇게 하나님과 대화적 관계 속에 살 때 영성 계발은 이루어지지 않을래야 않을 수 없다. 경청기도의 영적 훈련은 사람과 상황을 통제하려는 숨막히는 욕구를 흩어버리고, 완벽한 그리스도인이 되려는 욕구를 녹여버린다. 나는 내가 남들과 다르리란 걸 안다. 그들의 선의의 충고는 흥미롭지만 구속력은 없다. 나는 그들의 비판을 경청의 기도로 받아 하나님의 통찰을 기다릴 수 있다.

하나님 음성을 들을 때 우리는 주변 문화 속에 그분의 가치관을 더 잘 구현할 수 있다. 파업 중인 교사들은 노조 간부들과 경영진 사이의 화해를 위해 기도할 수 있다. 아무에게나 마음이 끌리던 남녀들은 대신 배우자에게 충실하게 된다. 평안한 중산층 사람들은 고문당해 죽은 부모로 인해 수백만 아이들에게 뼈아픈 상처를 남긴 르완다 전쟁을 보며 가슴이 무너진다. 열심히 일하는 사람들은 자기 돈을 상향 이동에 쓰지 않고 외부 지원에 쓴다. 이런 조용한 반문화 행동은 적대적 정치, 낭만적 흥분, 자아도취적 사생활, 끝없는 소유욕을 규범으로 아는 사회를 아프게 건드린다. 하나님을 갈망하는 변화된 삶은 상생의 정치, 정절의 사랑, 자원의 나눔, 근검한 삶이 지혜임을 안다.

경청기도를 하는 사람은 친구 없는 적적한 신비가가 아님을 명심하라. 사실 하나님과 고요한 순간을 함께 보낼 때 우리는 기꺼이 다른 사람들과 더불어 그분을 위한 모험의 삶에 나선다. 그리고 경청기도 안에서 당신은 하나님이 이처럼 사랑하시는 다른 사람들과 함께 영적 공동체 안에 뿌리를 내리게 된다.

12 하나님의 임재 안에 사는 삶의 비결

기도를 해가면서 하나님과의 지속적 대화가 달라지고 진전될 것을 기대하라.
경청기도 중에 연습한 침묵과 고독은 차츰 삶으로 흘러들어
내면의 침묵과 고독을 창출한다. 그리고 그것은 일상 활동으로 스며든다.

아들이 귀걸이를 달기 시작하자 카니는 남편에게 말했다.
"귀에 피가 나라고 기도하겠어요!"
착한 아이였지만 그녀는 귀걸이만은 질색이었다.
그러나 카니의 기도가 경청적 색채를 띠면서주관하려 하지 않고 맡김, 하나님 께 할 일을 지시하고 않고 하나님의 음성을 들어 서서히 새로운 태도가 자리 잡았다. 그녀는 자기가 귀걸이를 달 때마다 사랑하는 아들을 위해 사심 없이 짤막한 기도를 드렸다. 그녀는 내면적으로 달라졌고, 하나님과의 대화도 달라졌다.
경청기도를 해가면서 하나님과의 지속적 대화가 달라지고 진전될 것을 기대하라. 경청기도 중에 연습한 침묵과 고독은 차츰 삶으로 흘

러들어 내면의 침묵과 고독을 창출한다. 그리고 그것은 일상 활동으로 스며든다. 토마스 켈리는 그것을 "긴장을 풀고 깊이 듣는 것, 내 자아 전체의 초점을 말없이 꾸준히 하나님께 맞추는 것"[1]이라 표현했다.

하나님 임재 안에 사는 삶

경청기도 시간을 통해 우리는 하나님과 함께하는 삶에 준비된다. 로렌스 형제는 그것을 '하나님의 임재 연습'이라 했다.[2] 이런 경청기도의 생활방식 속에서 삶의 각 상황은 기도를 통해 하나님과 교차된다. 아무것도 하나님을 피해갈 수 없다. 우리는 하루 종일 하나님과의 하나됨 안에서 산다.

끊임없는 기도는 바울이 우리에게 명한 "쉬지 말고 기도하라"살전 5:17는 말과 같다. 바쁜 텐트메이커 선교사인 자신부터 그렇게 살았다.

"항상 내 기도에 쉬지 않고 너희를 말하며"롬 1:9.

"주야로 심히 간구함은 너희 얼굴을 보고 너희 믿음이 부족한 것을 보충하게 하려 함이라"살전 3:10.

"우리가 너희 모두로 말미암아 항상 하나님께 감사하며 기도할 때에 너희를 기억함은"살전 1:2.

삶은 하나님과의 '중단 없는 교제'가 될 수 있다.[3]

하지만 현실성이 있을까? 인간이 이럴 수 있을까? 심령의 기도가 어떻게 끊임없이 지속될 수 있느냐는 물음에 장–니콜라스 그루는 이렇게 답했다.

> 어떻게 그리되지 않을 수 있는가? 계속해서 마음을 경배, 감사, 죄의 회개, 하나님의 도움을 구하는 기도의 상태로 유지하라. 그러면 우리의 직무 수행이 방해받기는커녕 오히려 더 쉬워진다. 재능의 사용이 막히기는커녕 오히려 재능을 하나님의 본 취지에 맞게 쓸 줄 알게 된다.[4]

일들이 쉬워진다. 나 혼자 하는 일이 아니기 때문이다. 이 껄끄러운 직장 동료, 이 불가능한 스케줄, 이 임박한 의료 검사를 나는 다시 한 번 하나님께 자유로이 맡긴다. 그리고 하나님이 내게 뭐라 하시는지 본다. 나우웬은 이렇게 말했다.

> 하나님과 단둘이 보내는 시간을 훈련하면 할수록 우리는 하나님이 언제 어디서나 우리와 함께 계시다는 사실을 깨닫게 된다. 그렇게 되면 분주하고 활동적인 삶의 한복판에서도 그분을 알아볼 수 있다. 우리 심령은 우리가 어디를 가서 무엇을 하든 하나님이 거하실 수 있는 고요한 방처럼 된다.[5]

구약에서 우리는 왕에게 포도주를 올릴 때 등 가장 별난 상황들 속에서 기도하는 정치인 느헤미야를 볼 수 있다는 2:1~4 참조. 고위직 정치인에서 미개척 서부 변방의 총독으로 강등되는 중에도 느헤미야는 수시로 하나님과 대화했다. 1장부터 8장까지 거의 매 장 그의 기도하는 모습이 나올 정도다. "내 하나님이 내 마음을 감동하사"느 7:5 참조라는 고백이 그토록 자주 나오는 것도 무리가 아니다. 적극적 실천가인 느헤미야는 수시로 적들을 막아가면서 예루살렘 성벽 재건을 단 52일 만에 마쳤다. 그러나 그 모든 활동의 뿌리는 밤중에 무너진 성벽을 돌아보며 흘린 그의 눈물 속에 있었다. 거기 어둠 속에서 그는 하나님의 메시지를 깊이 생각하며 그 일에 자신을 바쳤다느 2:12 참조.

삶 전체에서 하나님께 주목하는 법

경청기도의 생활방식을 기르려면 삶 전체에서 하나님께 주목하는 법을 배워야 한다. 달라스 윌라드는 인터뷰에서 그것을 이런 식으로 설명했다.

> 내가 배관공이라 합시다. 어느 집 하수구를 뚫어야 합니다. 어떻게 하면 그 일을 예수님이 하시는 것처럼 할까요? 내 섬김의 대상들이나 파이프나 기계 때문에 어려움에 부딪칠 때 우리는 그 싸움을 혼자 싸우지 않습니다. 우리는 하나님의 임재를 구합니다. 뭔가 나로 말미암지 않은 일이 일어날 것을 기대합니다.
> 그런 '우연'이 찾아올 때 하나님께 감사하는 법을 훈련하면 그것이

우리 삶의 습성이 됩니다. 중요한 것은 하나님의 손에 주목하는 것입니다. '나와 이 파이프의 문제다!' 라는 식으로 일대일 생각에 갇히면 안 됩니다. 절대 그러지 마세요. 하지만 그러지 않으려면 훈련이 필요합니다. '방금 주어진 해결책을 감사하며, 지금 하나님을 찬양하자' 이런 생각이 들리면 자신을 훈련해야 합니다. 이것을 '하나님 안의 삶'이라 합니다. 훈련이 잘되면 결국 의식적으로 주목할 필요가 없는 단계에 이릅니다. 늘 이런 생각 가운데 있기 때문이지요. "이 일 속에 하나님이 임재하신다. 지금은 기도하고 찬양할 때다."[6]

일대일 생각에 갇힌 내 모습이 보였다.

"컴퓨터 소프트웨어와 나의 문제다. 나 혼자의 싸움이다. 내 구식 컴퓨터로 프로그램이 작동되게 해야 한다. 이 컴퓨터는 왜 말을 듣지 않을까?"

하나님이 그 속에 임재하시며 내 컴퓨터의 프로그램까지도 잘 아신다는 생각이 강하게 다가왔다.

우리의 모든 삶 속에서 하나님의 임재를 인정할 줄 알게 되면 평소 놓치던 기회와 감사치 못했던 도우심이 보인다. 경청기도는 우리를 깨운다. 일상의 업무와 본분에 짓눌려 우리가 둔해지기 때문이다. 들어도 깨닫지 못하고 보아도 알지 못하기 때문이다.마 13:14 참조.

삶 전체에서 하나님께 주목하는 기술을 몇 가지 살펴보자.

활동의 한복판에서 내적 고독으로 들어간다

그 고독 가운데서 하나님의 음성을 신속하게 듣도록 우리 마음을 훈련한다. 분주한 삶 속에서도 그 내적 고독을 가꾸어 수시로 그 안에 들어가는 법을 배울 수 있다. 나는 고독이 불가능한 시절에 그것을 배웠다. 토요일 아침이면 벗어나고 싶었지만 그때는 아이들이 어려서 그럴 수 없었다. 대신 나는 토요일 아침나절에 잠옷 바람으로 방 안에 있었다. 평상시 하던 일은 쉬고 가족들에게 필요할 때만 나가겠다는 표시였다. 어려웠다. 하지만 가족과의 시간을 절제하고 방에 남아 기도하고 읽고 생각하면서 나는 하나님을 누리는 법을 익혔다.

가관일 때도 있었다. 한순간 기도하다가도 어느새 누군가에게 짜증이 나곤 했다. 하나님께 이렇게 묻던 기억이 있다. "이런 고독의 시간이 제게 무슨 유익이 될까요?" 그러나 나는 침묵 중에 있을 때나 아이들이 와서 뭘 물어볼 때나 기도하는 법을 배웠다. 이런 리듬은 하루의 더 많은 시간을 '하나님께 마음을 다하여 살도록' 하는 학교이다.

삶을 분열시키지 않는다

경청기도의 길은 '하나님과 함께 사는 법을 배우는 삶'이다.[7] '신앙' 기도따로 건강, 직장, 가정, 봉사 따로의 분리된 삶이 아니다.

"기도와 삶은 하나여야 한다."[8]

모든 것이 하나님을 향한 사랑에서 흘러나오면 성과 속의 구분이 흐려진다. 지자체 기관의 어떤 사람이 당신의 속을 긁는다고 하자. 당신은 그 모임에 앉아 그 사람 마음을 생각한다. 당신은 교회보다 그 모임에서 더 많이 기도할 수 있다. 기도라는 일은 신성하거나 속되지 않다. 일하는 당신이 신성하며 따라서 당신이 하는 모든 일도 신성하다. 식당에서 설거지하는 사람은 그 그릇으로 식사한 사람들을 위해 기도하며 할 수도 있고 이 무슨 천한 일이냐고 지겨워하며 할 수도 있다. 하나님은 우리 삶에 관여하기 원하신다. 어찌나 원하시는지 우리도 "여호와께서 과연 여기 계시거늘 내가 알지 못하였도다"창 28:16고 고백할 수 있을 정도다.

기도와 삶이 통합되면 경청기도의 질이 향상된다. 경청기도의 어려움특히 마구 날뛰는 공상이나 공허한 느낌은 삶의 분열에서 비롯된다. 토마스 머턴은 그것을 '내면생활을 나머지 경험과 갈라놓는 것'이라 한다. 또한 '일상생활의 구체적 현실, 자연, 육체, 일, 친구, 환경들을 단순히 존중하면' 영성의 문제들이 치유될 수 있다고 했다.[9]

반응을 유보한다

충분한 여유를 갖고 하나님께 "어찌된 일일까요?" 물으며 그분이 주실 말씀에 나를 내맡기면 하나님의 세미한 음성이 더 잘 들린다.

나는 이것을 어떤 강사의 도전을 통해 배웠다. 강의 후 대화중에 그는 친구에게 하듯 말했다. "한동안 남을 칭찬하는 말을 삼가 보십시오." 이상하게 들렸다. 집에 오는 길에 머릿속에서 그 사람과 싸웠다. 늘 비판을 일삼다가 회복 중인 나로서 칭찬은 내 '회복'에 큰 도움이 되었다. 또 수년간 영적 은사 테스트를 받을 때마다 나는 늘 격려에 높은 점수가 나왔다. 그런데 내 영적 은사를 사용하지 말란 말인가?

나는 그의 말을 무시했으나 누군가를 칭찬하려 할 때마다 왠지 머뭇거려졌다. 그래서 나는 질문했다. "내 내면에 흐르는 생각이 무엇인가?" 시간이 가면서 나는 내 동기가 불순함을 알았다. 한편으로 나는 본인들이 보지 못하는 그들의 장점을 알려줌으로서 하나님을 사랑하고 섬겼다. 그러나 다른 한편으로는 남들의 호감과 찬탄을 자아내고 영적으로 통찰력 있다는 인상을 주고 싶었던 것이다. 이 일은 내게 그리스도의 일을 그리스도의 마음으로 하기 시작한 첫걸음이 되었다. 나는 내 마음을 간수하고 동기를 순수하게 지킬 필요가 있었다.

이 경험을 통해 나는 반응을 유보하는 능력을 배웠다. 나는 내 영혼의 내면이 초라하다는 것을 들어야 하는데, 초라한 실상은 뭔가를(음식이나 텔레비전이나 일 등) 금할 때 잘 들린다. 그런 순간 우리의 초라한 내면은 평소 하던 일을 어서 다시 하라고 우리에게 언성을 높인다.

경청기도를 하는 이는 마음을 잔잔하게 하고 듣는다.

"그 탁 트인 공간에서 우리는 크고 작은 놀라운 진리들을 보여주기 원하시는 하나님을 만날 수 있다. 우리 이해의 범위를 무한히 벗어나 있는 진리들이다. 우리의 영적인 마음에 하나님에 대한 지식과 소속감이 주어지는 것을 깨닫는다. 그것은 우리 생각으로 이해하기에는 너무 세미하면서도 지극히 본질적인 것이다."[10] 그 '지식과 소속감'은 영혼의 변화에 필수다.

일 속에 기도를 불어넣는다

일은 기도와 사색의 장이 될 수 있다. "육체노동이 어떻게 기도일 수 있나? 손으로만 아니라 마음으로 일할 때, 일을 통해 하나님의 피조세계와 더 가까워지고 하나님의 땅을 경작하라는 인간의 본분에 더 가까워질 때, 일은 기도다."[11] 사실 일은 경청기도의 좋은 소재다. 말없이 할 수 있기 때문이다. 차 안을 청소하며 종이컵이며 서류가방에서 쏟아진 서류를 치울 때 내 가족들과 나를 꼭 가야할 곳으로 데려다주는 둥지를 재창조하는 것이다. 화기애애한 저녁식사 후 식탁보를 개는 일이 기도처럼 느껴진다. 노숙자 센터에서 아이의 고장 난 장난감을 고치는 일(쓰레기통에서 장난감을 구속하여) 하나님과의 동역처럼 느껴진다.

평범한 것 속에서 하나님을 알아본다

해변에 서서 그물을 한번 더 던지라고 말하는 낯선 이를 사도 요한은 다른 제자들보다 먼저 알아보았다. 요한은 예수님의 방식에 너무도 익숙했기에 그물이 꽉 차자 대번 "우리에게 말씀하신 분은 틀림없이 예수님이다!" 결론짓고 제자들에게 알렸다(요 21:7 참조). 마찬가지로 우리도 예수님의 방식에 아주 익숙해지면(복음서를 되풀이해 읽으면 도움이 된다) 어린아이의 말, 누더기차림 여자의 적은 헌금 등 뜻밖의 장소에서 일하시는 하나님을 잘 알아볼 수 있다. 우리 문화는 거기서 하나님을 볼 줄 미처 예상치 못하겠지만 예수님의 학생들에게는 놀랄 일이 아니다.

황혼을 보거나 아기를 달래거나 녹음기에 노래를 틀면서도 우리는 하나님을 예배하고 즐거워할 수 있다. 그 결과 하나님 음성이 더 자주 들린다. 장–피에르 드 코사드Jean-Pierre de Caussade는 이렇게 썼다. "하나님께 자신을 드린 자들은 늘 신비로운 삶을 살며, 하나도 특이해 보이지 않는 지극히 평범하고 자연스럽고 우연 같은 경험들 속에서 비범한 기적의 선물을 그분께 받는다. 가장 단순한 설교, 극히 평범한 대화, 학식과 거리가 먼 책들이 하나님의 의도에 따라 이 영혼들에게 지식과 지혜의 원천이 된다. 그들에게는 모든 것이 소중하며 풍요의 원천인 까닭이다."[12]

'비범한 기적의 선물'을 인식할 때 우리는 "잘 보라, 이 안에 하나님이 계실 수도 있다!"는 생각으로 삶의 상황들을 더 쉽게 받아들인다. "자기 삶 속에 벌어지는 가장 사소하고 가장 슬프고 가장 원통한 일들 속에서 하나님을 알아볼 줄 아는 영혼들은 모든 것을 기쁘고 즐겁게 똑같이 존중하며 남들이 겁내고 피하는 것을 두 팔 벌려 받아들인다."[13]

평범한 순간들은 주목할 가치가 있다. 하나님이 무슨 일을 하실지 모르기 때문이다. 성경 기사에서 하나님이 사람들에게 말씀하신 방식을 보면 그분은 마치 사람마다 맞춤식으로 대하신 듯 상상력이 풍부하셨다. 꾀 많고 타산적인 야곱에게 하나님은 씨름하는 천사를 통해 말씀하셨다. 부유한 유목민 가정의 여주인 사라는 세 나그네의 방문을 받고는 주목하여 대접하지 않을 수 없었다. 발람에게 말한 것은 물론 나귀였다. 선지자도 가지가지다! 왕자 출신 모세는 산에서 하나님과 정말 극적인 대화를 경험했다. 마지막 선지자를 따라 강가에 모인 유대인 무리에게 하나님은 하늘을 활짝 여시고 성령이 예수님 위에 비둘기같이 임하게 하셨다. 모든 것을 희생할 세 기둥베드로, 야고보, 요한 앞에 예수님의 얼굴과 옷은 능력과 빛으로 변화되었다.

하나님은 우리 각자에게 창의적 방식으로 말씀하신다. 내 주변에 생각이 짧고 천박해 보이는 사람이 하나 있었다. 그러나 지난 세월 그녀가 해준 말들은 지금도 내 마음속에 울리고 있다. 그녀는 내게 늘 잘해주었는데, 긴 세월 나는 그녀를 건성으로 대했다. 하나님께서 내가 무시한 그 사람을 써서 나를 빚어 오셨음을 훨씬 뒤에야 깨달았다. 그녀의 너무 뻔해 보이는 아이디어와 너무 진부해 보이는 말을 통해 내게 말씀하시는 하나님 앞에 나는 겸손해진다.

그렇다면 우리의 할 일은 하나님이 말씀하실 수 있는 다양한 방식에 주목하는 것이다. 엘리자베스 배럿 브라우닝은 이렇게 지적했다.

"이 땅에는 천국이 가득하고 모든 떨기나무는 하나님으로 불붙어 있다. 그러나 보는 자만이 신을 벗는다. 다른 이들은 둘러앉아 야생 열매를 딴다."[14]

신을 벗고 불붙은 떨기나무를 응시하며 거기 계신 하나님과 교제하는 것이 내 본분이지만 상황과 사람에 대해 불평하며 야생 열매나 딴 적이 얼마나 많았던가.

자신의 핵심 문구를 사용한다

경청기도에 집중할 때 사용하는 단어나 문구는 하루 종일 하나님과 소통하는 데 유익할 수 있다. 끔찍한 교통사고를 당한 후 첫 순간과 며칠 동안을 예수님 기도 "주 예수 그리스도여, 이 죄인을 불쌍히 여기소서"만으로 견뎠다는 고백을 친구한테 듣고서 나는 감동했다.

그때는 엘니뇨현상으로 비가 억수같이 내리던 1998년 봄이었다. 나는 차만 타면 늘 겁에 질렸다. 어디를 가든 지나야 하는 고속도로는 산길 때문에 좁아져 있었다. 결국 나는 차에 탈 때마다 온몸이 잔뜩 굳어졌다. 잠깐만 운전하고 나도 걷기가 힘들 정도였다. 비 내리는 밤이면 나는 고속도로 갓길에 서서 두려움에 떨다가 다시 가곤 했다. 차창에 흐르는 빗물 사이로 자동차 헤드라이트를 보러 애쓰며 나는 최대한 집중하여 예수님 기도를 반복했다. 그때까지만 해도 늘 공허한 중언부언 같던 '예수님 기도'가 이제 단어 하나하나마다 내게 커다란 의미로 다가왔다.

하나님께 주목하여 살면 그분께 마음을 열고 '하나님께 마음을 다하여' 살 수 있다. 틸든 에드워즈는 그것을 이렇게 묘사했다.

> 내 영과 맞닿을 때 나는 어린아이 같은 단순함을 느낀다. 사랑받는 아이처럼, 신비롭고도 친밀한 임재를 믿는 내가 느껴진다. 그 임재가 순간순간 나를 붙들어준다. 나는 복잡하고 모질고 계산적인 야망과 두려움을 경험하는 게 아니라 지금 이 자리에서 내 모습 이대로

있고 싶은 마음을 느낀다. 내가 직접 인도하시는 하나님의 더 풍성한 지식에 열려 있기를 원하므로, 나의 지식에 한계가 있다는 겸손을 받아들인다.[15]

이렇듯 경청기도는 삶 전체에 파고든다. 서구 지성인들은 영성을 따로 분리시키는 경향이 있지만 그건 하나님을 제한하는 것이다. 우리의 영적 삶은 가정, 직장, 교회, 동네 등을 대변하는 다른 조각들과 나란히 빵 덩이의 한 조각이 아니다. 하나님과 함께하는 삶은 전체 덩이에 스며드는 누룩이다. 삶 전체에 계신 하나님 임재를 무시할 때 우리 영혼은 약해지고 우리는 창조된 본연의 모습에서 오그라든다.

이 책을 읽기 시작할 때 당신은 경청기도의 삶을 고적하고 수동적인 것으로 생각했을지 모른다. 이제 당신은 그렇지 않음을 알 것이다. 경청의 삶은 하나님 임재 안에 살기 원하는 그리스도인의 정상적 삶이다. 하나님의 명확한 음성에 따라 살기 원하는 컴퓨터 기술자, 영업사원, 가정주부, 대학생의 삶도 마찬가지다.

이는 내면적으로 강한 삶이다.

평안의 삶이다.

삶의 수정을 감수할 수 있는 삶이다.

잘 인도 받고 있음을 아는 삶이다.

그것은 점점 깊어지는 하나님과의 친밀한 교제 가운데 사는 삶이기 때문이다.

마지막 제4부로 넘어가면서 나는 당신이 그 이하에 만족하지 않기를 기도한다.

When the Soul Listens
제4부

경청기도 중 들려오는
하나님 음성의 내용

13 하나님은 기본 진리를 계시하신다

하나님을 더 잘 알수록 우리 심장은 하나님의 심장 박동에 맞추어 된다.
우리는 내 마음의 문제에 대해서 뿐 아니라 하나님 마음의 문제에 대해서도
하나님과 대화하기 시작한다.

지금쯤 당신은 하나님을 듣는 데 좀더 마음이 열렸겠지만 어떻게 하면 궤도를 이탈하지 않을까 하는 생각은 여전할 것이다. 현명한 조심성이다. 온갖 이상한 내용을 하나님께 들었다고 주장하는 사람들이 있다. 그런가하면 특정한 내용_{비판과 위협, 더 열심히 하라는 독려, 책망 없는 달콤한 위로의 말 등} 외에는 하나님께 듣지 못하는 사람들도 있다.

영적으로 궤도를 지키는 최선의 길은 다음을 아는 것이다. 즉 하나님은 성경의 사람들에게 말씀하셨던 내용을 우리에게도 말씀하신다. 성경의 굵직한 주제들로 표현된 하나님의 메시지는 변하지 않았다. 그분은 우리가 그 진리들을 흡수하기를 간절히 원하신다. 변화산상의 영광_{예수님의 변모}에서부터 겟세마네의 고통_{예수님이 배반당하시던 밤}에 이르기

까지 성경에 예가 얼마든지 많이 있다.

여기 마지막 제4부에서 우리는 하나님이 과거에 말씀하셨고 지금도 당신에게 들려주실 내용을 살펴보려 한다. 소개될 본문들을 묵상하면 당신의 경청기도 시간이 하나님의 메시지로 가득 찰 것이다. 하나님이 말씀하시는 이 내용들 안에서 우리는 영성 계발을 위해 각 개인의 마음에 말씀하시는 그분의 음성에 귀 기울인다.

이번 장에서는 하나님이 우리에게 주시는 기본 메시지를 살펴볼 것이다. 하나님과의 동행 초기에 들어야 할 내용이지만 우리가 아무리 자라도 이들 메시지의 필요성은 약화되지 않는다. 우리는 이들 단순한 메시지로 수없이 자주 돌아와야 한다.

- 하나님은 우리가 누구인지를 말해 주신다. 우리는 사랑받는 자요 가치 있는 존재다.
- 하나님은 우리에게 큰 그림과 그분의 목적을 일깨우신다.
- 하나님은 우리를 위로하신다.
- 하나님은 사역으로 나아가도록 우리를 부추기신다.

하나씩 살펴보자.

하나님은 우리가 누구인지를 말해 주신다

우리는 사랑받는 자다.

많은 그리스도인들이 처음 배우는 성경구절 중 하나인 요한복음 3장 16절은 하나님이 이처럼 사랑하시는 세상에 대해 말한다. 이 메시지 _{나는 하나님이 이처럼 사랑하시는 자다}는 경청기도 중 우리가 하나님께 꼭 듣게 될 메시지다. 이것은 하나님이 우리의 행동거지를 보아 근근이 이어 가시는 사랑이 아니라 아낌없이 다 주시는 사랑이다.

"보라, 아버지께서 어떠한 사랑을 우리에게 베푸사 하나님의 자녀라 일컬음을 받게 하셨는가, 우리가 그러하도다" _{요일 3:1}.

직장 상사와 친구들과 가족들은 다르게 말할지 몰라도 하나님_{우리를 절대 버리지 않고 떠나시지 않을 유일한 분}은 우리더러 사랑받는 자라 말씀하신다. 하나님은 우리에게 어찌나 이 말씀을 해주시고 싶은지 성경에 하나님의 서두르는 모습이 나타나는 장면이 있다. 아버지가 먼 길을 달려가 탕자의 '목을 안고 입을 맞추는' _{눅 15:20,24} 장면이다. 헨리 나우웬은 하나님의 부정父情을 이렇게 묘사했다.

> 하나님은 내가 보이나 멀리 내다보시고, 나를 찾으려 하시고, 나를 집에 데려가고 싶어 하신다. 죄인들과 함께 잡수신 이유를 설명하려 들려주신 세 비유에서 예수님은 하나님의 주도권을 강조하신다. 하나님은 잃은 양을 찾아 나서는 목자다. 하나님은 잃어버린 동전을

찾기 위해 불을 켜고 집안을 쓸며 구석구석 잃은 동전을 찾는 여자다. 하나님은 자녀를 살피고 기다리다 달려나가 맞이하고 끌어안고 타이르고 강청하여 집에 들어오게 하시는 아버지다.1

그러나 대체로 나는 동생보다는 이기적이고 자기 의에 빠진 형을 닮았다. 나는 공공연한 죄를 지은 적이 없다. 그리고 어쨌거나 꾸준히 성경공부에 나가지 않았던가! 그래서 나는 궁금해진다. 오 하나님, 이렇게 선하게 살려고 한 제가 마땅히 받아야 할 좋은 것들은 어디 있습니까? 내가 예수께서 비유로 말씀하신 이 이야기의 아버지였다면 나는 종에게 문을 잠그라 하고 맏아들을 바깥에서 하룻밤 즐기게 했을 것이다. 그러나 예수님 비유의 아버지는 기분 나빠하며 똑똑한 척하는 맏아들에게 나가 "얘, 너는 항상 나와 함께 있으니 내 것이 다 네 것"이라 말씀하셨다눅 15:31. 이것이 바로 우리가 하나님께 듣게 될 말씀이다.

우리는 가치 있는 존재다

우리 영혼 속에 가장 깊이 얽힌 질문이 둘 있다. 사랑받으려면 어떻게 해야 하나? 가치 있는 존재가 되려면 어떻게 해야 하나? "이런 질문에 답이 오지 않으면 우리는 직접 찾아 나선다. 우리는 사람들과 가까워지려고 애써보지만 안 된다. 환경을 선용하고 싶지만 안 된다. 하나님의 도움을 바라지만 왠지 얻지 못한다. 다른 그리스도인들은 무

슨 비밀 공식을 알고 있는데 나만 모르고 있는 듯한 기분마저 들 수 있다."²

기쁜 소식은 의미의 추적이 이미 끝났다는 것이다. 우리는 하나님께 사랑받는 자요 그분으로 인해 가치 있는 존재다. 우리는 하나님과 동역하여 세상에 커다란 변화를 낳을 역량이 있다. 하나님이 이런 그림으로 우리에게 그렇게 말씀하셨다. "너희는 세상의 소금이니 … 너희는 세상의 빛이라"마 5:13~14. 예수님께 처음 이 말씀을 듣던 자들은 엘리트나 똑똑한 사람들이 아니라 '각종 병에 걸려서 고통당하는 자, 귀신 들린 자, 간질하는 자, 중풍병자들'이었다마 4:24.

타락한 상태에서도 우리는 세상의 빛과 소금이다. 하나님이 말씀하시니, 주목받고 인정받으려는 우리의 몸부림은 끝날 수 있다. "기도 특히 묵상과 경청기도는 하나님을 찾는 길이라기보다 이미 찾은 그분 안에서 쉬는 길이다. 그분은 우리를 사랑하시고 우리 곁에 계시며 우리에게 오셔서 자기에게로 이끄시는 분이다."³

내가 한 사립 중학교에서 작문을 가르칠 즈음 우리 집안은 경제적으로 어려운 시기를 지나고 있었다. 어느 날 학교 주차장에서 후진하는데 최신 유행 옷차림을 한 학생들이 내 차를 보고 있었다. 돈을 아끼려고 우리는 새 차를 팔아 한쪽은 찌그러지고 한쪽은 노란색 페인트가 바랜 30년 된 고물 차로 바꾸었었다. 학생들은 내가 조수석 쪽으로 올라가그 문만 열렸다 운전대 뒤로 옮겨가는 것을 보았을 것이다. '얼마나 한심해 보일까? 단추식 기어가 보이지 않기에 망정이지!' 그런 생각이 들었다.

기어를 '운전'으로 넣은 사실은 누른 후 백미러를 보니 내 모습이 보였다. 다른 사람들한테도 목소리가 들렸는지 모르지만 나는 '들었다'.

"너는 사랑받는 자다. 너는 가치 있는 존재다. 내가 저 아이들의 삶에 너를 쓸 것이다."

그 후로 날마다 나는 잠시 거울을 조정하면서 그 요긴한 메시지를 떠올리곤 했다.

하나님은 우리에게 큰 그림과 그분의 목적을 일깨우신다

하나님은 전에 이미 밝히셨던 약속과 진리들을 우리에게 주저 없이 일깨우신다. 언약에 대한 얘기가 누차 거듭되는 하나님과 아브라함의 지속적 대화가 좋은 예다 창 12:1~3,7, 13:14~17, 15:1~6,7~21, 17:1~22, 18:1~19, 21:1~7, 22:16~18 참조. 우리한테는 같은 말의 반복처럼 보일지 모르나 두 당사자에게는 진부해 보이지 않는다. 사실 몇 번째인지도 모르게 그 얘기가 또 나왔을 때 사라는 너무 놀라 웃었다. 하나님은 마치 이렇게 말씀하시듯 그들에게 계속 상기시키셨다. "우리가 했던 얘기를 기억하느냐? 내가 너희에게 하라고 했던 일을 기억하느냐?"

롯이 좋은 땅을 취하고 아브라함이 나머지를 갖게 됐을 때도 그런 일깨움이 있었다. 아브라함에게 상황이 삭막해 보였을 수 있는 그 순간 하나님은 언약을 들고 나오셨다. "너는 눈을 들어 너 있는 곳에서 동서남북을 바라보라. 보이는 땅을 내가 너와 네 자손에게 주리니 영원히 이르리라" 창 13:14~15.

우리에게도 하나님은 전에 이미 주셨던 큰 그림의 개념들을 일깨우실 때가 있다. 옛 진리를 새 방식으로 보이시는 것이다. 아브라함에게 하신 것처럼 우리에게도 마치 이렇게 말씀하시는 것 같다.

"네 눈을 들어라. 지금 네가 보고 있다. 보이느냐?"

하나님이 구속, 화해, 다른 사람들을 하나님 나라로 인도함, 분열이 아니라 관계를 세움 등 성경적 개념들의 큰 그림을 제시하실 것을 기대하라. 우리는 사랑하고 구속하고 화해하는 것이 취지임을 망각한 채 소소한 교리나 교회의 복잡한 결정에 기분이 상한다.

하나님을 더 잘 알수록 우리 심장은 하나님의 심장 박동 구속과 화해에 맞추어 뛴다. 우리는 '내 마음의 문제에 대해서만 아니라 하나님 마음의 문제에 대해서도 하나님과 대화하기' 시작한다.[4] 이는 성장의 표시다. 내가 원하는 것, 내 생각에 옳은 것, 세상을 향한 내 처방밖에 모르던 기도에서 우리가 벗어났다는 뜻이다. 우리는 하나님 마음을 구하고 그분 뜻이 이 땅에 이루어지기를 원하는 자리로 나아간다.

내가 다니던 한 교회가 교회의 장래를 결정지을 투표를 앞두고 있었다. 나는 하나님께 어느 쪽으로 투표해야 할지 알려달라고 기도했다. 하나님 앞에 조용히 앉아있었으나 '응답'이 없었다. 들려오는 말이라고는 "사랑하는 걸 잊지 말라"가 전부였다. 그래서 나는 되물었다. "그래서요?"

나는 굳이 유창하게 설명할 수 있는 답을 찾아 어느 '한쪽'에 합세할 생각은 없었다. 계속 같은 생각이 떠올랐다. 사랑하는 걸 잊지 말라. 하나님 나라 관점에서 보면 어느 쪽에 표를 던지느냐의 선택은 우리 그리스도인들이 그 과정에서 서로 사랑을 선택할 것인지 여부만큼 중요하지 않음을 나는 깨닫기 시작했다.

그래서 나는 제법 살벌해진 그 상황에서 내가 어떻게 사랑의 힘이 될 수 있는지 하나님께 물었다. 사람들이 서로 말을 안 하고 지내는 사이 나는 모두를 계속 친절하게 대했다. 내 의견을 묻거나 멍석을 펴줄 때 험담을 피했을 뿐 아니라 기도 중 계속 성령께서 주신 감화를 그대로 말했다.

"하나님의 뜻은 전화 통화를 할 때나 주차장에 서있을 때나 서로 사랑하는 것입니다."

결국 투표에 대한 내 의중이 밝혀지면서 내가 사랑하는 많은 사람들이 나와 말을 끊었다. 한번은 그 사람들을 올려드리며 말없이 경청 기도 하며 앉아있는데 생각 속에 악보가 그림처럼 보였다. 눈을 뜨니 머릿속에 "갈보리 산 위에 십자가 섰으니"몇 년 동안 불러보지 않은 찬송가 떠올랐다. 투표 중에 말다툼이 벌어지자 나는 누가 시키지도 않았는데 앞으로 나가 피아노로 그 찬송을 치기 시작했다. 내가 피아노를 칠 줄 안다는 걸 아무도 몰랐으므로 좌중을 조용하게 하는 효과가 한결 컸다. 며칠씩 내게 말을 안 하던 한 남자가 오더니 피아노 의자에 앉아 내게 감사를 표했다. 나는 그에게 사랑한다고 말하고 계속 피아노를

쳤다.

내가 한 일이 아니었다. 성격상 나는 화평케 하는 자가 아니라 아는 체하기 좋아하는 사람이다. 그러니 사랑하는 걸 잊지 말라는 기본 중에 기본이 곧 가장 중요한 메시지임을 하나님이 계속 보여주시지 않았다면 나는 절대 사랑으로 앞에 나서지 못했을 것이다. 그 상황에서 많은 사람들이 하나님의 자세한 뜻어느 쪽에 투표할 것인지을 간절히 알고 싶어 했으나 무엇보다 하나님 뜻은 어떤 상황에서도 우리가 서로 사랑하는 것임을 그들은 잊었다.

결정의 시점에 사람들은 흔히 이전보다 간절히 하나님을 구한다. 그러나 하나님은 우리를 키우며 성품을 빚으려 하시는데 우리는 하나님께 빨간 불이나 초록 불을 자동판매기처럼 즉답을 얻으려 한다. 하나님께 우리는 "가라" "가지 말라" 가부간의 답을 원한다. 그러나 우리가 더 듣게 될 내용은 가든 가지 않든 **어떤 자세로 그리할 거냐**는 것이다. 즉 우리는 긍휼한 마음, 정직한 생각과 행동으로 그리해야 한다. 어디에 있든 나는 하나님의 큰 뜻 안에서 일한다. 즉 나는 어떻게 사람들을 구속救贖할 것인가? 어떻게 그들을 화목케 할 것인가? 어떻게 하나님의 나라를 진척시킬 것인가? 경청기도는 응답의 문제라기보다 세상 속에 존재하게 되는 방식이다.

하나님은 우리를 위로하신다

당신이 무서워 얼어붙어 있거나 심호흡하며 중대한 회의에 들어갈 때 위로의 생각이 오거든 놀라지 말라. 당신이 하나님께 곧잘 들을 내용은 이렇다.

두려워 말라

하갈과 이스마엘이 버림받았을 때 "하나님이 그 어린아이의 울음소리를 들으셨으므로 하나님의 사자가 하늘에서부터 하갈을 불러 가라사대 하갈아, 무슨 일이냐? 두려워하지 말라. 하나님이 저기 있는 아이의 소리를 들으셨나니"창 21:17. 하나님은 우리의 울음소리를 들으신다. 하나님은 우리 자녀들의 울음소리를 들으신다. 우리가 그분을 의지할 때 하나님은 우리의 두려움을 가져가신다.

내가 너와 함께 있다. 너를 버리지 않는다

불붙은 떨기나무 장면의 한복판에서 하나님은 망설이는 모세에게 도전하실 뿐 아니라 또한 그를 위로하셨다.

"내가 반드시 너와 함께 있으리라. 네가 그 백성을 애굽에서 인도하여 낸 후에 너희가 이 산에서 하나님을 섬기리니 이것이 내가 너를 보낸 증거니라"출 3:12.

주의 지팡이와 막대기가 나를 안위하시나이다

목자 되신 하나님은 손에 유용한 도구를 드시고 두려운 상황에 함께하신다시 23:4 참조. 주인의 오른손의 연장延長인 '지팡이'는 힘과 권세의 상징이다. 들개나 늑대나 사자를 막는 방어 수단이기도 하다.[5] 두려울 때, 목자의 능숙한 손에 들려 언제라도 약탈자를 쫓아낼 수 있는 지팡이를 생각하면 우리 마음이 침착해진다.

계속 전진하라

시편 기자는 환난과 분노의 한가운데서 하나님 뜻을 행하기가 두려웠다. "내가 환난 중에 다닐지라도 주께서 나를 살아나게 하시고 주의 손을 펴사 내 원수들의 분노를 막으시며 주의 오른손이 나를 구원하시리이다. 여호와께서 나를 위하여 보상해 주시리이다. 여호와여, 주의 인자하심이 영원하오니 주의 손으로 지으신 것을 버리지 마옵소서"시 138:7~8. 하나님의 위로는 우리 곁에 있어 우리를 바르게 행하도록 무장시킨다.

나는 두려운 것이 많다. 경제적 불안이 특히 두렵다. 정리 해고와 불황 중이면 나는 동전 하나까지 다 긁어모은다. 돈을 사랑하지 말라는 하나님의 명령 뒤에 위로의 말씀이 나오는 것을 보고 나는 위안을 얻었다. "돈을 사랑하지 말고 있는 바를 족한 줄로 알라. 그가 친히 말씀하시기를 내가 결코 너희를 버리지 아니하고 너희를 떠나지 아니하리라 하셨느니라"히 13:5. 나는 동전을 모을 수도 있지만 그 중 일부를 나눌 수도 있다. "주께서 제게 음침한 골짜기를 지나게 하실 때 제가 우회로를 안다고 자신하지 않게 하소서."[6]

하나님은 사역으로 나아가도록 우리를 부추기신다

모세가 불붙은 떨기나무 앞에서 배웠던 것처럼 하나님은 우리를 한사코 사역으로 이끄시는 분이다. 하나님의 관심이 머무는 큰 그림의 개념 중 하나는 이곳 지상에 하나님 나라를 확장하는 것이다. 그분은 우리도 그 일에 관심을 두기 원하신다. 하나님은 우리가 계속 성장하기를 바라신다. 그분은 자신의 이런 활동에 우리도 동참하기를 원하신다. 다음은 성경에 나타난 성장의 몇 가지 예다. 당신에게도 같은 말씀이 들려올 수 있다.

- **뭔가 새로운 것을 창조하자.** "하나님이 이르시되 빛이 있으라 하시니 빛이 있었고" 창 1:3.
- **내가 너희에게 준 것들로 좋은 일을 하라.** "하나님이 그들에게 복을 주시며 이르시되 생육하고 번성하여 여러 바닷물에 충만하라. 새들도 땅에 번성하라 하시니라" 창 1:22.
- **복지부동의 자리를 벗어나라.** 하나님은 모세를 통해 이스라엘에게 말씀하셨다. "너희가 이 산에 거주한 지 오래니 방향을 돌려 행진하여 … 내가 너희의 조상 아브라함과 이삭과 야곱에게 맹세

하여 그들과 그들의 후손에게 주리라 한 땅이 너희 앞에 있으니 들어가서 그 땅을 차지할지니라"신 1:6~8. 기드온에게 하나님은 "너는 가서 이 너의 힘으로 이스라엘을 미디안의 손에서 구원하라. 내가 너를 보낸 것이 아니냐"삿 6:14고 말씀하셨다.

- **어려운 일을 하라. 나를 따르라.** 하나님은 아브라함에게 본토와 모든 익숙한 것을 떠나라 명하셨다. "이르시되 네 고향과 친척을 떠나 내가 네게 보일 땅으로 가라 하시니"행 7:3. 예수님은 제자들을 어려운 일로 부르셨다. 재산과 가족을 버리고 그분을 따르게 하신 것이다마 19:29 참조.

- **어두운 세상에 빛을 비추라.** "어두운 데에 빛이 비치라 말씀하셨던 그 하나님께서 예수 그리스도의 얼굴에 있는 하나님의 영광을 아는 빛을 우리 마음에 비추셨느니라"고후 4:6. 예수님은 언제나 남들이 외면하는 깨어지고 버림받은 사람들의 삶 속에 빛을 불어넣으셨다.

경청기도 중에 우리는 하나님과 동역 의식이 생긴다. 모세는 그것을 알았기에 하나님이 "내가 내려가서 그들을 애굽인의 손에서 건져 내려 한다"출 3:8 하실 때 "그렇다면 저는 왜 필요합니까?" 의아해하지 않았다. 하나님이 일하셨고 모세는 그 일의 그릇이었다. 마찬가지로 하나님은 뽕나무 사이로 이스라엘 군대를 앞서가셨던 것처럼대상 14:15 참조 우리를 앞서가신다. 그래서 우리는 뒤따라가서 하나님이 이미 하신 일을 보고 나서야 그분 일에 가담한다.

그래도 두렵다. 알코올 중독에서 회복중인 한 친구가 어느 날 감격하여 내게 전화했다. 그녀는 방금 막 꿈을 꾸었다며 이렇게 말했다. "나는 도망치는 전차에 타고 있었는데 너무 빨리 달리는 거야. 내 머리칼은 뒤로 홱 날렸고 얼굴은 공중에 흩날리는 먼지로 따가웠지. 그런데 예수님이 고삐를 쥐고 계셨어. 그래서 그냥 꼭 매달려 있었어." 친구가 그 이야기를 들려주기를 다행이다. 하나님이 전진을 명하실 때면 나는 실눈으로 앞길을 내다보는 내 모습을 상상하기 때문이다. 그럴 때면 내 머리칼은 뒤로 홱 날리고 있고 하나님은 고삐를 쥐고 계신다.

지금까지 말한 메시지들은 모두 지극히 기본에 속하건만 우리는 그것을 자주 잊는다. 때로 어떤 문제로 몇날 며칠 끙끙거리며 골치를 앓다가 문득 하나님 앞에 조용히 있으면 그런 기본 메시지가 떠오른다. 어쩌다 이 생각을 못했지? 그런 생각이 든다. 잊어버린 내가 참 미련해 보인다. 하지만 하나님은 다시 일깨워주시는 참 좋으신 분이다.

하나님을 경험하고 우리를 향한 그분 뜻을 아는 것, 이것이야말로 경청기도가 가져다주는 선물이다. 하지만 '더 꼭꼭 싸여진' 다른 선물들도 있다.

지금부터 그 다른 선물들로 시선을 돌려보자. 영혼이 성숙해가면서 하나님께 그것도 받을 것을 기대해야 한다.

14 하나님은 어려운 진리를 계시하신다

좋을 때나 궂을 때나 하나님께 이런 질문을 들을 것을 예상하라.
"이 세상에서 너를 지켜주고 사랑하는 나로 충분하냐?"

언젠가 어떤 강사한테서 이런 말을 들었다. "어떤 그리스도인들은 남은 평생 하나님 무릎에 웅크리고 앉아있는 쪽을 좋아한다. 그러나 하나님은 '너를 사랑한다'는 말 외에도 우리에게 해주실 다른 말씀들이 있다."

그야 나도 알지. 그런 생각이 들면서도 나는 하나님이 들려주실 폭넓은 말씀에 내 귀가 얼마나 열려있는지 의아했다. 여기에는 지적과 도전과 시험도 포함된다. 이번 장에서 우리는 이 세 가지 어려운 메시지를 살펴보려 한다. 다른 어떤 내용 못지않게 꼭 들려올 하나님 음성이다.

하나님은 우리를 지적하신다

오스왈드 챔버스는 "당신은 주님께 아주 어려운 말씀을 들어본 적이 있는가? 그렇지 않다면 아예 그분 말씀을 들어본 적이 있기나 한지 묻고 싶다"[1]고 말했다. 오랜 세월 하나님의 부정적 이미지들과 싸워 이제야 그분을 사랑의 아버지로 보게 된 나에게 처음에 그 말은 충격으로 다가왔다.

하나님과 바른 관계에 있다면 우리는 그분께 내 내면의 심층 조사를 허용할 만큼 그분을 믿는다. 사실 하나님은 일부러 우리를 거북하게 만드신다. 예수께서 거북하고 충격적인 이야기들로 사람들을 자기만족의 영적 안일에서 깨우셨기에 우리는 그것을 안다.

우리는 비유들을 하도 많이 들어 그것이 예수님의 첫 청중들에게 얼마나 충격적이었을지 미처 생각지 못한다. 그분의 이야기는 현대로 치자면 아마도 저자 플래너리 오코너의 이야기와 흡사할 것이다. 그녀는 일부러 예수님 방식을 따라 독자들에게 즐거움이 아니라 거북함을 주는 이야기들을 쓴 것 같다. 일례로 그녀의 이야기 '강'에 나오는 소년은, 세례 받을 때 그리스도의 나라에 간다는 말을 듣는다. 실망스럽게도 소년이 그 나라에 가기도 전에 누군가 그를 물 밖으로 홱 끄집어낸다고가 본 것은 흙탕물뿐이다. 그래서 소년은 나중에 도로 가서 스스로 세례를 주면서 그 강에서 그리스도의 나라에 들어간다. 익사하면서 소년은 "분노와 두려움이 모두 떠나고 자기가 어디론가 가고 있음을 알았다."² 많은 독자들처럼 나도 섬뜩함과 함께 이런 생각이 들었다. 이 아이는 그리스도의 나라를 찾고 싶어 죽었구나! 하나님 나라를 보려는 내 열망은 그토록 진지하고 순전한가?

예수님의 청중들이 처음에 그분의 이야기에 얼마나 섬뜩했을지 생각해 보라.

- 아들이 아버지한테 말한다. "당신이 죽었다고 치고 유산의 절반을 내 몫으로 가져가겠습니다"눅 15:11~12.
- 품꾼들이 주인의 전령들을 연속 살해한다마 21:33~44 참조.
- 집 주인이 일부러 모래 위에 집을 짓는다마 7:24~27 참조. _ 태평양 연안의 독자들이 얼마나 거북해할지 예수님은 분명 내다보셨다.
- 목장주가 한 마리 잃은 양을 찾겠다고 아흔아홉 마리 양을 허허벌판에 버려두고 총총히 떠난다눅 15:4~7 참조.
- 고용주가 한 시간 일한 품꾼한테나 온종일 일한 품꾼한테나 노임을 똑같이 준다마 20:1~16 참조.
- 거부가 되어 그 돈을 자기만 위해 쌓아두었다는 이유로 하나님이 사람의 목숨을 취하신다눅 12:16~21 참조.
- 어떤 사람이 적의 목숨을 구해준다눅 10:30~37 참조.

물론 예수님은 역사상 가장 친절하고 매력적인 분이지만 동시에 가는 곳마다 잘못을 지적하신 분이기도 하다. 그분의 섬뜩한 이야기들은 청중들의 초라한 내면을 폭로하고 잘못된 선입견에 문제를 제기했다. 우리는 예수께서 다른 사람들에게 특히 종종 우리와 닮은 바리새인들에게 내던지신 지적들에 마음이 열려 있는가?

성숙한 관계의 사람들은 능히 진실을 들을 줄 안다. 우리가 하나님께 들을 만한 지적들을 성경의 사례를 통해 제시해보면 다음과 같다.

너는 내가 부른 사람이 아니다. 대신 다른 사람을 도와라

하나님은 다윗 왕에게 "너는 군인이라 피를 흘렸으니 내 이름을 위하여 전을 건축하지 못하리라" 대상 28:3 말씀하셨다. "하지만 저는 하나님의 군인이 아니었나요?" 라고 말하지 않은 다윗이 나는 늘 놀랍다. 혹 당신은 새 사역에 착수하고 싶을 수 있다. 하나님이 당신에게 그 일에 앞장서라고 하시는가, 아니면 누군가 다른 사람을 도우라고 하시는가?

나를 떠나서는 되는 일이 없다

하나님은 스가랴를 통하여 이스라엘의 잘못을 지적하셨다. "너희가 어찌하여 여호와의 명령을 거역하여 스스로 형통치 못하게 하느냐 하셨나니 너희가 여호와를 버린 고로 여호와께서도 너희를 버리셨느니라" 대하 24:20. '천국의 술래' 라는 시의 주제도 이와 일맥상통한다. 시인은 하나님께 계속 쫓긴다. 그는 인간의 사랑과 자연으로 달아나지만 다 소용없다. 달아나는 중에도 하나님의 발소리와 하나님의 목소리가 그에게 들린다.

뒤따르되 그러나 서두름 없는 추적,

동요 없는 걸음걸이,

신중한 속도, 장엄한 절박감으로

뒤따르는 그 힘센 발에서

발소리가 난다. 그리고 발소리보다

더 긴박한 목소리가 울린다.

"나를 버리면 모든 것이 너를 버린다."[3]

삶이 당신을 '버려' 아무 일도 안 되거든 그것은 때로 하나님의 이런 말씀일 수 있다. "나를 떠나서는 되는 일이 없다."

너는 불순종했고 이것이 그 결과다

어리석은 부자 농부에 대한 이야기에서 예수님은 이렇게 말씀하셨다. "하나님은 이르시되 어리석은 자여! 오늘 밤에 네 영혼을 도로 찾으리니 그러면 네 준비한 것이 누구의 것이 되겠느냐"눅 12:20. 에덴동산의 뱀에게 하나님은 이렇게 말씀하셨다. "네가 이렇게 하였으니 네가 모든 가축과 들의 모든 짐승보다 더욱 저주를 받아 배로 다니고 살아 있는 동안 흙을 먹을지니라"창 3:14.

너는 내 그릇이 될 수도 있었다

하나님은 의식적인 죄뿐 아니라 실수로 한 죄도 지적하신다. 하나님이 "그 일을 하라고 내가 널 훈련시켰건만 너는 하지 않았다"고 말씀하시는 셈이다. 사울 왕이 하나님 음성에 순종하지 않고 마지막 제사를 드렸을 때 사무엘은 그의 실수와 거역을 지적했다. "순종이 제사보다 낫고 듣는 것이 숫양의 기름보다 나으니 … 여호와께서 오늘 이스라엘 나라를 왕에게서 떼어 왕보다 나은 왕의 이웃에게 주셨나이다"삼상 15:22,28. 사울은 이스라엘 왕으로서 커다란 잠재력을 실현할 기회를 놓쳤다. 하나님을 듣지 않았기 때문이다.

다시는 죄를 범치 말라!

예수님은 많은 병자를 치유하신 후 "네 죄가 사해졌다"든지 그와 비슷하게 말씀하셨지만 베데스다 못 가에 38년 동안 앉아있던 절름발이 남자에게는 달랐다. 예수님은 그를 고쳐주신 후 성전에서 다시 만나 "더 심한 것이 생기지 않게 다시는 죄를 범하지 말라"요 5:14 하셨다. 고침 받은 남자는 여태 구걸하고 있었을까? 고침 받은 영광에 취해 있었을까? 우리는 모른다. 예수님의 지적이 엄했다는 것만 알 뿐이다. 다시는 죄를 범하지 말라. 때로 우리에게 들려오는 하나님 음성은 이토록 단순하다.

너는 영적으로 자라지 않고 있다

바울의 말을 통해 하나님은 고린도 교인들을 지적하셨다. "내가 신령한 자들을 대함과 같이 너희에게 말할 수 없어서 육신에 속한 자 곧 그리스도 안에서 어린 아이들을 대함과 같이 하노라. 내가 너희를 젖으로 먹이고 밥으로 아니하였노니 이는 너희가 감당하지 못하였음이거니와 지금도 못하리라. 너희는 아직도 육신에 속한 자로다. 너희 가운데 시기와 분쟁이 있으니 어찌 육신에 속하여 사람을 따라 행함이 아니리요"고전 3:1~3.

하나님의 지적은 좀더 부드럽게 질문 형태로 올 때도 있다. 이때도 믿음이 필요하다. 우리는 하나님이 우리를 해치려는 것이 아니라 도우려는 것임을 알고 그런 지적을 들을 수 있는가? 그럴 수 있다면 그 지적은 하나님과 대화하는 삶의 중요한 부분이 될 수 있다.

네가 어떻게 하였느냐?

선악을 알게 하는 나무 열매를 먹은 하와를 하나님은 이렇게 지적하셨다. "네가 어찌하여 이렇게 하였느냐?"창 3:13 사라를 피해 달아난 하갈에게 하나님은 이렇게 말씀하셨다. "사래의 여종 하갈아, 네가 어디서 왔으며 어디로 가느냐?"창 16:8 가끔씩 나는 내 행동을 정직하게 들여다보며, 내가 무엇을 행하였고 어느 어두운 곳으로 가고 있는지 점검할 필요가 있다.

그간의 네 행동이 보이느냐?

하나님은 니느웨 사람들을 향한 요나의 행동이 얼마나 매몰차고 옹고집이었는지 박 넝쿨을 통해 보이시며 물으셨다. "네가 이 박 넝쿨로 말미암아 성내는 것이 어찌 옳으냐." 요나가 박넝쿨을 아낄 수 있다면 "하물며 이 큰 성읍을 내가 어찌 아끼지 아니하겠느냐"고 하나님은 물으신다.온 4:9,11

경청기도 중에 우리도 하나님의 지적하시는 음성너는 좋게 말할 수도 있었다, 들어오라고 권할 수도 있었다, 돈을 보낼 수도 있었다 … 을 듣는다. 하나님은 종종 우리가 전혀 예상치 못할 때 지적하신다. 하나님을 충분히 믿을진대 우리도 "당신이 그 사람이라"삼하 12:7는 나단의 말을 선뜻 받을 수 있다.

어떤 교재를 가지고 성경을 묵상하다가 나는 너무 낯익고 뻔해서 별로 건질 게 없어 보이는 본문을 만났다. 그래도 어쨌든 묵상했다. 교회에 관한 고린도전서 12장 14~26절 말씀을 읽으며 나는 이런 생각을 참으려 애썼다. 아 이거, 교회가 몸이라는 개념. 잘 알지.

렉시오 디비나의 경청기도 순서로 기도하는데, 21절 "내가 너를 쓸 데가 없다" 한다는 말씀 뒤로 우리 교회 한 교인의 얼굴이 떠올랐다. 나는 말씀과 함께 떠오르는 그 사람의 얼굴을 생각하며 앉아있었다. 어느새 나는 하나님께 자신을 변호하고 있었다. "나는 그 사람한테 한 번도 불필요한 사람이라고 말한 적 없습니다." 잠시 후 "그래도 그 사람은 안다"라고 말씀하시는 것을 알았다.

내 회개가 시작되었다. 나는 물었다.

"제가 어떻게 해야 할까요?"

침묵. 기다림.

"관심을 보여라."

맙소사! 관심을 보여도 반응하지 않으면 상처만 돌아올 게 뻔한데 어떻게 하지? 그런 생각이 들었다. 그러다 기도 중에 나는 일요일마다 인사 시간에 그 사람을 격려할 수 있게 도와달라고 하나님께 기도했다. 시간이 가면서 나는 어렵게나마 절반쯤은 그렇게 했다.

몇 달 후 회의 자리에서 그 사람이 제안한 견해가 묵살되기에 나는 그 견해가 어째서 좋은 아이디어일 수 있는지 설명하는 나 자신을 발견했다. 그 사람은 감사와 안도의 표정으로 나를 보았다. 그 사람의 '필요'를 느끼려면 나는 아직도 갈 길이 멀지만 하나님은 어쨌거나 그를 사랑하도록 가르치신다.

하나님은 우리에게 도전하신다

우리를 지적하시기 오래 전부터 하나님은 우리에게 거듭 도전하신다. 우리는 매번 목자의 예리한 도전을 못듣거나, 반응하지 않는다. 그러나 듣는다면 필시 다음과 같은 내용이 들려올 것이다.

네 집착을 버려라

예수님은 아는 체 하는 부자 청년을 '보시고 사랑하사' 이렇게 도전하셨다. "네게 아직도 한 가지 부족한 것이 있으니 가서 네게 있는 것을 다 팔아 가난한 자들에게 주라. 그리하면 하늘에서 보화가 네게 있으리라. 그리고 와서 나를 따르라"막 10:21, 참조 17-23절. 하나님의 예리하고도 사랑에 찬 눈빛을 받아들이면 그분의 도전을 수용하기가 한결 쉽다.

그분의 도전을 수용하면 우리 삶에 엄청난 변화가 일어난다. 그 도전 덕분에 우리는 가장 소중한 것재물, 명예, 업적, 수입을 그분께 드리게 된다. 우리를 보시고 사랑하사 이렇게 도전하시는 하나님을 상상해 보라. 돈을 낭비하지 말라, 남을 고치려 들지 말라, 호감을 사려 들지 말라, 앞서려 하지 말라, 주관하려 하지 말라, 관계를 조종하지 말라, 말과 선행으로 남을 주눅 들게 하지 말라. 하나님이 이렇게 말씀하시는 것 같다. "그 습관이 내 영광을 가린다. 언제나 버릴 셈이냐?"

더 미루지 말고 지금 택하라

하나님은 그 종 여호수아를 통해 이스라엘 백성에게 이렇게 지적하셨다. "그러므로 이제는 여호와를 경외하며 온전함과 진실함으로 그를 섬기라. 너희의 조상들이 강 저쪽과 애굽에서 섬기던 신들을 치워 버리고 … 너희가 섬길 자를 오늘날 택하라"수 24:14~15. 마치 하나님이 우리에게 이렇게 말씀하시는 것 같다. "지금까지 뭉기적거린 걸로 족하다. 이제 결단하라."

나와 동행하지 않는 자들과 어울려 궁지에 빠졌다만 이제라도 내가 원하는 대로 행하라

발람도 이 경고를 받았다. 발람이 나귀를 때린 후 여호와의 사자가 칼을 빼어들고 길에 나타나 이렇게 말했다. "보라, 내 앞에서 네 길이 사악하므로 내가 너를 막으려고 나왔더니"민 22:32. 엄밀히 말해 발람은 아직 아무 잘못도 저지르지 않았다. 잘못된 길에서 물러나지 않았을 뿐이다. 하나님의 긴박한 지적은 이런 내용이었다. 궁지에 빠진 상황을 정리하라. 나를 본받아라. 문제를 자초하지 말라!

지금이 네가 하나님 나라를 위해 일어날 때다!

젊은 에스더에게 혈통을 비밀로 하라고 명했던 보호자 모르드개는 정작 가장 위험한 순간유대인 말살 법안이 통과된 후에 뜻을 바꾼다. 모르드개는 에스더에게 이렇게 도전했다. "너는 왕궁에 있으니 모든 유다인 중에 홀로 목숨을 건지리라 생각하지 말라. 이 때에 네가 만일 잠잠하여 말이 없으면 유다인은 다른 데로 말미암아 놓임과 구원을 얻으려니와 너와 네 아버지 집은 멸망하리라. 네가 왕후의 자리를 얻은 것이 이 때를 위함이 아닌지 누가 알겠느냐"에 4:13-14. 모르드개의 호소는 유대인들만 위한 것이 아니었다. 그는 어떻게든 놓임과 구원이 임할 것을 믿었다. 그의 호소는 에스더의 영성 계발을 위한 것이기도 했다. 에스더는 자신의 사명을 보고 행동에 나설 것인가?

내가 너를 믿는 대로 그에 부합되게 행동하라

달아난 종 오네시모에 관해 빌레몬에게 쓴 편지에서 바울은 오네시모의 잘못을 시인하면서도 그에게 사랑을 베풀 것을 빌레몬에게 도전했다. 이 유력자에게 여러 모양으로 호소한 후 끝으로 바울은 이렇게 말했다.

"그러므로 네가 나를 동역자로 알진대 그를 영접하기를 내게 하듯 하고"몬 17절.

바울의 동역자로 간주됨은 얼마나 큰 도전인가! 범법자를 용서하고 수용하라는 부탁은 얼마나 큰 도전인가! 하나님은 종종 우리에게 이렇게 말씀하신다. "다른 사람들은 이렇게 저렇게 할지 모르나 나를 사랑하는 자가 마땅히 해야 할 일이 무엇인지 네 행위를 남들의 기준이 아니라 내게 비추어 점검해 보아라."

하나님은 우리를 시험하신다

하나님께 시험testing의 메시지를 듣는 것은 흔한 일은 아니다. 하나님이 벼락을 휘두르는 폭군이 아니라 내 영혼을 사랑하시는 분임을 알아야만 시험에 임할 수 있기 때문이다지적과 도전도 그렇듯이. 그러나 시험은 하나님이 우리를 교육하시고 영적으로 빚으시는 방식의 일부다. '주의 징계하심'징계의 어원은 교육과 연관된다처럼 시험도 우리의 유익을 위한 것이다. "오직 하나님은 우리의 유익을 위하여 징계하여 그의 거룩하심에 참여하게 하시느니라"히 12:10. 그분의 거룩하심에 참여하게 하신다? "위기와 재난의 요지는 우리를 겁주거나 쳐서 복종시키는 것이 아니라 우리를 격려하여 변화되고 치유 받고 자라게 하기 위함이다."[4]

다음 내용으로 당신에게 하나님의 시험의 음성이 들려올 것을 예상하라.

네 마음이 어떤가 보라

하나님이 이스라엘 백성을 40년간 떠돌게 하신 취지는 그들을 시험하여 '네 마음이 어떠한지 그 명령을 지키는지 지키지 않는지 알려 하심' 이었다신 8:2. 시험은 하나님을 향한 우리의 사랑이 얼마나 강한지 드러낸다. 순종의 의지가 얼마나 굳은가를 보면 안다.

중심을 시험하시고자 하나님은 나의 아끼는 사명을 버리게 하실 수도 있다. 이삭을 제물로 바칠 때 하나님은 아브라함에게 애틋한 부정과 하나님께 받은 사명큰 나라를 이루는 것, 그러려면 살아있는 자식이 필요하다마저 버리게 하셨다창 22:2 참조. 그러나 하나님의 관심은 아이를 죽이거나 사명을 와해시키는 데 있지 않았다. 그분의 관심은 아브라함의 중심을 아는 데 있었다.

나로 충분하냐?

좋을 때나 궂을 때나 하나님께 이런 질문을 들을 것을 예상하라. "이 세상에서 너를 지켜주고 사랑하는 나로 충분하냐?" 모세는 이스라엘 백성에게 "너희의 하나님 여호와께서 너희가 마음을 다하고 뜻을 다하여 너희의 하나님 여호와를 사랑하는 여부를 알려 하사 너희를 시험하심이니라"신 13:3고 말했다.

다리를 다쳐 병상에 누운 선교사 에이미 카마이클은 동료 선교사가 휴가에서 돌아올 즈음이면 다시 일어나 걸을 수 있기를 바랐다. 그러나 그녀는 의자에 앉을 수조차 없었다. 동료가 돌아오던 날 종소리가 들리면서 그녀에게 이런 가사로 시작되는 노래가 떠올랐다. "내 자녀여, 네게 그것은 없어도 내가 있으니 나 하나면 족하지 않느냐."[5]

나도 몇 달간 그런 시기를 지났다. 하나님은 내게 "나로 충분하냐? 물론 네게 이것도 있고 저것도 있다만 그래도 나로 충분하냐?"고 물으시는 것 같았다. 똑똑하고 싶은데 그렇지 못한 나 자신 때문에 절망할 때면 하나님은 "그래도 나로 충분하냐?"고 물으시는 듯했다.

어느 날 고요한 경청기도 중에 키득키득 웃음이 삐져 나왔다.

"전보다는 더요. 노력 중입니다. 나의 하나님, 조금만 더 있으면 하나님으로 충분하게 될 겁니다."

지적과 도전과 시험을 통해 하나님은 우리에게 어려운 내용을 말씀하신다. 하나님과의 안전한 관계 속에 자라갈수록 그런 말을 듣기가 더 쉬워진다. 잔인한 조롱으로 들리지 않고 하나님 마음에서 나온 고요하고 긍휼에 찬 일깨움의 말로 들린다.

언제나 잊지 말아야 할 것이 있다. 부모는 자식을 사랑하기에 징계하고 지도한다. 경청하는 삶은 항상 내가 **하나님의 자녀**라는 의식 속에 사는 삶이다 요일 3:1 참조. 하나님의 도움으로 우리는 그분께 기본적인 진리와 어려운 진리를 다 받을 수 있다. 그리고 그것을 토대로 그분은 우리에게 그 다음 선물 최고의 선물을 주실 수 있다.

15 하나님은 하나님 자신을 계시하신다

오 하나님, 이제야 알았습니다. 보화는 주님입니다!
알고 있었지만 이제 전에 몰랐던 방식으로 그것을 보고 맛보고 듣습니다.
주님으로 족합니다.

은혜롭게도 하나님은 우리와 대화하기를 좋아하신다. 그분은 반드시 우리에게 자신을 보여 주신다. 그 덕분에 우리는 그분과 관계를 가꿀 수 있고, 그 관계 안에서 내게 있는 모든 것으로 그분을 의지한다. 하나님 마음을 알면 유혹을 더 쉽게 물리칠 수 있다. 유혹에 굴하기에는 하나님을 너무 사랑하기 때문이다.

아무것도 끝내 우리를 그분과 장기간 떼어놓을 수 없도록, 우리를 하나님 마음에 붙들어 매는 것은 무엇일까? 이 장에서 우리는 어떻게 하나님 마음을 알아 가는지 살펴보고자 한다. 우리는 슬퍼하시는 그분을 보면서, 그분과 함께 '광야' 경험을 통과하면서, 그리고 그분이 베푸시는 친밀함을 수용하면서 그분 마음을 알아간다. 이런 경험을 통해 우리는 내가 하나님 마음에 매여 있다는 실체를 삶으로 누린다.

하나님은 슬퍼하신다

경청기도에 푹 잠기면 다른 사람들의 고통이 내 마음에 생생해질 수 있다. 우리는 학대받는 한 아이의 고통, 머나먼 도시의 폭파 사건, 우리 지자체의 불법 행위를 인해 울 수 있다. 시인 제라드 맨리 홉킨스는 그것을 이렇게 표현했다.

"성령은 비뚤어진 세상을 보며 수심에 잠기신다."[1]

하나님과 함께 앉아 그분이 마음 아파하시는 것에 나도 마음 아파하면 다른 사람들을 위한 이타적 마음이 싹튼다. 장-니콜라스 그루도 그런 마음이 있었다. 내가 인용한 그의 말들은 유배 중에 쓴 그의 책 「기도하는 법」*How to Pray*에서 온 것이다. 이 책을 쓰면서 그는 프랑스 성직자들과 프랑스 교회와 프랑스 정부의 가슴 아픈 현실 때문에 울었다.[2] 내가 그였다면 내 유배 때문에 울었을 것이다. 그러나 그루는 하나님 마음을 알았기에 하나님의 눈물로 울었다.

경청기도 중에 당신은 다음 이유들로 인해 슬퍼하시는 하나님 음성을 듣게 될 것이다.

사람들의 파멸을 인한 슬픔

이사야는 걷잡을 수 없는 슬픔을 이렇게 표현했다. "돌이켜 나를 보지 말지어다. 나는 슬피 통곡하겠노라. 내 딸 백성이 패망하였으므로 말미암아 나를 위로하려고 힘쓰지 말지니라"사 22:4. 선지자 예레미야도 비슷하게 말했다. "내 눈이 눈물에 상하며 내 창자가 끊어지며 내 간이 땅에 쏟아졌으니 이는 딸 내 백성이 패망하여 어린 자녀와 젖먹는 아이들이 성읍 길거리에 기절함이로다"애 2:11. 침묵 속에서 하나님의 감정은 우리를 만지시며 그래서 우리는 그분과 함께 운다.

사람들의 악에 대한 고통

오늘 그리스도인들은 속세를 피하고 싶어 저녁 뉴스나 신문을 보고 싶지 않다고 말하지만 언론은 지상의 악을 인해 하나님의 눈물로 우는 법을 배우는 좋은 장이다. 하나님의 심안으로 보면 그분의 고통 때문에 사태가 달라 보인다. 누군가 하나님이 변덕스러운 것 같다며 거기에 대해 질문하자 메들린 렝글은 이렇게 답했다. "인류가 악할 대로 악해져 하나님이 40일 낮 40일 밤을 우신 것이다."[3] 노아 홍수는 벌이었지만 인간들의 선택에 대한 하나님의 슬픔이기도 했다.

우리의 '모든 악독과 노함과 분냄과 떠드는 것과 비방하는 것' 때문에 '하나님의 성령이 근심하심'을 상상해 보라엡 4:30-31. 적의에 찬 교회 제직회의 후에 하나님은 과연 어떤 기분이실까? 두 친구가 싸운 후에는? 십대 아이가 체포된 후에는? 이 말씀은 예수님을 따르는 자들이 대수롭지 않게 원한과 분노와 모략을 택할 때 하나님이 느끼시는 비통한 심정을 보여 준다.

사람들이 대가를 치르는 고통에 대한 슬픔

내가 옥에 갇힌 사람이나 이혼 중인 사람에 대해 슬픔을 표하면 사람들은 종종 "잘못했으니 당연하다"고 말한다. 하나님 마음도 그러실까? 왕 때문에 이스라엘에게 벌을 내리시는 와중에 하나님이 하신 행동을 보면 그렇지 않은 것 같다. 하나님은 가슴 아파하시며 "천사에게 이르시되 족하다! 이제는 네 손을 거두라" 하셨다대상 21:15.

한 여자는 독일 강제수용소 트레블링카에 갔다가 하나님의 슬픔을 경험했다. 나치 가스실 자리에 서있는 거대한 기념물과 무수한 돌들의 침묵에 그녀는 놀랐다. 그녀는 그것을 애절하게 절규하는 침묵, 살해된 1백만 유대인 남녀노소의 사라진 목소리의 침묵이라 표현했다. 채 2년도 안 되는 기간 동안 그들은 치밀한 계산에 따라 조직적으로 독가스에 희생되었다. 그녀는 더 크고 요란한 하나님의 침묵에 대해서도 말했다. 그분은 고통 속에 침묵하는 신이었다. 하나님의 침묵은 "수동적인 것이 아니라 인류의 행동에 대한 위력적 반응이다. 이 지독한 침묵 속에 하나님은 임재하신다. 상하셨으나 패하지 않는 모습으로 계신다. 내가 경험한 하나님의 임재는 격노의 임재다. 여기서 벌어진 참혹한 범죄에 대한 그분의 거룩한 분노는 삶과 사람과 피조물을 향한 하나님의 무한한 사랑에 기초한 것이다."[4]

우리는 하나님의 이 격노와 슬픔에 동참한다. 대개 말없는 침묵의 기도로 동참한다. 그러면 하나님은 우리를 여태 가본 적 없는앞으로도 일부러는 절대 가지 않을 법한영적 삶의 '장소들'로 곧잘 부르신다. 거기서 우리는 하나님 뜻에 동역자가 된다.

하나님의 침묵은 우리를 광야로 이끈다

우리는 위로의 하나님을 생각하기 좋아하지만 하나님이 우리를 버려 두신 것 같은 경험을 할 때도 있다. 머리로는 하나님이 모든 곳에 계시는 것을 이해하지만 하나님이 왠지 멀리 느껴진다.

이럴 때면 우리는 하나님께 목마르지만 하나님은 어디에도 없는 것 같다. "하나님이여, 사슴이 시냇물을 찾기에 갈급함 같이 내 영혼이 주를 찾기에 갈급하나이다. 내 영혼이 하나님 곧 살아 계시는 하나님을 갈망하나니 내가 어느 때에 나아가서 하나님의 얼굴을 뵈올까. 사람들이 종일 내게 하는 말이 네 하나님이 어디 있느뇨 하니 내 눈물이 주야로 내 음식이 되었도다 … 내 반석이신 하나님께 말하기를 어찌하여 나를 잊으셨나이까"시 42:1-3,9. 광야를 사는 영혼의 메마름과 불안함이 잘 표현된 시다. 영혼은 하나님 음성을 듣기 원하나 느껴지는 것은 유기뿐이다.

우리도 다음과 같은 일들을 만날 수 있다.

하나님의 긴 침묵
딸의 병 나음을 간청하는 어머니에게 예수님의 긴 침묵이 어떻게 느껴졌을지 생각해 보라. "가나안 여자 하나가 그 지경에서 나와서 소리 질러 이르되 '주 다윗의 자손이여, 나를 불쌍히 여기소서. 내 딸이 흉악하게 귀신 들렸나이다' 하되 예수는 한 말씀도 대답하지 아니하시니"마 15:22~23.

예수님의 말씀이나 주목이 없을 때 이방인 여자는 어떤 심정이었을까? 예수님은 왜 침묵하셨나? 헬무트 틸리케Helmut Thielicke는 "처음에 예수님은 여자의 요청 앞에 침묵하신다. '예수는 한 말씀도 대답하지 아니하시니' 하나님의 침묵은 우리 믿음에 대한 최고의 시험"5이라고 했다.

마침내 예수님이 반응으로 자기 목표를유대인이 먼저임을 밝히시자 그녀는 요란스런 몸짓으로 부르짖는다. 하나님 앞에 필요를 아뢴다. 침묵만이 돌아온다. 위험한 침묵이다. 이해가 단절되는 순간이다. 위기의 순간이다. 당장이라도 어느 한쪽에서 일어나 가버릴 것 같은 순간이다. 하나님과의 대화에는 침묵, 거부, 대기, 수용이 모두 들어있다.6

결국 여자의 딸을 고쳐주시고 여자의 믿음을 칭찬하실 거면서 예수님은 왜 그리 말을 아끼셨나? 틸리케의 말은 이렇게 이어진다.

하나님의 침묵은 인간의 침묵과 다르다. 배 안에서 침묵 속에 잠들어 계실 때 예수님은 의심하는 제자들의 불안한 외침에 암시된 것보다 더 자비하셨고 그분 팔은 언제라도 돕고자 더 든든하게 더 지척에 있었다. 하나님과 예수님의 침묵은 무관심이 아니라 더 높은 생각의 침묵이다. 우리는 침묵의 하늘 아래 뒤죽박죽 의미 없이 쌓인

돌무더기밖에 보지 못할지라도 하나님은 세상과 우리 인생을 위한 그분의 계획에 돌을 하나하나 맞춰 가신다.[7]

흔히 '광야 경험'으로 불리는 하나님의 침묵은 누구에게나 찾아올 수 있다. 대형 교회에서 음악 사역자로 일하고 있는 한 지인은 내게 이런 글을 보내왔다. "많은 사람들이 부러워할 만한 일 속에 광야가 있다니 정말 생각만 해도 아이러니입니다."

광야 경험은 나쁘거나 비정상이 아니다. 예레미야와 에스겔은 둘 다 충성스레 하나님께 순종했지만 광야를 경험했을 뿐 아니라 그곳을 급히 떠나지 않았다. 장-피에르 드 코사드는 이렇게 썼다. "이 쓰디쓴 영적 쓸개즙을 그들은 취하도록 마지막 한 방울까지 다 마셔야 했다. 예레미야와 에스겔은 끝없는 애가 외에 어디서도 위로를 찾을 수 없었고 그들의 말은 눈물과 한숨뿐이었다. 그들의 흐르는 눈물을 막으려는 자는 성경의 가장 아름다움 부분을 없애는 것이다."[8]

우리가 광야를 싫어함은 아무래도 예레미야와 에스겔과 달리 문제를 신속히 해결하여 삶을 다시 아름답고 조화롭게 만들려 하기 때문이다. 그러나 광야는 해결해야 할 문제가 아니라 한동안 거해야 할 신비의 처소다.

정화의 시기

내 인생의 영적 사면초가 같던 시기에 나는 집 근처 묘지를 자주 걸었다. 나는 절규했다. 묘석에 말없이 앉았다. 가끔 묘석에 얼굴을 대보기도 했다. 하나님은 부재하신 것 같았다. 지금 생각해보면 그때는 내 영적 삶의 전환점이었고 광야에서 영혼을 정화하는 시기였다. 하나님은 나의 불행을 원하신 것이 아니라 내가 돌아오기를 새롭고 달라진 영으로 원하셨던 것이다.

내 여정의 그 부분은 버림받은 기분만 드는 전형적인 '영혼의 어두운 밤'을 닮았다. 영혼은 철저히 메말라 보인다. 경건 생활의 즐거움도 가고 없다. 우울이나 슬픔과는 다르다. 물론 한꺼번에 다 겪을 수도 있지만 말이다. 허탈함 속에 아무것도 되는 일이 없고 기쁨도 거의 없다. 영혼의 정화가 이루어지면 우리는, 그간 내가 하나님께 위로를 위한 위로를 구해왔음을 깨닫는다. 내가 더 사랑한 것은 문제를 해결하고 세상을 바로잡는 하나님의 능력이었지 그분 자신이 아니었던 것이다.

'어두운 밤'은 흔히 너무 영적인 사람들의 병이다. 그들은 항상 영적인 얘기만 하고, 배우기보다 가르치기를 좋아하고, 자기만큼 영적이지 못한 이들을 정죄한다. 영혼의 어두운 밤은 영적인 세계에 대한 우리의 큰 사랑이 자기만족, 영적 탐욕, 영적 폭식으로 전락하기 전에 우리를 붙잡아 정화한다.[9]

그 어둔 밤의 시절에 나는 로렌스 형제의 「하나님의 임재 연습」을 꾸준히 읽기 시작했다. 굵게 밑줄 친 부분 중에 "내 영혼에 그분의 온전한 형상을 이루시기를 갈망한다"[10]는 대목이 지금도 보인다. 하나님을 사랑하는 것이 아니라 하나님을 닮는 것, 그것이 그 당시 내 목표였다. 점차 나는 내 신앙의 초점이 내게 있음을 깨달았다. 앞서 말한 그 음악 사역자는 자신의 신앙도 그 자체에 흠뻑 젖어있음을 인식했다.

"나는 금식 기도했다. 하나님의 구체적인 인도의 말씀을 막무가내로 졸랐던 셈이다. 그분 임재 안의 고요한 시간을 제대로 음미하는 법을 나는 잊었었다."

이런 정화의 시기에 우리는 삶의 기쁨의 기초가 돈이나 인간관계나 직장이나 가정에 있지 않음을 깨닫는다. 그것들은 다 일시적이다. 삶의 기쁨이란 하나님을 아는 데 그 기초를 두어야 한다.

> 아브람은 13년간 침묵을 겪었으나 그 기간 중 그의 자만심이 모두 스러졌다. 그는 자신의 상식을 의지하던 차원을 벗어나 성장했다. 그 침묵의 세월은 하나님의 노여움의 시기가 아니라 훈련의 시기였다. 당신의 삶에 기쁨과 자신감이 충만한 척할 필요가 전혀 없다. 그저 하나님께 뿌리를 두고 그분을 바라면 된다.[11]

영혼의 어두운 밤과 광야의 나날은 하나님의 침묵 속에 잠잠히 있는 법을 배우는 장이다. 그런 시간을 더 이상 두려워하지 않으면서 말이다. 시편 42편에는 우리에게 들려올 만한 하나님의 응답이 전혀 암시되어 있지 않다. 그것이 요지다. 때로 우리에게 들려오는 것은 공허한 침묵이다. 말 없는 경청기도는 이럴 때 하나님과 통하는 길이기도하다. 말이 없다. 그저 '존재할' 뿐이다.

그러나 시편 42편에는 목마른 사슴, 음식이 된 눈물, 반석이신 하나님, 영혼을 쏟아놓음, 물결에 휩쓸림 등 우리가 잠잠히 거할 이미지들이 나온다. 내가 미술 박물관에 다니고 미술 서적을 모아 탐독하기 시작한 것은 영혼의 어두운 밤을 지날 때였다. 말 없는 이미지들에 내 모습이 표현되어 있었다. 미술작품을 보는 것이 내게는 기도 같았다. 미켈란젤로의 '피에타' 축소판을 산 것도 그때였다. 영영 잊지 못할 광야의 편린이 거기 있었다. 예수님처럼 나도 품에 안겨 있다. 다만 내 경우는 하나님의 품이다. 상하여 엎질러진 내게 아버지의 자상한 주목이 머문다.

하나님은 우리를 친밀히 대하신다

하나님은 우리를 사랑으로 보신다. 도전하실 때도 그렇다막 10:21 참조. 바다의 사망의 줄에 얽혔던 시편기자는 하나님께 건짐 받고 이렇게 고백했다. "나를 넓은 곳으로 인도하시고 나를 기뻐하시므로 나를 구원하셨도다"시 18:19. 비극과 파멸을 거쳐 결국 회복을 겪을 한 나라에게 하나님은 이렇게 말씀하셨다.

"너의 하나님 여호와가 너의 가운데에 계시니 그는 구원을 베푸실 전능자이시라. 그가 너로 말미암아 기쁨을 이기지 못하시며 너를 잠잠히 사랑하시며 너로 말미암아 즐거이 부르며 기뻐하시리라"습 3:17.

마치 우리를 무릎에 앉히고 살살 흔들며 나직이 속삭이시는 듯 하나님은 사랑을 거두시지 않는다. 설령 우리가 반대로 확신한다 해도 그분은 아니다. 노르위치의 줄리안의 말처럼 "하나님과 나 사이에 '사이'란 없다."[12]

고요한 경청기도 중에 우리에게 들려올 하나님 음성은 "내가 너와 함께 있다", "나는 너를 기뻐한다", "네 부족함을 안다. 그대로 내게 오너라"는 말씀이다. 토마스 머턴은 "기도, 특히 묵상과 경청기도는 하나님을 찾는 길이라기보다 이미 찾은 그분 안에서 쉬는 길이다. 그분은 우리를 사랑하시고 우리 곁에 계시며 우리에게 오셔서 자기에게로 이끄시는 분이다"[13]라고 했다.

언젠가 예수님 말씀 중 밭에 묻힌 보화전 재산을 팔아 얻을 만한 보화의 이미지를 묵상하다가(마 13:44 참조) 나는 훌륭한 작가가 되는 것, 자식들과 좋은 관계를 맺는 것 등 보화가 아닌 다른 탐나는 것들을 늘어놓고 있었다. 그러다 눈이 뜨이면서 나는 숨이 막힐 정도로 놀랐다.

"오 하나님. 이제야 알겠습니다. 보화는 주님입니다! 알고 있었지만 이제 전에 몰랐던 방식으로 그것을 맛보고 보고 듣습니다. 주님으로 족합니다."

우리는 하나님이 내가 올바른 내용을 믿기 원하신다고 확신하며, 나를 그분의 종으로 쓰시기 원하신다고 확신한다. 그러나 결국 그분이 우리에게 주실우리 마음이 열려 있다면 가장 귀한 선물은 그분 자신이다.

"여호와의 선하심을 맛보아 알지어다"(시 34:8)라고 당신을 초청하는 것이 이 책을 쓴 내 목표다. 그분의 선하심을 맛보아 알 수 있는 한 가지 길은 경청기도의 길을 떠나는 것이다. 하나님은 거기서 당신을 만나주시고 성경과 성령으로 말씀하실 것이다. 하나님의 자녀인 우리가 삶의 모든 부분에서 그분을 받아들일 줄 알게 되도록, 그리하여 하나님이 우리를 세상의 빛으로^{마 5:14} 즉 우리 안에 거하시는 하나님의 생명의 조용한 모닥불로 변화시켜 주시기를 기도한다. 하나님이 이처럼 사랑하시는 세상에 바로 그것이 필요하다.

맺는말

> 경청기도의 삶은 자아를 철저히 여는 모험을 통해 하나님으로 말미암아 변화되는 삶이다.
> 그럴 때 우리는 현재 보이는 것 너머를 볼 수 있다.

우리 영혼의 영성 계발에 사용할 수 있는 많은 길 중 하나를 이 책에 소개했다. 이 책이 당신의 '마음속에 하나님을 향한 애절한 갈망을 심는' 데 도움이 되기를 기도한다.

그렇게 되거든 몇 가지 재미있는 변화를 기대하라. 경청기도의 삶은 자아를 철저히 여는 모험을 통해 하나님으로 말미암아 변화되는 삶이다. 그럴 때 우리는 현재 보이는 것 너머를 볼 수 있다. 이렇듯 경청기도의 삶은 계속해서 죽는 삶, 편안하고 익숙한 것을 끊임없이 벗는 삶, 나 자신을 버리고 그 너머의 실체를 통해 빚어지는 삶이다.[2] 이렇게 하나님께 열면 영혼이 성장한다. 그 성장은 다음과 같은 모습으로 나타난다.

모든 것을 수용함

영성 계발을 통해 우리는 하나님을 깊이 신뢰하게 되며, 그래서 세상을 주관하고 통제하려던 시도를 포기하고 모든 상황을 수용한다. "포기란 내 모든 염려를 버리는 것이다. 포기란 내 모든 필요를 내려놓는 것이다. 미래를 그분의 손에 맡기는 것이다. 포기란 현 순간의 형편이 어떠하든 그것으로 만족하는 것이다."[3] "아버지 손에"_{예수께서 십자가에서 하신 말씀을 줄인 것}라고 기도할 때 나는 상황을 하나님 손 안에서 볼 수 있다. 그러면 수용도 쉬워질뿐더러 그 상황을 은혜롭게 통과할 가능성도 높아진다.

단순성

하나님께 초점을 두면 문화의 목소리들이 덜 요란하게 들리며 따라서 말과 생활방식의 단순성이 더 자연스러워진다. 이제 우리는 좀 더 작은 집에 살 수도 있다. 10년 된 옷을 입을 수도 있다. 사사건건 이겨야만 직성이 풀리지 않을 수도 있다. 보이지 않는 세계에 더 많이 살기에 사물의 가치가 흐려진다. 그 보이지 않는 것_{하나님과의 즐거운 사귐}이 자동차 석 대 분의 차고가 딸린 집과 그 안에 놓인 으리으리한 자동차 석 대보다 가치 있다.

일편단심

경청기도 속에서 우리는 자신의 동기와 내면의 음성을 들으며 그것이 나를 얼마나 하나님과 멀어지게 하는지 깨닫는다. 우리는 나누이지 않은 마음으로 살기를 갈망한다시 86:11 참조. 헨리 나우웬이 그것을 잘 표현했다.

> 내 마음이 나누이지 않고 내 생각이 하나님께만 가 있고 내 영혼이 그분 사랑으로 충만할 때면 모든 것이 단일한 시각으로 수렴되며 아무것도 배제되지 않는다. 처음으로 나는 진정한 일편단심을 느꼈다. 내 생각이 확장되는 듯했고, 분산되고 혼란스러웠을 때보다 무한히 더 수용할 수 있을 것 같았다.[4]

이는 자양분이 흡족한 마음의 행동 방식이다. 당신의 마음도 하나님 안에서 자양분을 얻기를 기도한다.

경청기도에 대한 내 통찰은 지금도 자라고 있다. 하나님과 함께 길 가는 당신 안에 그분이 어떻게 영성 계발 작업을 이루고 계신지 듣고 싶다. 당신이 배우는 내용을 편지로 내게 알려주기 바란다.

Jan Johnson

NavPress

P. O. Box 35001

Colorado Springs, CO 80935

주

01 기도가 통하지 않을 때

1. Avery Brooke, "What Is Contemplation?" *Weavings*, 1992년 7~8월호, p. 7.
2. A. W. Tozer, *The Knowledge of the Holy* (San Francisco: HarperSanFran cisco, 1961), p. 98. (『하나님을 바로 알자』 생명의말씀사)
3. Tozer, p. 63.
4. *Great Devotional Classics: Selections from the Writings of Evelyn Underhill*, Douglas Steere 편집 (Nashville, TN: The Upper Room, 1961), p. 10.
5. Oswald Chambers, *My Utmost for His Highest: An Updated Edition in Today's Language*, James Reimann 편집 (Grand Rapids, MI: Discovery House Publications, 1992), 11월 14일자. (『주님은 나의 최고봉』 두란노)
6. Peter Lord, *Hearing God* (Grand Rapids, MI: Baker, 1988), pp. 194~195.
7. Louis Abbot에게 보낸 편지로 다음 책에 실려 있음. *O'Connor Collected Works* (The Library of America, 1988), p. 1110.
8. Tony Campolo, *How to Be Pentecostal without Speaking in Tongues* (Dallas, TX: Word, 1991), p. 65.
9. Chambers, 8월 6일자.
10. Richard Foster, *Celebration of Discipline* (San Francisco: Harper & Row, 1988), p. 34. (『영적 훈련과 성장』 생명의말씀사)

02 하나님과 긴밀히 통하는 영혼으로 변하다

1. 가명.
2. E. Glenn Hinson, "Horizontal Persons," *Weavings*, 1995년 3~4월호, p. 23.
3. "The Door Interview: Dallas Willard," *The Wittenberg Door*, 1993년 6월호, 129호.
4. 다음 책의 목록을 일부 수정한 것이다. Dallas Willard, *The Spirit of the Disciplines* (San Francisco: Harper & Row, 1988), p. 158. (『영성 훈련』 은성)
5. Henri Nouwen, *Making All Things New* (San Francisco: HarperSanFrancisco, 1981), p. 66. (『모든 것을 새롭게』 두란노)

6. Oswald Chambers, *My Utmost for His Highest: An Updated Edition in Today's Language*, James Reimann 편집 (Grand Rapids, MI: Discovery House Publications, 1992), 8월 28일자. (『주님은 나의 최고봉』 두란노)
7. 이 비교는 원 출처인 다음 책에 자세히 설명되어 있다. Willard, *The Spirit of the Disciplines*, p. 3. (『영성 훈련』 은성)
8. 사랑과 순종의 관계를 나는 요한복음 14:15~24를 묵상하고 깊이 경청기도 한 후에야 깨달았다. '사랑'과 '순종'이라는 말이 각각 세 번씩 등장한다. 둘의 관계는? 사랑하는 것은 순종하는 것이며(15, 23절) 순종하지 않는 것은 사랑하지 않는 것이다(24절). "덕이란 하나님 자신만을 유일한 대상으로 삼는 질서 있고 통제된 애정에 다름 아니다. 모든 덕의 목적은 순전히 그분 자신이다." *The Cloud of Unknowing*, Fr. James Walsh (Rahwey, NJ: Paulist Press, 1981), p. 147.
9. Madame Guyon, *Experiencing God through Prayer*, Donna Arthur 편집 (Springdale, PA: Whitaker House, 1984), p. 38.

03 하나님은 말씀하시고 우리는 듣고

1. Oswald Chambers, *My Utmost for His Highest: An Updated Edition in Today's Language*, James Reimann 편집 (Grand Rapids, MI: Discovery House Publications, 1992), 2월 12일자. (『주님은 나의 최고봉』 두란노)
2. 신명기 29:4, 시편 115:6, 135:17, 잠언 20:12, 이사야 6:10, 30:21, 32:3, 42:20, 예레미야 5:21, 6:10, 9:20, 에스겔 12:2, 40:4, 마태복음 11:15, 13:9, 15~16, 43, 마가복음 4:9, 23, 8:18, 누가복음 8:8, 14:35, 사도행전 28:27, 로마서 11:8.
3. John Braillie, *A Diary of Private Prayer* (New York: Collier Books, 1977), p. 73.
4. Chambers, 2월 13일자.
5. H. C. Leupold, *Exposition on Psalms* (Grand Rapids, MI: Baker, 1972), p. 61.
6. A. W. Tozer, *The Pursuit of God* (Camp Hill, PA: Christian Publications, Inc., 1982), pp. 81~82. (『하나님을 추구함』 생명의말씀사)
7. Peter Lord, *Hearing God* (Grand Rapids, MI: Baker, 1988), p. 132.

8. W. Paul Jones, "Love as Intrinsic Living," *Weavings*, 1998년 1~2월호, p. 28.

04 경청기도의 뿌리는 성경이다

1. Bernard of Clairvaux: *Selected Writings, The Classics of Western Spirituality*, Gillian Evans 번역 (New York: Paulist Press, 1987), pp. 84~85.
2. *Bernard of Clairvaux: Selected Writings*, pp. 84~85.
3. *The Cloud of Unknowing*, William Johnston 편집 (New York: Doubleday, An Image Book, 1973), p. 93.
4. Thomas Merton, *Contemplative Prayer* (New York: Doubleday, An Image Book, 1996), p. 28.
5. Norvene Vest, *Gathered in the Word* (Nashville, TN: Upper Room Books, 1996), p. 11.
6. Vest, p. 126.
7. Jan Johnson, *Listening to God: Using Scripture as a Path to God's Presence* (Colorado Springs, CO: NavPress, 1998), 머리말 첫 페이지. 양자의 차이가 이 책에 더 자세히 설명되어 있다. 아울러 *lectio divina*에 대한 상세한 설명과 함께 독자들을 성경 30개 본문에 대한 *lectio divina* 스타일의 묵상으로 이끌어주는 책이다.
8. Henri Nouwen, *Reaching Out* (New York: Doubleday, An Image Book, 1975), pp. 135-136. (「영적 발돋움」 두란노)
9. Thelma Hall, *Too Deep for Words: Rediscovering Lectio Divina* (New York: Paulist Press, 1988), p. 9.
10. Avery Brooke, "What Is Contemplation?" *Weavings*, 1992년 7~8월호, p. 10.
11. *Augustine of Hippo: Selected Writings, The Classics of Western Spirituality*, Mary T. Clark 번역 (New York: Paulist Press, 1984), p. 384.
12. *Early Will I Seek You*, David Hazard 편집 (Minneapolis, MN: Bethany, 1991), p. 77.
13. *Early Will I Seek You*, p. 81.

14. *Augustine of Hippo: Selected Writings*, p. 380.
15. *Bernard of Clairvaux: Selected Writings*, p. 85.
16. Madeleine L' Engle, *Walking on Water: Reflections on Faith and Art* (Wheaton, IL: Harold Shaw Publishers, 1980), p. 194.
17. A. W. Tozer, *The Pursuit of God* (Camp Hill, PA: Christian Publications, Inc., 1982), p. 51. (「하나님을 추구함」생명의말씀사)
18. *Bernard of Clairvaux: Selected Writings*, p. 104.
19. M. Robert Mulholland, Jr., *Shaped by the Word* (Nashville, TN: The Upper Room, 1985), p. 27. 강조된 문구는 책이 출간된 후에 저자가 직접 추가한 것이다. 나는 *Spiritual Formation Bible*을 위해 그의 책 일부를 편집하다가 그 사실을 알게 되었다.
20. 가명.

05 경청기도는 하나님을 알고 그분과 사귀는 것이다

1. Avery Brooke, "What Is Contemplation?" *Weavings*, 1992년 7~8월호, p. 9.
2. Fr. James Walsh 편집, *The Cloud of Unknowing* (Rahwey, NJ: Paulist Press, 1981), p. 49.
3. Richard Baxter, *The Saints's Everlasting Rest*. 다음 책 "편집자 서문"에 인용된 말. John Mogabgab, *Weavings*, 1992년 7~8월호, p. 2.
4. Dallas Willard, *In Search of Guidance: Developing a Conversational Relationship with God* (San Francisco: HarperSanFrancisco, 1993), p. 234. (「하나님의 음성」 IVP)
5. Jean-Nicholas Grou, *How to Pray* (Cambridge, England: James Clarke & Co., 1955), pp. 38,18~19.
6. Bernard of Clairvaux, *Great Devotional Classics: Revelations of Divine Love*, Douglas V. Steere 편집 (Nashville, TN: The Upper Room, 1961), p. 15.
7. Wendy Wright, "Desert Listening," *Weavings*, 1994년 5~6월호, pp. 13~14.

8. Wright, p. 14.

9. Willard, p. 239.

10. Julian of Norwich, *Great Devotional Classics: Revelations of Divine Love*, Constance Garrett 편집 (Nashville, TN: The Upper Room, 1961), pp. 26,30.

11. *The Cloud of Unknowing*, p. 47.

12. Baxter. 다음 기사에 인용된 말. Mogabgab, *Weavings*, p. 2.

13. George Herbert, "Prayer," *Great Sonnets*, Paul Negri 편집 (New York: Dover Publications, 1994), p. 20.

14. Thomas Merton, *Contemplative Prayer* (New York: Doubleday, Image Books, 1996), p. 34.

15. Grou, p. 18.

16. A. W. Tozer, *The Pursuit of God* (Camp Hill, PA: Christian Publications, Inc., 1982), pp. 62,64. (「하나님을 추구함」 생명의말씀사)

17. A. W. Tozer, *The Knowledge of the Holy* (San Francisco: HarperSanFrancisco, 1961), p. 76. (「하나님을 바로 알자」 생명의말씀사)

06 하나님께 몰입하여 듣는 마음

1. Jeanne Guyon, *Experiencing the Depths of Jesus Christ* (Beaumont, TX: The SeedSowers, 1975), p. 61. (「예수 그리스도를 깊이 체험하기」 생명의말씀사)

2. Avery Brooke, "What Is Contemplation?" *Weavings*, 1992년 7~8월호, p. 9.

3. Elisabeth Elliot, "Turning Solitude into Prayer," *Cross Point*, 1997년 여름호, p. 7.

4. Elliot, p. 7.

5. Thomas Merton, *New Seeds of Contemplation* (New York: New Directions, 1962), pp. 52~63(「새 명상의 씨」 가톨릭출판사)과 Henri Nouwen, *Reaching Out: The Movement of the Spiritual Life* (New York: Doubleday, 1975), pp. 37~62(「영적 발돋움」 두란노)를 David Rensberger가 발전시키고 다듬어 "The Holiness of Winter," *Weavings*, 1996년 11~12월호, p. 40에 실은 내용.

6. Madame Guyon, *Experiencing God through Prayer*, Donna Arthur 편집 (Springdale, PA: Whitaker House, 1984), p. 24.
7. Thomas Kelly, *A Testament of Devotion* (New York: Walker & Company, 1987), p. 59.
8. Guyon, p. 11.
9. Jan Johnson, *Madame Guyon* (Minneapolis, MN: Bethany House Publishers, 1999), p. 81.
10. Jan Johnson, *Madame Guyon*.
11. Jeanne Guyon, *Experiencing the Depths of Jesus Christ*, p. 60.
12. *Great Devotional Classics: Bernard of Clairvaux*, Douglass Steere 편집 (Nashville, TN: The Upper Room, 1961), p. 5.
13. Henri Nouwen, *The Return of the Prodigal Son* (New York: Doubleday, 1992), p. 106. (「탕자의 귀향」 글로리아)
14. Henri Nouwen, "Deeper Into Love," *Weavings*, 1995년 9~10월호, p. 25.
15. Kelly, p. 159.
16. Jeanne Guyon, *Experiencing the Depths of Jesus Christ*, p. 60.
17. Jeanne Guyon, *Experiencing the Depths of Jesus Christ*, p. 60.
18. Thomas Merton, *New Seeds of Contemplation* (New York: New Directions, 1962), p. 58. (「새 명상의 씨」 가톨릭출판사) 머튼은 이렇게 썼다. "영혼이 비고 가난하고 벌거벗지 않은 사람은 자기가 할 일을 무의식중에 하나님 영광을 위해서가 아니라 자신을 위해서 행하는 성향이 있다. 그가 덕에 힘씀은 하나님 뜻을 사랑해서가 아니라 자신의 덕에 감동하고 싶어서다." 강조된 부분에 '기도'를 대입하여 다듬었다.
19. Oswald Chambers, *My Utmost for His Highest* (Westwood, NJ: Barbour & Company, Inc., 1963), p. 40. (「주님의 나의 최고봉」 두란노)
20. Jeanne Guyon, *Experiencing the Depths of Jesus Christ*, p. 88.
21. Warren S. Smith 편집, *Bernard Shaw's Plays* (New York: W.W. Norton &

Company, Inc., 1970), Scene V, p. 190.

22. Richard Foster, *Prayer: Finding the Heart's True Home* (San Francisco: HarperSanFrancisco, 1992), p. 163. (리처드 포스터의 「기도」 두란노)
23. Wendy Wright, "Desert Listening," *Weavings*, 1994년 5~6월호, p. 11.
24. Henri Nouwen, *Making All Things New* (San Francisco: HarperSanFrancisco, 1981), p. 79. (「모든 것을 새롭게」 두란노)
25. W. Phillip Keller, "Solitude for Serenity and Strength," *Decision Magazine*, 1981년 8~9월호, p. 8. 다음 책에 인용된 말. Joyce Huggett, *The Joy of Listening to God* (Downers Grove, IL: InterVarsity Press, 1986), p. 64.

07 하나님께 깨어 있는 영혼 만들기

1. Richard Foster, *Prayer: Finding the Heart's True Home* (San Francisco: HarperSanFrancisco, 1992), p. 161. (리처드 포스터의 「기도」 두란노)
2. Amy Carmichael, *A Very Present Help*, Judith Couchman 편집 (Ann Arbor, MI: Servant Publications, 1996), p. 61.
3. Richard Foster, *Celebration of Discipline* (San Francisco: Harper & Row, 1988), pp. 30~31. (「영적 훈련과 성장」 생명의말씀사)
4. Jeanne Guyon, *Experiencing the Depths of Jesus Christ* (Beaumont, TX: The SeedSowers, 1975), p. 11. (「예수 그리스도를 깊이 체험하기」 생명의말씀사)
5. A. W. Tozer, *The Pursuit of God* (Camp Hill, PA: Christian Publications, Inc., 1982), pp. 36~37. (「하나님을 추구함」 생명의말씀사)
6. Henri Nouwen, *The Way of the Heart* (San Francisco: HarperSanFrancisco, 1981), p. 82. (「마음의 길」 분도출판사)
7. Thomas Kelly, *A Testament of Devotion* (New York: Walker & Company, 1987), pp. 59~60.
8. William Law, *A Serious Call to a Holy and Devout Life*, John Meister 편집 (Philadelphia, PA: The Westminster Press, 1975), p. 98. (「경건한 삶을 위하여」 크

리스찬다이제스트)
9. "The Practice of Listening: An Interview with Madeleine L' Engle," *Cross Point*, 1997년 여름호, p. 3.
10. Guyon, pp. 83~84.
11. Guyon, p. 71.
12. Jean-Nicholas Grou, *How to Pray* (Cambridge: James Clarke & Co., 1955), pp. 20~21.

08 질문으로 하나님을 삶에 모셔들이라

1. Frank C. Laubach, *Channels of Spiritual Power* (Westwood, NJ: Fleming H. Revell Company, 1954), p. 97.
2. Bernard of Clairvaux. 다음 책에 인용된 말. *Weavings*, 1998년 1~2월호, p. 23(정확한 출전은 나와 있지 않음).
3. Peter Lord, *Hearing God* (Grand Rapids, MI: Baker Book House, 1988), pp. 58~59.
4. 시편 5:3, 27:14, 37:7, 38:15, 40:1, 130:5~6.
5. Veronica Zundel 편집, *Eerdman's Book of Famous Prayers* (Grand Rapids, MI: William B. Eerdmans Publishing Co., 1983), p. 69.

09 경청기도 중 일어나는 일들

1. *Great Devotional Classics: Selections from the Letters of John Wesley*, J. Manning Potts 편집 (Nashville, TN: The Upper Room, 1952), p. 5.
2. Wendy Wright, "Desert Listening," *Weavings*, 1994년 5~6월호, p. 7.
3. John Baillie, *A Diary of Private Prayer* (New York: Collier Books, 1977), p. 79.
4. Elisabeth Elliot, "Turning Solitude into Prayer," *Cross Point*, 1997년 여름호, p. 8.
5. Baillie, p. 75.
6. Jeanne Guyon, *Experiencing the Depths of Jesus Christ* (Beaumont, TX: The SeedSowers, 1975), p. 73. (「예수 그리스도를 깊이 체험하기」 생명의말씀사)

7. Guyon, p. 74.

8. Henri Nouwen, *The Way of the Heart* (San Francisco: HarperSanFrancisco, 1981), p. 37. (「마음의 길」 분도출판사)

9. Guyon, p. 74.

10. Jessamyn West, *Friendly Persuasion* (New York: Penguin Books, 1972), pp. 76~83,100.

11. "The Practice of Listening: An Interview with Madeleine L' Engle," *Cross Point*, 1997년 여름호, p. 2.

12. Peter Lord, *Hearing God* (Grand Rapids, MI: Baker, 1988), pp. 53.

13. Basil Pennington, "The Call to Contemplation," *Weavings*, 1996년 5~6월호, p. 36.

14. Avery Brooke, "What Is Contemplation?" *Weavings*, 1992년 7~8월호, p. 9.

15. Thomas Merton, *Thoughts in Solitude* (Boston: Shambhala, 1956), p. 46. 다음 책에 인용된 말. Timothy Jones, *The Art of Prayer: A Simple Guide* (Westminster, MD: Ballantine Books, 1997), pp. 172~173.

16. *The Cloud of Unknowing*, William Johnston 편집 (New York: Doubleday, An Image Book, 1973), p. 48~49.

17. James Borst, *A Method of Contemplative Prayer*. 다음 책에 인용된 내용. Joyce Huggett, *The Joy of Listening to God* (Downers Grove, IL: InterVarsity Press, 1986), pp. 54~74.

18. Jean-Nicholas Grou, *How to Pray* (Cambridge: James Clarke & Co., 1955), pp. 47~49.

10 하나님 음성을 명확하게 듣는 비결

1. Lily Tomplin, 출처 미상으로 다음 책에 인용된 말. Dallas Willard, *In Search of Guidance: Developing a Conversational Relationship with God* (San Francisco: HarperSanFrancisco, 1993), p. 6. (「하나님의 음성」 IVP)

2. Richard Foster, *Prayer: Finding the Heart's True Home* (San Francisco: HarperSanFrancisco, 1992), p. 156. (리처드 포스터의 「기도」 두란노)
3. Foster, p. 157.
4. Henri Nouwen, *Making All Things New* (San Francisco: HarperSanFrancisco, 1981), pp. 72~73. (「모든 것을 새롭게」 두란노)
5. Keith Miller, "When God Is Silent," *Cross Point*, 1997년 여름호, p. 11.
6. Miller, p. 11.
7. *The Cloud of Unknowing*, William Johnston 편집 (New York: Doubleday, An Image Book, 1973), p. 105.
8. *The Cloud of Unknowing*, p. 106.
9. Joan Chittister, "Work: Participation in Creation," *Weavings*, 1993년 1~2월호, p. 9.
10. Henri Nouwen, *The Genesee Diary: Report from a Trappist Monastery* (New York: Doubleday, An Image Book, 1989), 책 전체, 인용된 사례들은 pp. 31,34. (「제네시 일기」 바오로딸)

11 경청가는 친구 없는 적적한 신비가가 아니다

1. Tilden Edwards, *Living in the Presence: Disciplines of the Spiritual Heart* (San Francisco: Harper & Row, 1987), p. 2.
2. Amy Carmichael, *A Very Present Help*, Judith Couchman 편집 (Ann Arbor, MI: Servant Publications, 1996), p. 60.
3. M. Basil Pennington, "On Loving God," *Christian Spirituality*, Frank N. Magill & Ian P. McGreal 편집 (San Francisco: Harper & Row, 1988), p. 105.
4. Patricia Hampl, "The Confessions," *Los Angeles Times Book Review*, 1999년 1월 24일자, p. 6. (다음 책에도 인용됨. "The Confession," Vintage Spiritual Classics 간행, 서문.)
5. Henri Nouwen, *The Way of the Heart* (San Francisco: HarperSanFrancisco, 1981), pp. 73~74. (「마음의 길」 분도출판사)

6. Wendy Wright, "Desert Listening," *Weavings*, 1994년 5~6월호, pp. 10. 강조 추가.

7. Peter Lord, *Hearing God* (Grand Rapids, MI: Baker, 1988), p. 198.

8. Lord, p. 198.

9. Tilden Edwards, "The Pastor as Spiritual Guide," *Weavings*, 1987년 7~8월호, p. 8.

10. Frank Laubach, *Channels of Spiritual Power* (Westwood, NJ: Fleming H. Revell Co., 1954), p. 96.

11. Frank Laubach, *Man of Prayer, The Heritage Collection* (Syracuse, NY: Laubach Literacy International, 1990), p. 22.

12. Jim Wallis, *The Soul of Politics* (New York: Orbis Books, 1994), pp. 196,200.

13. Jan Johnson, *Living a Purpose-Full Life* (Colorado Springs, CO: WaterBrook Press, 1999), 8장. 크리스틴 사인(Christine Sine)의 남편 탐(Tom)이 캘커타의 수녀들을 방문한 후 그녀와의 개인적 인터뷰에서 들은 내용.

14. Henri Nouwen, *The Genesee Diary: Report from a Trappist Monastery* (New York: Doubleday, An Image Book, 1989), pp. 144~145. (「제네시 일기」 바오로딸)

12 하나님 임재 안에 사는 삶의 비결

1. Thomas Kelly, *A Testament of Devotion* (New York: Walker & Company, 1987), p. 60.

2. Brother Lawrence, *The Practice of the Presence of God* (Old Tappan, NJ: Fleming H. Revell, 1958). (「하나님의 임재 연습」 두란노)

3. Jeanne Guyon, *Experiencing the Depths of Jesus Christ* (Beaumont, TX: The SeedSowers, 1975), p. 3. (「예수 그리스도를 깊이 체험하기」 생명의말씀사)

4. Jean-Nicholas Grou, *How to Pray*, Joseph Dalby 번역 (Cambridge, England: James Clarke & Co., 1982), pp. 80~82,85.

5. Henri Nouwen, *Making All Things New* (San Francisco: HarperSanFrancisco, 1981), pp. 79~80. (「모든 것을 새롭게」 두란노)

6. 다음 글의 초고. Jan Johnson, "Apprentice to the Master," 달라스 윌라드와의 인

터뷰, *Discipleship Journal*, 1998년 9~10월호, pp. 24~28.
7. John Mogabgab, "Introduction," *Weavings*, 1992년 7~8월, p. 2.
8. Roberta Bondi, "The Paradox of Prayer," *Weavings*, 1989년 3~4월, p. 13.
9. Thomas Merton, *Contemplative Prayer* (New York: Doubleday, An Image Book, 1996), pp. 38~39.
10. Tilden Edwards, "Living the Day from the Heart," *Weavings*, 1992년 7~8월호, p. 37.
11. Henri Nouwen, *The Genesee Diary: Report from a Trappist Monastery* (New York: Doubleday, An Image Book, 1989), p. 147. (「제네시 일기」 바오로딸)
12. Jean-Pierre de Caussade, *The Sacrament of the Present Moment* (San Francisco: Harper & Row, 1982), p. 80.
13. de Caussade, p. 63.
14. Elizabeth Barrett Browning, in "Aurora Leigh" VII, line 820, *The Poetical Works of Elizabeth Barrett Browning* (Boston: Houghton Mifflin Co., 1974), p. 372.
15. Edwards, pp. 32~33.

13 하나님은 기본 진리를 계시하신다

1. Henri Nouwen, *The Return of the Prodigal Son* (New York: Doubleday, 1992), p. 106. (「탕자의 귀향」 글로리아)
2. Jan Johnson, *Healing Hurts That Sabotage the Soul* (Wheaton, IL: Victor Books, 1995), p. 29.
3. Thomas Merton, *Contemplative Prayer* (New York: Doubleday, An Image Book, 1996), p. 29.
4. Luther E. Smith, Jr., "Praying Beyond the Boundaries of the Heart," *Weavings*, 1995년 9~10월호, p. 33.
5. Phillip Keller, *A Shepherd Looks at Psalm 23* (Grand Rapids, MI: Zondervan, 1970), p. 93.

6. John Baillie, *A Diary of Private Prayer* (New York: Collier Books, 1977), p. 85.

14 하나님은 어려운 진리를 계시하신다

1. Oswald Chambers, *My Utmost for His Highest: An Updated Edition in Today's Language,* James Reimann 편집 (Grand Rapids, MI: Discovery House Publications, 1992), 8월 7일자. (『주님은 나의 최고봉』 두란노)
2. Flannery O'Connor, "The River," *O'Connor Collected Works* (New York: Literary Classics of the United States, 1988), p. 171.
3. Francis Thompson, "The Hound of Heaven," *A Treasury of Great Poems* (New York: Simon & Schuster, 1955), p. 1002. (저작권 소멸로 공유 상태)
4. Kathleen Norris, *The Cloister Walk* (New York: Riverhead, 1996), p. 213. 다음 기사에 인용된 말. Robert C. Morris, "The Second Breath: Frustration as a Doorway to Daily Spiritual Practice," *Weavings,* 1998년 3~4월호, p. 42.
5. Amy Carmichael, *A Very Present Help,* Judith Couchman 편집 (Ann Arbor, MI: Servant Publications, 1996), p. 47.

15 하나님은 하나님 자신을 계시하신다

1. Gerard Manley Hopkins, "God's Grandeur," *The Works of Gerard Manley Hopkins* (Hertfordshire, England: Wordsworth Peotry Library, 1994), p. 26.
2. Jean-Nicholas Grou, *How to Pray* (Cambridge, England: James Clarke & Co., 1955), p. 120.
3. 1998년 2월 17일 어느 수련회에서 Madeleine L'Engle에게 직접 들은 말.
4. Elaine V. Emeth, "Lessons from the Holocaust: Living Faithfully in the Midst of Chaos," *Weavings,* 1998년 3~4월호, pp. 18~19.
5. Helmut Thielicke, "The Silence of God," *Cross Point,* 1997년 여름호, p. 34.
6. Thielicke, p. 34.
7. Thielicke, p. 36.

8. Jean-Pierre de Caussade, *The Sacrament of the Present Moment* (San Francisco: Harper & Row, 1982), p. 96.
9. John of the Cross, *Renovare Devotional Readings*, James B. Smith 편집, vol. 1, no. 45 (Wichita, KS: Renovare, 1990, 바인더 공책용 판), p. 1, "Secret Pride."
10. Brother Lawrence, *The Practice of the Presence of God* (Old Tappan, NJ: Fleming H. Revell, 1958), pp. 37~38. (「하나님의 임재 연습」 두란노)
11. Oswald Chambers, *My Utmost for His Highest: An Updated Edition in Today's Language*, James Reimann 편집 (Grand Rapids, MI: Discovery House Publications, 1992), 1월 19일자. (「주님은 나의 최고봉」 두란노)
12. 다음 기사에 인용된 말. Wendy M. Wright, "Wisdom of the Mothers," *Weavings*, 1997년 7~8월호, p. 17.
13. Thomas Merton, *Contemplative Prayer* (New York: Doubleday, An Image Book, 1996), p. 29.

맺는말

1. Fr. James Walsh 편집, *The Cloud of Unknowing* (Rahwey, NJ: Paulist Press, 1981), p. 47.
2. Wendy Wright, "Contemplation in Time of War," *Weavings*, 1992년 7~8월호, p. 22.
3. Jeanne Guyon, *Experiencing the Depths of Jesus Christ* (Beaumont, TX: The SeedSowers, 1975), pp. 34~35. (「예수 그리스도를 깊이 체험하기」 생명의말씀사)
4. Henri Nouwen, *The Genesee Diary: Report from a Trappist Monastery* (New York: Doubleday, An Image Book, 1989), pp. 141~142. (「제네시 일기」 바오로딸)

사단법인 기독교세계관학술동역회
사역 소개

● **세계관 운동**

삶과 학문의 모든 영역에서 예수 그리스도가 주인이심을 고백하고, 하나님의 말씀대로 생각하고 적용하며 살도록 돕기 위한 많은 연구 자료와 다양한 방식의 강의 패키지들을 준비하고 있습니다. 특히 삶의 각 영역에서 만날 수 있는 문제들에 대한 대안을 찾을 수 있도록 세계관 기초 훈련, 집중 훈련 및 다양한 강좌들을 비롯하여 기독 미디어 아카데미, 기독교 세계관 아카데미, 어린이 청소년 세계관 강좌 등 다양한 강의와 세미나가 준비되어 있습니다. 강의를 원하시는 교회나 단체는 기독교세계관학술동역회 사무국으로 연락해 주시면 친절히 안내해 드립니다.

● **기독교학문연구회**

기독교학문연구회(KACS : Korea Association of Christian Studies)는 기독교적 학문 연구를 위한 학회로, 각 학문 분야별 신학과 학제간의 연구를 진행하여 신앙과 학문의 통합을 추구하고 있습니다. 연구 발표의 장으로 연 2회의 학술대회를 개최하고 있으며, 한국연구재단 등재학술지 〈신앙과 학문〉(1996년 창간)을 발행하고 있습니다.

● **VIEW 밴쿠버기독교세계관대학원**

1998년 11월, 밴쿠버기독교세계관대학원(VIEW)은 캐나다 최고의 기독교대학인 Trinity Western University 대학의 신학대학원인 ACTS와 공동으로 기독교세계관 문학석사과정(MACS-Worldview Studies)을 개설했습니다. 현재 캐나다 밴쿠버에 기독교세계관 문학석사 과정, 디플로마(Diploma) 과정을 운영하고 있으며, 2006년부터는 다양한 연수 프로그램(교사 창조론, 지도자세계관 학교, 청소년 캠프 등)을 개최하고 있으며 학술지 〈통합연구〉를 발행하고 있습니다.

● CTC 기독교세계관교육센터

CTC(Christian Thinking Center)는 가정과 교회와 학교에 기독교 세계관 교육 콘텐츠를 제공함으로서 다음 세대 그리스도인들이 기독교 세계관으로 생각하고 살아가도록 돕는 것을 사명으로 하는 세계관 교육기관입니다.

● 도서출판 CUP

바른 성경적 가치관 위에 실천적 삶을 살아가는 그리스도의 제자들을 세우며, 지성과 감성과 영성이 전인적으로 조화된 균형잡힌 도서를 출간하여 그리스도인다운 삶과 생각과 문화를 확장시키는 나눔터의 출판을 꿈꾸고 있습니다.

✿ ✿ ✿ ✿ ✿ ✿

- (사)기독교세계관학술동역회 연락처_ ☎. 02)754-8004
  (03922) 서울특별시 마포구 월드컵북로58길 9, ES타워 9층
  E-mail_ info@worldview.or.kr
  Homepage_ www.worldview.or.kr

- 도서출판 CUP 연락처_ ☎. 02)745-7231
  (04549) 서울특별시 중구 을지로 148, 8층 803호(을지로3가, 중앙데코플라자)
  E-mail_ cupmanse@gmail.com
  Homepage_ www.cupbooks.com

성경적 삶과 문화를 창조하는
CUP

영성에도 색깔이 있다
하나님과의 친밀함으로 이끄는 9가지 영적 기질. 아홉 가지 영성은 한껏 자기다워지는 예배의 길을 찾게 하며, 경직된 예배와 찬양 방식에 가둬 두는 여러 장벽을 허물어 준다. 독자는 하나님이 설계하신 독특한 자신의 영성을 발견함으로써 하나님과 더 친밀하게 동행하는 풍요로움을 누릴 수 있게 될 것이다.
게리 토마스 지음 | 윤종석 옮김 | 11,000원

일상기도
삶이 기도가 되고, 기도가 삶이 되는 놀라운 책! 저자는 기도 세미나로 전 세계를 오가며 많은 영향력을 끼치고 있다. 일상 속에서 하나님과의 살아있는 교제가 무엇인지를 분명하게 보여주고, 기도로 경험하는 하나님의 능력을 감동적으로 증언하며, 구체적인 기도 방법도 소개한다. 이 책을 읽기 시작하면 어느덧 기도하고 있는 자신을 발견하게 될 것이다.
폴 밀러 지음 | 윤종석 옮김 | 15,000원

폴 투르니에의 치유
폴 투르니에의 임상 경험을 통해 본 성경적 믿음의 치유 능력. 그리스도인의 내면에 큰 영향력을 끼쳐온 폴 투르니에의 경험을 통해 하나님에 대한 믿음과 나눔에 의한 질병 치유 능력과 인생에 대한 깊은 의미를 발견하게 된다. 인간과 하나님, 자연과 은총이 만나는 곳에서 온전한 치유를 경험하게 될 것이다.
폴 투르니에 지음 | 정동섭, 정지훈 옮김 | 11,000원

터닝 포인트
기독교에 획기적인 변화를 가져온 12가지 전환점. 예루살렘의 멸망, 마틴 루터의 보름스 국회, 이그나티우스 로욜라의 예수회, 존 웨슬리, 찰스 웨슬리 형제의 회심, 프랑스혁명, 그리고 에딘버러선교대회가 가지고 있는 공통점은 무엇일까? 복음주의 역사학자인 마크 놀의 인도에 따라 이천 년 기독교 역사를 변화시킨 위대한 사건들을 만나본다.
마크 놀 지음 | 이석우, 강효식 옮김 | 15,000원

부모학교
게리 토마스가 선물하는 행복한 부모의 길. 결혼이 하나님의 비밀스런 계획이듯이 자녀는 하나님의 경이로운 선물이다. 게리 토마스 특유의 문필력과 자녀 양육의 실제적이며 실감나는 예화들, 그리고 성경적인 통찰력으로, 자녀가 얼마나 큰 축복인지를 만끽하게 하며, 자녀 양육의 비결과 풍요로움을 선물한다.
게리 토마스 지음 | 윤종석 옮김 | 12,000원

경청, 영혼의 치료제
치유는 경청에서 시작된다! 경청에 대한 새로운 시각을 제공한다. 탄탄한 성경 지식과 목회와 상담자로서의 경험을 바탕으로 경청을 배우고 실천하게 하는 친절한 지침서이다. 이 책의 탁월함은 사역과 삶의 현장에서 오랫동안 경험한 생생한 현장 경험을 기초로 했다는 점이다.
애덤 S. 맥휴 지음 | 윤종석 옮김 | 13,900원
미국 크리스채너티 투데이 2017년 올해의 책